Yanye Longduan Gaige De
Falü Kunjing Yu Duice Yanjiu

盐业垄断改革的
法律困境与对策研究

王 伟 著

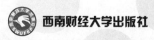
西南财经大学出版社

图书在版编目(CIP)数据

盐业垄断改革的法律困境与对策研究/王伟著.—成都:西南财经大学出版社,2014.12(2015.9 重印)

ISBN 978 - 7 - 5504 - 1726 - 7

Ⅰ.①盐…　Ⅱ.①王…　Ⅲ.①制盐工业—反垄断法—研究—中国

Ⅳ.①D922.292.4

中国版本图书馆 CIP 数据核字(2014)第 290475 号

盐业垄断改革的法律困境与对策研究

王　伟　著

责任编辑:高小田

封面设计:墨创文化

责任印制:封俊川

出版发行	西南财经大学出版社(四川省成都市光华村街 55 号)
网　　址	http://www.bookcj.com
电子邮件	bookcj@ foxmail.com
邮政编码	610074
电　　话	028 - 87353785　87352368
照　　排	四川胜翔数码印务设计有限公司
印　　刷	四川森林印务有限责任公司
成品尺寸	170mm × 240mm
印　　张	13
字　　数	235 千字
版　　次	2014 年 12 月第 1 版
印　　次	2015 年 9 月第 2 次印刷
书　　号	ISBN 978 - 7 - 5504 - 1726 - 7
定　　价	68.00 元

内容提要

　　主要内容包括三个部分：第一部分，盐业垄断改革的基础理论研究。在借鉴其他国家较为先进和成熟的反垄断理论和实践并参考其他垄断行业改革的经验教训的基础上，立足于我国盐业垄断的历史成因和现实国情，通过对我国盐业垄断性质的深入剖析和对国内外盐业体制变迁的全面考察，从法治政府建设的角度提出了兼具科学性与针对性的盐业垄断改革法治化基础理论。第二部分，盐业垄断的法律问题研究。主要从盐业法律运行过程的角度对我国现行盐业法律进行规范和实证研究，通过分析盐业垄断的法律成因及表现，总结我国盐业法制的积弊，明确了以法治政府建设为核心的我国盐业垄断改革方向。第三部分，盐业垄断改革的法律建议。这部分首先分析了我国盐业法律规制的基本原则和盐业行政法治建设的主要内容；其次，从前提和基础两个方面论证了重构我国盐业法律规制的现实性和可行性；最后，针对我国盐业垄断问题的行政症结，从宪法、反垄断法和行政法三个维度提出了盐业法律规制的方案建议。

目　录

第一章　引言

第一节　研究背景

我国现行盐业体制特别是食盐专营制度有两个源头：一是长达 2 000 多年的我国盐业专卖制度，二是始于 20 世纪 50 年代近半个世纪的计划经济体制，而直接和主要的动因却是食盐加碘。

碘是人体必需的微量元素，缺碘严重者可导致碘缺乏症，引发机体智力发育受损、甲状腺肿大、生长发育障碍、先天性聋哑、先天性痴呆等疾病。外环境缺碘是一个世界性问题，1993 年有 110 个国家被世界卫生组织列为"碘缺乏症是一项公共卫生关切问题"国家①，2005 年在 20 多亿人使用碘化食盐的情况下仍有 1/3 的世界人口遭受碘缺乏症的危害②。

在 20 世纪 90 年代，我国约有 7.2 亿人生活在缺碘地区，碘缺乏病分布于 1 807 个县③，被列为世界 13 个"碘缺乏病重点国家"之一④，是"世界上碘缺乏病流行最严重的国家之一"⑤。我国政府分别于 1991 年和 1992 年签署了《儿童生存、保护和发展世界宣言》《执行九十年代儿童生存、保护和发展世

① 该数字 2007 年降至 47 个国家。见世界卫生组织执行委员会. 第一二六届会议临时议程项目（10）进展报告［R/OL］.（2009-11-19）［2011-03-21］. http://apps.who.int/gb/ebwha/pdf_files/EB126/B126_38-ch.pdf.

② 世界卫生组织第五十八届世界卫生大会第九次全体会议甲委员会. 第六份报告［R/OL］.（2005-05-25）［2011-03-21］. http://www.who.int/gb/ebwha/pdf_files/WHA58/WHA58_24-ch.pdf.

③ 国家食品安全风险评估专家委员会. 中国食盐加碘和居民碘营养状况的风险评估［R/OL］.（2010-05-14）［2011-03-21］. http://www.moh.gov.cn/publicfiles/business/htmlfiles/mohwsjdj/s3594/201007/48104.htm.

④ 世界卫生组织第六十三届世界卫生大会. 临时议程项目（11.24）进展报告［R/OL］.（2010-04-15）［2011-03-16］. http://apps.who.int/gb/ebwha/pdf_files/WHA63/A63_27-ch.pdf.

⑤ 卫疾控发［2006］443 号，实现 2010 年消除碘缺乏病目标行动方案。

界宣言行动计划》和《世界营养宣言》《世界营养行动计划》，承诺到 2000 年在中国消除碘缺乏病。国务院于 1994 年、1996 年相继出台了《食盐加碘消除碘缺乏危害管理条例》和《食盐专营办法》，对食盐实行专营管理。

据 2000 年评估显示，我国在总体水平上消除了碘缺乏病①。据卫生部监测统计，经人口加权，全国碘盐合格率为 98.0%，除上海市和西藏自治区外，各省份碘盐合格率均在 95% 以上；全国碘盐覆盖率为 98.7%，上海市碘盐覆盖率为 92.2%，其他省份碘盐覆盖率均大于 95%，全国有 98.5% 的县碘盐覆盖率达到 90% 以上；全国居民户合格碘盐食用率为 96.8%，上海市合格碘盐食用率为 87.4%，其他省份合格碘盐食用率均在 90% 以上，全国有 97.1% 的县居民户合格碘盐食用率达 90% 以上；在水源性高碘地区，不加碘食盐率为 90.8%，江苏省、安徽省、山东省、河南省不加碘食盐率在 90% 以上；天津市、河北省、山西省不加碘食盐率分别为 87.9%、76.9%、83.8%；自 2004 年以来，在国家水平上，全国碘盐覆盖率、居民户合格碘盐食用率已连续 8 年分别保持在 95% 和 90% 以上，高于全球碘盐 70% 的覆盖水平②。

同时，我国盐产业也取得了显著进步。2006 年以来原盐产量一直高居世界首位，2013 年我国生产原盐 8 600 万吨，原盐产能为 10 620 万吨③；随着精细化生产和包装，我国食用盐的质量明显提升；八大类 100 多种盐产品带动了两碱、盐化工、调味品等下游产业的成长；许多盐业企业以盐为主、盐化并举、多种经营，综合实力明显提升。

但是，较之这些成绩，盐业垄断问题及其相应的盐业体制更引人注目。这集中体现在：①食盐专营制度在提供合格食盐和普遍服务等公共产品方面绩效低下；②作为食盐专营主体，盐业公司将通过批发环节获取的超额垄断利润作为其部门利益，不仅造成国有资产流失和社会福利损失，也成为盐业腐败的重灾区；③盐业公司对竞争对手的市场排斥和垄断力延伸，致使我国盐业总体上仍是粗放型增长；④盐业法规上的专营事实上成为各级盐业公司的独占垄断。

这些问题不仅因为近年来屡屡曝光的私盐泛滥、行业腐败而成为社会热点，更由于 2008 年全球性金融危机下相关产业的生存困境而成为众矢之的，

---

① 国家食品安全风险评估专家委员会. 中国食盐加碘和居民碘营养状况的风险评估 [R/OL]. （2010－05－14） [2011－03－21]. http://www. moh. gov. cn/publicfiles/business/htmlfiles/mohwsjdj/s3594/201007/48104. htm.

② 卫办疾控发 [2012] 99 号，卫生部等五部委关于 2011 年全国碘缺乏病监测情况的通报。

③ 安超. 中国原盐市场格局分析及展望 [J]. 中国氯碱，2014 (4)：43；中盐协会秘书处. 中盐协会 2014 年全国盐业产销座谈会近在北京召开 [EB/OL]. （2014－04－11）[2014－10－08]. http://www. cnsalt. cn/d. asp? id＝20076.

2009 年以来持续至今的"全民加碘"科学性大讨论也是现行盐业体制备受争议的一个重要诱因。

2001 年以来，国家有关部门先后拟订了七份盐业体制改革方案①，《中华人民共和国国民经济和社会发展第十一个五年规划纲要》及《国务院关于落实〈中华人民共和国国民经济和社会发展第十一个五年规划纲要〉主要目标和任务工作分工的通知》明确提出了盐业垄断改革任务，《国务院关于 2005 年深化经济体制改革的意见》和国务院 2007—2010 年连续 4 年转发的国家发改委关于深化经济体制改革工作意见的通知都将盐业管理体制改革列为年度工作要点，2009 年"加快盐业改革"更是引人注目地出现在国务院政府工作报告中，"推进盐业体制改革，实现政企分开、政资分开"被列入 2011 年 3 月 14 日第十一届全国人民代表大会第四次会议批准的《中华人民共和国国民经济和社会发展第十二个五年规划纲要》。至 2014 年全国经济体制改革工作会议关于"加快推进电力、油气、盐业等重点行业改革"的明确要求②和 2014 年 9 月 4 日国务院印发《关于在中国（上海）自由贸易试验区内暂时调整实施有关行政法规和经国务院批准的部门规章规定的准入特别管理措施的决定》关于"允许外商以独资形式从事盐的批发，服务范围限于试验区内"的规定，并明确表示"国务院将根据试验区改革开放措施的实施情况，适时对本决定的内容进行调整"。最新的进展为，2015 年 5 月 8 日公布的《国务院批转发展改革委关于 2015 年深化经济体制改革重点工作意见的通知》（国发〔2015〕26 号）再次提出"推进盐业体制改革"。

第二节　研究现状

一、行政垄断及其法律问题研究

发达国家的盐业总体上是一个竞争性行业，垄断主要表现为经济垄断，这与我国盐业的行政垄断有着本质的区别。这些国家关于垄断及反垄断的研究主要集中在自然垄断和经济垄断方面，对行政垄断研究较少，而且主要针对规制

---

① 董志华. 在全国盐业多种经营交流会上的讲话 [EB/OL]. (2013-11-17) [2014-10-08]. http://www.cnsalt.org/d.asp? id=17968.

② 准确把握形势 狠抓贯彻落实确保完成 2014 年经济体制改革重点任务——2014 年全国经济体制改革工作会议在北京召开 [EB/OL]. (2014-05-17) [2014-10-08]. http://www.ndrc.gov.cn/xwzx/xwfb/201405/t20140517_611896.html.

者政治利益与被规制者经济利益之间的规制俘获、合谋及其防范问题。他们的研究已然成型，产生了一系列学科及理论体系，如政府规制经济学、激励性规制理论等。实践方面，从宏观层次到微观领域已形成由行业自律和政府管制有机结合的完善的规制体系。这里必须指出的是，这些理论和实践都立足于几个基本条件：较为成熟的市场体制、法治环境、权力制衡机制和法律本身的实效性与可诉性（即司法审查）。很明显，这些条件特别是发达国家对垄断行业的规制能力远非我们所能效仿。相对而言，适应我国国情的垄断方式及其规制研究与实践还处于探索阶段。

国内关于行政垄断的相关研究集中在以下两个方面：

一方面是行政垄断本身。主要问题及争议包括：第一，行政垄断的性质。过勇、胡鞍钢（2003）将行政垄断认定为一种政府主动创租行为；薛克鹏（2007）认为行政垄断是改革不彻底的产物；而白贵秀（2008）主张行政垄断的本质就是行政腐败。第二，行政垄断的分类。这方面大多数学者将其分为地区垄断和行业垄断；个别学者认为没必要作如此区分（沈菊生，2004）。从具体表现方面进行划分较有影响的有：行业垄断、地区垄断和其他利用行政权力实施的垄断（漆多俊，1997）；扩大管制范围、歧视性对待、卡特尔定价、公共资源垄断、地区封锁（张维迎、盛洪，2001）；地方贸易壁垒、部门贸易壁垒、政府限定交易、设立行政公司（王保树，1998）；地方行政垄断、强制联合、限制竞争、行政强制经营行为等形式的直接行政垄断和行政性公司垄断、国家指定专营、行业垄断等形式的间接行政垄断（姜彦君，2002）。第三，行政垄断的成因。学者们普遍认为公共权力的利益部门化、行业化、地方化甚至个人化是导致行政垄断的主要原因；其他重要原因包括转型经济特有的体制缺陷、在位利益集团影响、计划经济路径依赖等。第四，行使某种国家行政管理权的事业或企业的主体属性。这方面主要有3种观点：孔祥俊（1998）将其纳入广义政府或其所属部门范畴；郑鹏程（2002）、史际春（2002）认为是公用企业性质；余晖（2000）、许光耀（2004）则视之为行政主体与市场主体的合谋共同体。

另一方面是行政垄断的法律问题。这方面研究成果为数不少，争议也较多，焦点主要集中在：第一，行政垄断的合法性问题。张维迎、盛洪（2001），丁启军（2010）从法律依据角度出发将行政垄断分为法定垄断和非法垄断；而曹士兵（1996）、郑鹏程（2002）、王晓晔（2010）以实质标准将其界定为非法垄断。第二，法律规制的可行性问题。陈秀山（1997）、朱志明（2002）认为超经济的行政垄断只能通过体制改革而非法律和政策所能解决；

胡鞍钢、过勇（2002），戚聿东、柳学信（2008）主张对行政垄断进行政企分开、政府职能转变和行政法制建设等措施在内的综合治理；徐士英（2011）坚持行政垄断问题源于国家政策，非反垄断法所能解决。而王保树（1998）、许光耀（2004）、王晓晔（2009）等大多数法学专家坚持应该主要运用法律特别是反垄断法控制行政垄断。第三，法律规制的方案设计问题。曹士兵（1996）主张包括宪法、行政法、经济法、诉讼法在内的多种法律手段的运用；郑鹏程（2002）提出以协商合作制为核心制度构建反行政垄断法律控制体系；王晓晔（2007）认为反垄断执法机构的统一、高效和权威是反行政垄断的决定性因素。

值得注意的是，近年来国家相关部门对此类研究颇为重视，仅国家社科基金近 5 年的资助项目就达 40 余项。但是，针对盐业行政垄断改革特有的复杂性和深层次问题所必需的交叉、边缘学科整合基础上的实证和系统研究付之阙如。

二、盐业研究

从公开发表的文献看，国外关于盐业的学术研究主要集中在历史学、公共卫生管理等领域，且基本上发表于 2000 年以前。与盐业管理相关的资料散见于美国盐业协会（http://www.saltinstitute.org）、日本盐业协会（http://www.shiojigyo.com/english）、欧盟盐业制造商协会（http://www.eusalt.com）等网站，多为盐业市场、盐产品公共卫生等方面的信息。另外，世界卫生组织、联合国儿童基金会和国际控制碘缺乏病理事会也提供一些食盐加碘方面的政策和技术资料。

相对于通信、铁路、航空、能源、银行、保险等垄断行业甚至同为国家专控的烟草业在学术研究上的繁荣局面，目前较有深度和影响的盐业学术研究零星分散，且大部分集中于历史学和医学领域。历史学研究较有代表性的成果有：曾仰丰《中国盐政史》（1936），丁长清、唐仁粤《中国盐业史（近代、当代编）》（1997），李明明、吴慧《中国盐法史》（1997），钟长永《中国盐业历史》（2001），宋良曦、林建宇、黄健等《中国盐业史辞典》等专著。2004—2007 年有 6 篇博士学位论文或博士后研究报告以盐政史为主题：陈永升《清代河东的盐政改革》（2004）、武晓芬《唐代盐政研究》（2004）、张立杰《南京国民政府盐政改革研究》（2005）、倪玉平《清代两淮盐政改革研究》（2005）、张国旺《元代盐政与盐业》（2005）、陈涛《明代食盐专卖制度演进研究》（2007）。关于中国盐业体制的当代史研究主要有程龙刚《新中国盐业管理体制 50 年回眸》（2000）和董志凯《当代中国盐业产销的变迁》（2006）。医学方面的成果较多，主要发表于医学刊物，内容以碘缺乏病防治和碘盐监测为主，2002 年以来有 51 篇关于碘营养水平调查方面的硕士、博士学位论文。

较有影响的经济研究包括吕福玉（2007）关于盐业体制改革的经济学分析、杨双钊（2011）关于盐业发展规制的研究、龙超（2005）对我国食盐专营的社会经济成本分析、傅刚义（2005）关于中国盐业管理体制的论述、贺运生（2007）关于我国专卖制度改革的研究、周海春（2008）的盐业体制改革调查研究报告。另外，2006—2014 年有 10 篇硕士学位论文以盐业公司发展战略的对策建议为选题，其中包括 9 篇盐业公司管理人员的工商管理硕士（MBA）或高层管理人员工商管理硕士（EMBA）论文。

相对而言，法律方面的研究较为零散，主要文献有柴进、杨妮（2004）《试论中国盐业垄断经营的法律规范问题》、武二顺（2007）《论我国食盐专营管理立法及其完善》、徐兰飞（2007）《我国的盐业法律管理体系：内容、问题及建议》、孙晋、范舟（2008）《中国食盐业专营垄断之变异、危害及其纠补》、杜仲霞（2012）《盐业反垄断问题研究》、沈岿（2014）《指导案例助推垄断改革——以指导案例 5 号为分析对象》以及北京东方公益法律援助律师事务所（2008）《关于请求对〈食盐专营办法〉进行合法性审查的建议书》等，总体上看，这些研究不同程度上缺乏实证分析，未能触及盐业体制改革困境的深层次问题，说服力和可操作性不强。

三、盐业体制改革研究

盐业体制改革研究的相关成果绝大部分见诸新闻报道，内容基本上是应用性对策建议。单鑫（2009）对 1994—2007 年的该主题文章进行了文献学分析，他的结论是：盐务、政府、新闻三大系统近九成的作者构成致使该领域研究学术水平较低；过半文章来自盐务系统；发文刊物集中在盐业、经贸类非学术刊物；近一半文章研究食盐专营体制改革，其他研究主题包括食盐专营宣传、盐行业发展等；对现行食盐专营体制的态度方面，盐务人员基本上倾向于维持现状，而记者和学者大多主张取消专营①。

笔者基本同意这个判断，并分析其深层次原因主要在于：一方面，"众多垄断行业中食盐体制的改革并不复杂，也是最没有风险、改革设计方案技术含

---

① 单鑫. 食盐专营：企业身份、行政管理与体制改革 [J]. 行政论坛，2009（1）：79-84.

量最低"①，许多人认为理论研究在此难有作为，或者说食盐专营体制问题不具有学术研究价值；另一方面，不仅由于在位企业等既得利益者的强势地位，更因为盐业在整个国民经济中分量太小，对大多数家庭开支影响不大，以致"食盐行业成了中国改革开放遗忘的角落"②。这在相当程度上导致了盐业垄断改革的理论准备不足，其他利益攸关者缺乏应有的话语权，政府职能部门无动力和决心切实推进改革。

鉴于我国现行盐业体制因其特殊的历史与现实成因和特别的行业利益博弈结构，不仅使盐业垄断成为我国行政垄断的最难和最后的堡垒，而且也是我国垄断行业痼疾之集大成者。同时，盐业垄断还是一个特例，既由于食盐专营与烟草专卖一道至今仍绝缘于市场经济甚至在世界贸易组织（WTO）和《内地与香港关于建立更紧密经贸关系安排》（CEPA）中都独善其身，又在于它是我国两千多年来政企不分的活化石，当然最为本质和核心的因素在于食盐本身无与伦比的需求刚性。因此，研究盐业垄断改革的法律问题不仅对盐业产业发展和盐业管理体制改革本身，而且作为个案和实证研究，对探索垄断行业改革深层次的"后发劣势"③制度突围和运用法律规制行业垄断的体制创新也具有重要价值。正是在这个意义上，笔者认为这也可能是一个学术富矿，极富智力挑战性，理论工作者也可以大有可为。

第三节　研究任务

首先，为盐业垄断改革提供科学性的基础理论。我国盐业垄断改革近 10 年来总是靡不有初、鲜克有终，成因固然复杂，缺乏对盐业垄断性质的正确认识、解决问题的思路不清晰不能不说是其中的重要因素。因此，必须对现行盐业垄断进行客观评价，对盐业发展趋势进行正确把握，只有建立在此基础之上

---

① 罗晟. 盐业反垄断 8 年抗战即将收官，中盐总公司等利益集团成"靶心"［N］. 东方早报，2009-12-18（A32）.

② 张守营. 盐政：并不复杂［N］. 中国经济导报，2010-01-30（B06）.

③ "后发劣势"（Curse to the Late Comer）的主要提出者著名经济学家杨小凯教授引用美国经济学家沃森的说法，强调指出，即使落后国家单凭技术模仿可以在短期内取得非常好的发展，但是长期来看，用技术模仿代替制度改革，将付出很高代价，为未来发展留下许多隐患，甚至导致失败。这里用于类指粗放型增长和计划经济管理对产业发展和国民福利造成的长期和整体上的"不经济"。见［美］杰夫雷·萨克斯，［美］胡永泰，［澳］杨小凯. 经济改革与宪政转型［J］. 开放论坛，2000（7）：4-25.

的改革才有针对性和科学性。笔者旨在正本清源，从理论和实践两个层面廓清我国盐业垄断问题的实质及症结，为盐业垄断改革提供理论基础与分析框架。

其次，对盐业垄断改革提出法治化的对策建议。从法律角度看，盐业垄断赖以凭借的盐业体制问题首先是一个规范化问题，其次才是一个秩序化问题。前者本质上是一个法制统一层面的立法问题，后者则是一个政府与市场关系层面的反行政垄断和依法行政问题。因此，对于即将进行的新一轮盐业垄断改革，必须坚持依法改革的原则，在法治的轨道上进行体制改革和机制创新，盐业垄断才可望真正破解，盐业的科学发展才有可能切实推进。笔者即以我国盐业垄断的法律成因着手，以反盐业行政垄断为突破口，致力于革除盐业立法、执法、司法中的行业、部门和地方保护主义，将盐业垄断改革与盐业法制建设有机联系，为盐业立法科学性和运行规范化基础上的盐业行政法治化进行理论论证和方案建议。

最后，以盐业为例探索垄断行业改革路径。即以盐业垄断改革为个案，为解决垄断行业市场化改革的法律依据与保障、政府相关部门的职能转变与体制变革、综合监管体制的规范化、制度化运行等方面的共性问题进行探索与尝试。

第二章 基本概念与基础理论

　　自管仲创制"官山海"政策以来，2 600多年盐政史的绝大部分时间都实行专卖制度；1956年社会主义制度建立以来，国家对盐业实行计划经济管理体制；1996年至今，食盐与进口影片、海洋石油、国务院规定范围内的信件等同为当前屈指可数的专营对象之一。我国盐业的特殊性与复杂性在于：一方面，现实的盐业行政管理体制及其运行机制深受历史的影响；另一方面，虽然不同时代影响程度各异，但盐业始终关系国计民生，盐业问题从来就不仅仅是一个经济问题，其成因分析和问题解决都必须虑及相关的政治因素和社会环境。与此相应，理论研究方面，盐业历史与现实的丰富多彩使其成为学者特别是历史学者孜孜以求的宝库，同时，也因其纷繁复杂而使许多问题难有定论①。其中固然不乏研究者立场、利益甚至意识形态等方面的因素，而缺乏对相关概念、理论的界定与梳理以致"言者有意，闻者无心"也是一个重要成因。如果说立场、利益以及意识形态等方面的分歧短期内难以弥合，作为对话、交流与争鸣前提与基础的概念、理论方面的共识则必不可少。有鉴于此，剖析与研究主题相关的基本概念，阐明有关基础理论，不仅可以避免不必要的歧见和无谓的争论，也为研究的有效性和成果的说服力所必需。

第一节　盐业垄断

一、专卖、专营与垄断

　　虽然在汉语里，专营、专卖、垄断具有各自不同的含义和表达，但英语都翻译为"monopoly"，至少《中华人民共和国食盐专营办法》（以下简称《食

---

① 典型如何亚莉《二十世纪中国古代盐业史研究综述》一文中随处可见的这两个既对立又统一的研究现象。何亚莉. 二十世纪中国古代盐业史研究综述 [J]. 盐业史研究，2004 (2)：34-44.

盐专营办法》)《中华人民共和国烟草专卖法》(以下简称《烟草专卖法》)《中华人民共和国反垄断法》(以下简称《反垄断法》)等正式法律文本就分别译为：Measures on Monopoly of Table Salt①、Law of the People's Republic of China on Tobacoo Monopoly②、Anti-monopoly Law of the People's Republic of China③。Monopoly，词源（希腊语）即"单个"(mono) "卖者"(polist)，直译为独占；英语解释为：① "Control by one supplier or producer over the commercial market within a given region"，② "Control at a fraction of the overall market"④，其核心就在于特定主体对特定市场的特殊优势地位及其市场控制行为。

（一）垄断

现代垄断理论，一般认为可追溯到亚当·斯密。他在《国民财富的性质和原因的研究》一书中903次提到垄断⑤，其主要观点包括：①对完全竞争的信赖；②对市场的干预应限于公共利益；③垄断涉及政治、法律、经济、技术等多方面的状态和行为。这种古典主义的垄断理念，一方面，成为近现代西方经济学的主流话语，其含义从早期的国家授权私人或者与私人共同的排他性"独占"发展为包括通过市场结构、市场行为进行"独占"的诸多行为和形态；另一方面，直接影响到其他学科关于垄断的看法，如《牛津法律大辞典》中的"垄断"(Monopolies) 词条就表述为："一项专卖权，字面上即指一个惟一的卖方，发生于只存在特定商品或服务的一个或有限数量的卖方之场合，并存在阻碍竞争者为供应上述商品或服务而进入市场的法律或经济上的障碍。该术语最初用来指国王通常给予其亲信的制造或出售特定种类商品的排他性权利。""1924年《专卖权法》宣布所有专卖权为非法，除那些由议会授权或许可的有关新产品或新发明的制作或加工的以外。这一例外产生了现代专利制度。""在现代实践中，议会已经在诸如天然气和电力供应、铁路运输、邮政、电话和电报服务以及其他更多发明中创造了许多专卖权，这些专卖权因此被认

---

① 国务院法制办公室. 中华人民共和国涉外法规汇编 [G]. 北京：中国法制出版社，1991—1992：目录.

② 国务院法制办公室. 中华人民共和国涉外法规汇编 [G]. 北京：中国法制出版社，1996：目录.

③ 国务院法制办公室. 中华人民共和国涉外法规汇编 [G]. 北京：中国法制出版社，2007：目录.

④ [美] GARNER B A. 牛津现代法律用语词典（影印本）[M]. 北京：法律出版社，2003：571.

⑤ [美] 哈罗德·德姆塞茨. 竞争的经济、法律和政治纬度 [M]. 陈郁，译. 上海：上海三联书店，1992：11.

为不违背公共利益。""在各行各业中，专卖权存在于只有经注册的各种职业的成员，如出庭律师、诉状律师和医师等才可以在一定情况下行事或就某些服务收取费用之场合。然而，在可以有资格提供这些服务的人员数量上并没有法定限制，并且限定由这些人提供各种职业性服务是符合公共利益的，确保提供服务的人是称职的，保护公共免受不称职者或骗子的侵害。"① 从该词条对垄断的界定可见：①垄断是阻碍竞争的市场结构和行为；②垄断是一个历史性的概念，指涉及甚广，包括政治、法律、经济、技术等各种形态；③垄断的政府介入和法律限制应为保护公共利益所必需。

国内的垄断基础理论较为薄弱，突出表现在"对垄断的含义、垄断的社会成本、垄断问题判断的效率标准、垄断的持续性等问题上，观念模糊，缺乏统一的标准和理念"②。

总之，目前无论国际还是国内学界都没有一个统一的垄断定义，经济学研究的着眼点在于将垄断作为竞争的对立面，法学视域则强调垄断的关键问题在于对权力（权利）的滥用，两者共同面对的是对竞争的排除或限制这样一个垄断结果或者危险。因此，笔者界定垄断为：利用特定市场优势地位或者滥用特定权力排除、限制竞争的行为和状态。

（二）专卖

在我国，虽然垄断概念是"monopoly"辗转日本后引入中国的近现代经济和法律范畴的，但垄断现象及相关认识却源远流长。早在《孟子·公孙丑》中即有"必求垄断而登之，以左右望而罔利市"之说，其中"垄断"即有操纵贸易、把持市场之义③。专卖（古称"禁榷"），作为一种垄断制度，无论其历史、种类还是规模和影响，在世界范围内都首屈一指。

关于专卖的概念界定，吴立本在我国近代第一本专卖专著中指出，"专卖者，国家独占贩卖货物也"，主张"专卖权柄应该为国家所独有，其他任何私人都不可擅具专卖权柄，否则经济割据，不仅妨碍国家的统一，而且将回复到已经落伍的古代区域经济的阶段，尤其是因为独占的主权被私人操纵以后，国民经济势必遭受重大的打击"；独占主体包括"专卖机关的本身与经专卖机关特许的其他团体"；虽然专卖行为超出贩卖阶段而涉及生产和储运，但专卖

---

① ［英］戴维·M. 沃克. 牛津法律大辞典 ［M］. 李双元，译. 北京：法律出版社，2003：774.

② 赵杰. 论垄断 ［D］. 北京：中共中央党校，2006：3.

③ 中国社会科学院语言研究所词典编辑室. 现代汉语词典 ［M］. 北京：商务印书馆，2005：881.

"仍以独占贩卖为契机，其他阶段的控制，不过为加强独占贩卖的效能而已"①。同期的刘振东将专卖的作用概括为：增加财政收入；降低价格保障公益；发达国家资本；保护民族工业②。还有学者将"专卖"等同于"官卖"："政府为财政上之理由，将一种物品收归政府贩卖者，均称为官卖，或称公卖，或专卖，如食盐专卖，烟草专卖"③。晚近的界定同样强调国家的主导地位，如《中国大百科全书》（经济学卷）将专卖界定为："国家对某种产品的生产、销售，限定由国家设置的专门机构独占经营和管理的一种制度。有完全专卖和不完全专卖等多种形式。前者是对产品的生产、收购、运输、销售的整个产销过程，都由专卖机构独占经营；后者只对产销过程的某个环节（如生产环节或收购、销售环节）独占经营，其他环节允许别的单位或个人在国家管理下经营。凡属专卖的产品，都由国家专卖机构严格进行管理。"这种界定也见诸法学论著，如王卫劲认为"国家出于某种需要设立专门机构或指定专门商业机构垄断某种商品的销售权，禁止其他组织或个人参与此种商品的销售。"魏振瀛认为"专卖商品通常是国家在法律、法规中规定的某些对人们的生活、健康等有重大影响的特定商品，如烟草、酒类、药品等。专卖商品的经营是垄断式的，否则不能达到专卖的目的。也就是说，只有国家制定和特许的企业方可生产、制造、加工专卖的商品，其生产、制造、加工的商品必须卖给专卖机构。专卖必须由国家规定，其他任何组织或个人都不能对某种商品实行独家经营。"④ 甚至作为在位者的国家烟草专卖局也直言不讳专卖与垄断的统一关系："专卖，是指国家以法律的形式把某些商品规定为专卖品，并对其生产、分配和销售实行国家垄断，统一管理。"⑤

总的说来，虽然对国家干预特定商品的对象、阶段、方式理解不同，但学者们都无一例外地强调专卖的国家权力要素和独占经营特征及两者的因果关系，都明确其垄断性质。笔者同样认为，专卖是我国古代颇具代表性的垄断制度，是我国古代盐政的核心内容，在当前则是国家垄断的典型样态。

（三）专营

关于专营的概念，也是众说纷纭，难有定论。仅其定义而言：专营是指

① 吴立本. 专卖通论 [M]. 重庆：正中书局，1943：3-7.
② 武萝佐. 日本专卖研究与我国专卖问题 [M]. 重庆：正中书局，1943：1-2.
③ 张世明. 中国经济法历史渊源原论 [M]. 北京：中国民主法制出版社，2002：133.
④ 魏振瀛，徐学鹿，郭明瑞. 北京大学法学百科全书（民法学·商法学）[M]. 北京：北京大学出版社，2004：1244.
⑤ 烟草专卖管理编写组. 烟草专卖管理 [M]. 北京：中国人事出版社，1995：1.

"某种商品被指定由专门的经销单位（部门）经销的商业行为。这种特定的经销行为，不存在行业内的竞争，而是一种行政性的行业垄断。其目的是使国家和人民群众的某些利益得到可靠保障"①；专营是指"国家为了对一些投入少、收益大的稀缺资源进行经营垄断，或为了特殊的公共安全的需要而规定某类业务只能由国家设立的专营公司经营的法律制度。专营权是政府设定的权利，属于行政法上的特别许可一类，而非一般的民事权利"②；专营是指"某种产品的市场销售是由政府指定的唯一厂商来执行，其他厂商不得介入的市场格局，其实质是凭借行政权力和法规力量形成对某种产品的垄断经营"③。这些定义虽然来自不同学科，作者立场、背景各异，但不约而同地表达了专营的垄断性质。按照笔者前面关于垄断基本特征的界定，无论国家设立还是指定专门主体从事特定商品经营，均为排除市场竞争的垄断行为。因此，专营的垄断性质毋庸置疑。

　　这里需要注意的是专营与专卖的关系。学界主要有三种观点：①所指相同，可互换。即将专营等同为专卖。②整体与部分、包含与被包含的关系。或者认为专卖包括专营，即将专卖分为完全专卖和不完全专卖，后者即为专营；或者主张专营包括专卖，将专营分为一般专营和特殊专营，后者即为专卖。③二者是两个不同的概念，虽然都属垄断范畴，但垄断范围和程度不同，不可相提并论。这种观点认为专卖是对特殊商品的生产、分配和销售实行垄断，而专营只对特定产品的流通环节进行垄断④。实务界则从现象和经验出发予以认定，典型如中国盐业协会理事长董志华分别于 2005 年 5 月 13 日、5 月 27 日、6 月 7 日带队到国家烟草专卖局、山东省潍坊市烟草专卖局、河北省烟草专卖局进行专题调研后关于烟草专卖与食盐专营的比较：①相同之处：烟和盐都是受国家控制的专卖专营产品，都被排除在"入世"开放清单之外；都有体现国家意志和政府控制的立法；设置的管理机构基本相同，国家及地方的管理机构都经过授权，都有相对独立的市场执法机构和执法队伍；对市场的分割规则基本相同，在销售环节，实行严格的市场区域分配，各地市彼此均不允许超越划定的销售范围。②不同之处：盐的管理机构低于相应的烟草专卖机构；行业

---

① 周泽湘. 浅析食盐专营与产销平衡的相互制约和促进作用 [J]. 盐业史研究, 1999, (4): 28.

② 翟业虎. 侵犯"黄页"专营权案法律评析 [J]. 法学, 2002 (10): 80.

③ 龙超. 论我国食盐专营体制及其未来变革 [J]. 经济问题探索, 2005 (12): 125.

④ 梁树声. 经济热点名词解释 [M]. 石家庄：河北科学技术出版社, 1994: 185；张首吉, 杨源新, 孙志武. 党的十一届三中全会以来新名词术语辞典 [M]. 济南：济南出版社, 1992: 72-73；程宝山. 经济法学 [M]. 郑州：郑州大学出版社, 2004: 250-252.

责任、任务不同，烟草强调经济效益，食盐突出社会效益；依据的法律位阶不同，烟草是"专卖法"，食盐是"专营办法"；管理体制不同，烟草行业从中央到地方垂直管理，实行"八统一"的高度集权，盐业中央到地方割裂，即使在地方也没有完全实现垂直管理；计划执行的力度不同，烟草实行严格的计划管理，从烟叶的种植、收购、烟的产量、销量都列入国家计划，都由国家发改委审批和下达，总量严格控制；而盐行业始终产大于销，工业盐、私盐冲击食盐市场，食盐无法完全做到严格的计划管理；价格的形式机制不同，烟草行业的烟叶收购价、烟的出厂价由国家定价，批发价、零售价则是先由烟厂提出建议，批发价由各毗邻省协商确定，零售价按一定的批零差率确定，批发价、零售价均报国家烟草专卖局审查批准，而食盐则从出厂价、产区批发价、销区批发价、零售价都由国家定价；资产结构有差别，两行业在批发环节都是国有独资企业，但在生产环节，烟草仍然不允许民营和社会资本进入，而盐场则在有些地区鼓励民营化①。

综上所述，无论在存续时间、表现方式、影响程度等方面有多大区别，一般而言，专营在垄断的范围和程度方面稍逊于专卖，盐业专卖与盐业专营的实质皆为盐业垄断。例如，从比较现行有效的具有典型意义的《食盐专营办法》和《烟草专卖法》，即可看出两者各自的立法针对性：专卖是绝对控制意义上的完全垄断；专营是相对控制意义上的不完全垄断。

二、盐业的垄断性质

根据上述垄断概念的界定及其基础上专卖、专营的垄断性质分析，就盐业中在位者利用特定市场优势地位或者滥用特定国家权力排除、限制竞争的行为和状态而言，盐业专卖与盐业专营的行业垄断性质都显而易见。

需要注意的是，本书所指称的当前的盐业垄断，不仅指食盐专营性质的独占垄断结构，而且指盐业公司对于整个盐行业的市场控制力。这是一种在位者滥用市场控制地位的行业垄断行为与盐业主管部门滥用行政权力排除和限制竞争行为合谋的产物，其关键环节在于价格"双轨制"和专营扩大化；其主要危害不仅在于严重制约盐业的资源配置水平，而且导致以普及合格碘盐为目标的食盐专营效率低下；其突出表现为政企不分致使我国盐业整体上的盐业市场和政府双重失灵。

---

① 烟草行业调研报告 [EB/OL]. (2007-06-06) [2011-03-21]. http://www.sjzsalt.cn/xuexi/Print.asp? ArticleID=45.

（一）盐业专卖的垄断性质

我国盐业史学者虽然对征税制与专卖制的区别和分期莫衷一是，但在这一点上却颇具共识——以 2600 年前管仲创立"官山海"政策为界，将我国古代盐政划分为食盐自由生产、交易阶段和食盐的官专卖或商专卖阶段。我国古代盐业的专卖方式主要包括"直接专卖"（民制官收官运官卖）、"间接专卖"（民制官收商运商销，也称就场专卖）和"商专卖"（民制商收商运商销，这以官府的特许为前提）。至国民政府时期，伴随民族国家的现代化进程，与整个经济社会性质一样，民国盐务"若干新式的盐业生产和运输方式与大量传统的盐业生产与运输方式同时存在，微弱的资本主义盐业生产关系与浓厚的封建盐业生产关系同时存在，带有一些资本主义性质的盐务制度与封建的盐务制度同时存在，带有若干现代特征的盐务组织与因袭的落后的盐务组织同时存在"①。虽然以抗日战争为契机，废除了腐朽的引岸专商制度和屈辱的中外会办制度，但盐务政策的主要内容仍然是专注于盐税财政功能的专卖或准专卖②。两千多年来盐业专卖形式多样、变动频繁，但就其区别于征税制而言，有学者归纳其特点有四：高税高价（高利高价）；特许经营（官府自办）；禁私缉私；监督产销③。盐业专卖之所以具有这些特征，盐之所以成为中国古代最重要、历史最悠久的禁榷商品，不仅在于食盐本身的刚性需求而必然形成的卖方市场特点——这还只是诱因和前提，一种可能性——关键的因素在于盐课一向被作为封建朝廷的重要经济支柱以致历代都禁止私人擅自经营盐资源及商品而由官府垄断④。正是在这个意义上，"专卖实质上就是垄断，是为了满足国家实现其职能的需要，以国家为主体，以政治权力为依托，利用价值形式或实物形式参与社会产品的分配与再分配。它可以控制产品生产、收购、运输、销售等产销过程的全部或若干环节，是一种综合性的财政经济手段。"⑤

由此可见，盐业专卖作为财政导向下国家权力对盐业生产、流通的直接干预手段，其限制、排除竞争的国家属性和财政目的无损其垄断本质。

---

① 丁长清. 民国盐务史稿 [M]. 北京：人民出版社，1990：436.
② 准专卖指名义上以征税制取代专卖制，而产运销仍为政府管制，其实质与专卖无异。见董振平. 抗战时期国民政府盐务政策研究 [M]. 济南：齐鲁书社，2004：242-263.
③ 吴慧. 中国食盐专卖的历史考察 [J]. 盐业史研究，1990（4）：6-7.
④ 王伟. 我国食盐专营体制之历史性反思 [J]. 四川理工学院学报：社会科学版，2007（2）：65.
⑤ 董振平. 论抗战时期国民政府食盐专卖制度的形成 [J]. 宁夏大学学报：人文社会科学版，2001（3）：16.

（二）盐业专营的垄断性质

1949年，盐业专卖与南京国民政府一道成为历史。我国盐业行政管理进入计划经济体制时期。董志凯研究员将其划分为六个阶段：第1阶段（1950—1953年），全国盐的生产、税收、缉私和西南、西北地区的运销工作由盐务总局统一管理，主要盐场也由盐务总局和大区盐务局直接经营，华北、华东、中南和东北的运销工作，则分别由商业部中国盐业公司和东北粮食部门经营；第2阶段（1954—1957年），随着大区的撤销，盐务总局成为一个统一经营管理全国盐业产、运、销、税的经营管理组织；第3阶段（1958—1962年），盐税划交税务部门，盐业产销企业全部下放，盐务总局改为制盐工业局，负责产品产运销全面计划归口管理；第4阶段（1963—1969年），国务院批准成立中国盐业公司，与盐务总局一套机构、两块牌子，统一经营管理全国盐的产、运、销、存；第5阶段（1969—1979年），1969年产销企业再次全部下放，不少地区又恢复了按行政区划设置机构；第6阶段（1980年以后），成立中国盐业总公司作为国有的全国性产销合管企业，管理全国盐的生产、分配、调运、批发销售和存盐安排①。虽然这段时期盐业管理结构、组织机构、运行方式变更频繁、几经反复，但作为微观主体的产运销企业无不按计划进行生产经营，这种计划的制订和实施则有赖于政企不分、条块分割的行政管理体制。

1992年党的十四大通过的政治报告、修改的党章和1993年八届全国人大一次会议通过的宪法修正案都明确宣布实行社会主义市场经济体制。但时至今日，以1990年《盐业管理条例》、1996年《食盐专营办法》为基础建立的现行盐业行政管理体制仍带有明显的计划经济痕迹。这种管理体制基本上沿用指令性计划方式、按照条块分割的行政权限进行行政区域基础上的销区划分。总之，当前以统购统销为基本内容的食盐专营与食盐的计划经济管理甚至与古代盐业专卖，具有显而易见的权力垄断实质。

第二节　盐业行政垄断

一、经济垄断、国家垄断与行政垄断

学界一般根据成因，将垄断分为经济垄断、自然垄断、权利垄断、国家垄断与行政垄断。虽然具体定义众说纷纭，不过这几种垄断的基本内涵还是众所

---

① 董志凯. 当代中国盐业产销的变迁 [J]. 中国经济史研究，2006（3）：14-15.

周知：①经济垄断主要强调在竞争性领域中经营者通过自身经济实力而获得的市场垄断地位。②自然垄断的主要成因在于相关行业本身网络运营性、资源稀缺性、范围经济性及成本弱加性等技术或特别的经济理由。③除非滥用，权利垄断则是知识产权的应有之义①。④国家垄断——这里是指市场经济体制下严格意义上的国家垄断，而非计划经济体制下绝大多数工商业的国有国营性质的国家垄断——是国家出于国计民生和重大公共利益需要，对特定行业和产品进行的严格管理、特许经营。随着我国市场经济法律体系的建立和完善，特别是《立法法》《行政许可法》《反垄断法》的相继施行，依法治国方略下的国家垄断都逐渐演变为法定垄断，其法律依据为《反垄断法》第 7 条指称的"国有经济占控制地位的关系国民经济命脉和国家安全的行业以及依法实行专营专卖的行业"。⑤行政垄断，指出于地方、部门保护主义甚至行政主体自身及个人私利而运用行政权力限制、排除或者妨碍竞争致使特定经营者得以垄断相应市场的行为。很明显，这种垄断实质上是一种"行政权力"的滥用，是一种非法垄断——笔者认为，合法的行政垄断即国家垄断，或者说运用行政权力限制、排除或者妨碍竞争的合法性只能来自于国家意志，即目的上出于国计民生和重大公共利益需要，行为上必须依法行政，"不得滥用行政权力，排除、限制竞争"（《反垄断法》第 8 条）。这里需要注意的是，虽然《反垄断法》没有明确提出"行政垄断"概念，但从《反垄断法》第 5、6、7、8 条、第 5 章、第 51 条有关垄断原则、行为、责任等方面的规范看，"滥用行政权力排除、限制竞争"实质即是"行政垄断"——这也为学界所公认。无论理论分析还是实践经验都表明，这些垄断类型之间存在着不同程度的联系，一定条件下相互转化，就本书主题而言，下面几种垄断之间的关系尤为重要：

经济垄断与行政垄断。一方面，在市场经济不规范、不完善的地方，许多经济垄断地位的成因并非完全由于其经济方面的表现，往往也在很大程度上借助行政权力获取；另一方面，有些在位者不再凭借行政权力而利用其经济实力巩固其垄断地位，实施垄断行为。

国家垄断与行政垄断。一方面，许多国家垄断行业在法律层面放开后，因为相应的管理体制、配套政策改革不到位，使得事实上国家垄断行业仍然存在行业准入的行政壁垒；另一方面，鉴于部门立法、利益执法等问题，许多行政部门往往利用起草或者制订、实施相关法律、法规之机，将行政垄断操作成国

---

① 见《反垄断法》第 55 条。商务部反垄断局局长尚明也作如是解读，见尚明. 反垄断法不会干预知识产权权利的正常行使［EB/OL］.（2008-12-05）［2011-01-15］. http://www.gov.cn/zxft/ft155/content_1168818.htm.

家垄断以图利于特定群体甚至个人。

自然垄断、权利垄断与行政垄断。通常的情况是，自然垄断因素消失后，在位者通过行政权力仍然排斥新的市场主体加入，或者知识产权主体利用行政权力将特定知识产权作为行业标识甚至标准。这样的自然垄断、权利垄断实际上就转化为行政垄断。

在当代西方垄断理论中，一般对技术因素的权利垄断较少有疑义；对作为自由竞争结果的经济垄断特别是非独占垄断越来越持开放态度，即更多从滥用垄断地位而非简单的垄断市场结构进行垄断认定①；对国家垄断心存疑虑，主张只能在解决市场失灵的国家职能层面进行；坚决反对作为行政权力滥用结果的行政垄断；即使曾经被认为理所当然的自然垄断行业，也因为技术进步和市场变化而使政策壁垒逐渐丧失其正当性。这种立场在很大程度上源于古典经济学的反对国家干预、主张管得最少的政府是最好的政府②的自由主义传统。这也决定了整个西方经济学关于垄断的基本学说框架和核心价值取向。如米尔顿·弗里德曼在《自由选择》中就主张把越来越多的权力交给政府是"通向奴役之路"，强调无论在经济市场还是政治市场中"结果取决于人们追求自身利益（广义的）时的相互作用，而不取决于参加者认为可以大肆宣扬的社会目的"③。

从实践看，西方的行政垄断主要存在于资本主义初期，表现为政府授权给私人或者政府与企业、公权与私权共同排他性地"独占"市场④。但随着资本主义民主和法制的建立健全，行政垄断基本上退出了历史舞台。即使政府设立国有企业成为垄断者，也是作为平等市场主体参与竞争的结果，而非凭借行政权力直接成为在位者。

社会主义计划经济体制下的垄断无一例外地演变为"国家垄断"⑤。以我国为例，伴随着 20 世纪 50 年代国有化和社会主义改造运动，基本建立了高度集中的计划经济管理体制。政府对绝大多数二、三产业实行国有国营，"政企

---

① 以美国为例，随着美国社会经济条件和国际环境的变化，其百余年来的反垄断政策经历了一个"由政治目标为主到经济目标为主、直到走向突出经济效率目标的演变过程"，与此相对应，反垄断政策的控制重点出现了"控制行为→控制结构与行为→控制结构→控制行为"的变化轨迹。见余东华. 美国反垄断政策的演进及对我国的启示 [J]. 亚太经济，2008（1）：45.

② 秦晖. 权力、责任与宪政——关于政府"大小"问题的理论与历史考查 [J]. 社会科学论坛，2005（2）：10-37.

③ [美] 米尔顿·弗里德曼，罗斯·弗里德曼. 自由选择 [M]. 胡骑，席学媛，安强，译. 北京：商务印书馆，1982：2, 5.

④ 赵杰. 论垄断 [D]. 北京：中共中央党校，2006：8.

⑤ 李昌麒. 寻求经济法真谛之路 [M]. 北京：法律出版社，2003：294.

不分，单一的所有制结构，国家行政权力和经济权力紧密结合，形成了全局性的国家垄断"①。虽然 30 多年的改革开放使国家不再直接经营企业，绝大多数行业实现了政企分开，大多数领域初步形成了公有制为主体、多种所有制经济共同发展的所有制结构，指令性计划范围逐步缩小，但一些行业计划经济时代形成的行业主管部门兼有行业利益代表和行业管理者双重角色的情形至今没有真正改变，加上国有企业②尤其是大中型国有企业肩负的保值增值责任，致使相关行业主管部门非但不能成为公平、公正的管制者，反而成了行业利益的维护者甚至是共同利益的合谋者③。正是在这个意义上，有学者认为，目前我国产业领域的大多数垄断并非名副其实的竞争性市场垄断而主要是建立在非市场竞争基础之上、主要由计划配置资源和行政限制进入而形成的典型的行政垄断④。

与市场经济条件下垄断企业凭借技术创新谋求垄断高价、通过规模经济实现垄断利润、运用低价优势防范新竞争者进入不同，我国的这种行业垄断"既依赖行政命令的方式提高价格以剥夺消费者，又通过政策壁垒来隔绝竞争者，是一种低效率的垄断"⑤。有学者归纳我国垄断行业的体制特征为：①垄断地位不是因自由竞争导致生产集中形成，而是由国家所有制、政府某一部门垄断经营产生；②垄断过程伴随着与政府权力的紧密结合，它们既是政府干预经济的手段，又是政府参与经济活动的途径；③垄断程度极高，一个行业中企业很少、组织形态单一，有时甚至一个企业就是一个行业，难以引入竞争机制，即使有进入者，也主要是分享垄断利润，形不成有效竞争；④高额垄断利

---

① 俞燕山. 关于进一步破除垄断问题的研究 [J]. 改革，2002，(5)：16.

② 世界银行界定国有企业为："政府拥有或控制的以出售商品和服务为主要收入的经济实体"（"State-owned enterprises are government-owned or controlled economic entities that generate most of their revenue by selling goods and services." (The World Bank. 1999 World Development Indicators [M]. Washington：The international Bank for Reconstruction and Development，The World Bank，1999：301.) 应该说这个定义具有普适性，关键的问题在于"拥有或控制"的标准。我国法律没有明文规定国家所有的具体标准和国家控股的明确比例，有学者主张"国有企业、国有独资公司和其他企业中的'国有绝对控股企业'（在企业的全部资本中，国家资本所占比例大于50%的企业）和'国有相对控股企业'（企业全部资本中，国家资本所占比例虽未大于50%，但大于其他经济成分所占比例；或国家资本所占比例虽不大于其他经济成分所占比例，但根据协议规定，由国家拥有实际控制权的企业）统称为'国有控制企业'"。见方小敏. 论反垄断法对国有经济的适用性——兼论我国《反垄断法》第 7 条的理解和适用 [J]. 南京大学法律评论，2009（春季卷）：130-131.

③ 张国平. 基于科学发展观的垄断行业体制、制度、机制改革 [J]. 财经论丛，2009 (3)：2.

④ 俞燕山. 关于进一步破除垄断问题的研究 [J]. 改革，2002，(5)：16.

⑤ 周民良. 在体制创新中推动垄断行业的改革进程 [J]. 经济研究，2007 (2)：76-77.

润不仅带来高工资、高福利进而成为一种极特殊的利益集团，而且用以掩盖经营上的缺陷、管理上的不足①。

以自然垄断行业为例，我国行业垄断的复杂性就在于，自然垄断行业、公用企业②、国有企业三者外延相互交叉或包含。因为我国的自然垄断行业基本上都是国有企业，或者由国有企业改制而来。这些国有企业在计划经济时代，其主要定位即为公用企业，任务的政策性而非经营性为其主导属性。即使在改革开放历时 30 余年的今天，特别是在《中华人民共和国企业国有资产法》"政企分开"的明确要求下，许多国有企业仍然兼具市场经济主体和政府政策工具的双重身份。有学者认为，由于自然垄断与行政性垄断交织在一起，自然垄断成了行政性垄断的理由，行政性垄断借助自然垄断变成了法定垄断，并且对非自然垄断环节也实施行政性垄断，形成纵向一体化的垄断经营状态③。加之往往从静态角度看待自然垄断问题，无视经济发展和技术进步对公用企业的影响，在具备可竞争条件的行业或环节仍然拒绝放开准入，维持高成本、低效益的经营模式，为一己之私危及社会福利和产业发展。

正如有学者指出的那样，我国目前的行政垄断既非计划经济的反映，亦非市场经济的产物，而是从计划经济向市场经济转轨过程中的过渡现象，"从一定程度上看，属于改革不彻底的产物"④。而这种改革不彻底的症结，"从根本上来说是一些部门和地方的公共权力被异化，即所谓公共权力部门化、部门权力个人化、个人权力利益化。"⑤

---

① 张国平. 基于科学发展观的垄断行业体制、制度、机制改革 [J]. 财经论丛，2009（3）：2.

② 根据《韦氏词典》，公用企业指"提供某种基本的公共服务并且受政府管制的行业"（NOAH WEBSTER. WEBSTER'S Unabridged Dictionary [K]. New York：Random House, 1998：1563.），产业经济学学者认为"通过网络提供传统公共服务的产业，如电信、电力、煤气和供水服务等，通常就具有自然垄断的特征，习惯上称其为公用企业。"（［英］J. 卡布尔. 产业经济学前沿问题 [M]. 于立，张曼，王小兰，译. 北京：中国税务出版社，2000：229.）而《反不正当竞争法》起草者解释第 6 条规定之公用企业为"包括自来水公司、煤气公司、供电公司等从事公用行业的企业。"（孔祥俊. 反不正当竞争法律的适用和完善 [M]. 北京：法律出版社，1997：548.）有学者归纳其特征为：①民生必需性；②社会公益性；③不同程度的自然垄断性或公共（集体）物品属性（史际春，肖竹. 公用事业民营化及其相关法律问题研究 [J]. 北京大学学报：哲学社会科学版，2004（4）：79.）

③ 赵卓. 利益集团、行政性垄断与规制改革 [J]. 理论探讨，2009（3）：84.

④ 薛克鹏. 行政垄断的非垄断性及其规制 [J]. 天津师范大学学报：社会科学版，2007（3）：13.

⑤ 鞠立新. 垄断改革的困局与破解 [J]. 探索与争鸣，2007（9）：45.

二、盐业垄断的行政性质

（一）盐业垄断的技术经济特征

众所周知，行业垄断的正当性从根本上讲应取决于相关产品的技术经济特征。鉴于目前我国盐业垄断的核心问题在于食盐专营。因此，这里主要探讨食盐生产、流通等环节的技术经济特征，在此基础上对食盐的垄断性质展开分析。

（1）资源方面。美国地质勘探局的报告显示，世界大陆盐矿资源实际上是用之不尽的，海洋中的盐更是取之不竭，目前人们很难找到盐的廉价替代品[1]。据我国官方资料[2]："我国盐资源分布格局是东部海盐、西部湖盐、中部井矿盐。其中，井矿盐资源储量巨大，已探明储量超过1.5万亿吨，潜在资源储量超过6万亿吨，可以满足我国数万年的开发利用。目前我国原盐年产能约8000万吨，年产量约6800万吨，其中井矿盐产量约4000万吨；加碘食盐需求每年为800万吨左右，其中绝大多数是井矿盐。"青海柴达木盆地、江苏淮安、河南平顶山、重庆万州、四川达州、河北邢台等地相继发现探明储量千亿吨以上的盐矿。仅陕西榆林2.5万平方公里即探明平均厚度达120米的岩盐矿8854亿吨，每开采1平方公里可供全国食用和工业用盐4年[3]。可见，包括食盐在内的整个盐行业都不是一个资源稀缺行业。

（2）生产方面。盐产品的生产指原盐的生产、提炼及微量元素的添加。在技术要求方面，食盐生产及加碘与其他用盐并无实质区别[4]。虽然2013—2015年度工业和信息化部只许可了98家食盐定点生产企业和19家多品种盐生产企业[5]，但据不完全统计，全国制盐企业约有2400家[6]，证照不全、不上规

---

① 中国21世纪议程管理中心. 盐业生产——行业参考书 ［K/OL］. （2009-08-17）［2011-03-21］. www. chinaeci. com/admin/upload/20090817020836. pdf.

② 工业和信息化部召开座谈会 研究部署盐业管理工作思路 ［EB/OL］. （2011-04-15）［2014-10-07］http://www.miit.gov.cn/n11293472/n11293832/n11293907/n11368223/13708940. html.

③ 刘福宏. 榆林探明岩盐储量8854亿吨 ［N］. 中国矿业报，2007-09-22 （B01）.

④ 比较工业盐强制性国家标准 （GB5462—1992）及工业盐推荐性国家标准 （GB5462-2003），食用盐强制性国家标准 （GB5461-2000）的相关技术标准在工艺技术、装备水平方面并无特殊要求.

⑤ 工业和信息化部关于2013—2015年度食盐定点生产企业名单的通告 ［S］. 工信部消费 ［2012］614号.

⑥ 樊曦. 中盐总公司：加强行业联合是盐行业发展根本出路 ［EB/OL］. （2010-03-26）［2011-03-21］. http://news.xinhuanet.com/fortune/2010-03/26/content_13252605. htm.

模的生产者则不计其数，仅山东某县的小制盐作坊就有1 000家之多①。很明显，生产也不是问题。

（3）流通方面。我国对食盐批发环节实行许可证制度，这是我国食盐专营的关键环节。据受工业和信息化部委托实施换发工作的中国盐业总公司披露，在2009年度的含转（代）批发的批发许可证换发备案工作中，全国共发放转（代）批发许可证4 118个，有2 071家企业符合食盐批发许可证申领的《食盐批发企业管理质量等级划分及技术要求（GB/T18770-2002）》标准②。因此，即使在目前严格的行政许可管理下，从总量上看，我国食盐批发企业也具备可竞争性。

（4）其他方面。食盐的生产和流通与食品、医药等类似行业在产品技术经济特征方面并无本质区别，没有特别的规模经济属性。与铁路、电信、自来水、燃气、电力等自然垄断行业的网络运营性不同，虽然食盐物流的网络拓展在交通条件差和人口密度小的地区运输成本高而服务效率低，但由于食盐本身对运输和销售环节的要求不高，组织管理并不复杂，营销并无固化的道路网络要求，运输方式替代性强。因此，不存在自然垄断问题，最多存在因刚性的定价机制——国家统一定价——而在普遍服务中出现成本递增。

总之，无论按照传统的规模经济性标准还是根据新近的"只有在那些强网络经济效益的产业里，垄断机制才可能比竞争机制更有效率"的观点③以及关于自然垄断的本质成因在于"作为稀缺性资源的独占性"的主张④，我们都可以认定，至少在技术和经济方面，食盐的生产和流通无垄断的必要，即食盐应该放开竞争。

（二）世界盐业垄断的发展趋势

对国外盐政的关注，最早文献已不可考，较有影响的是为民国盐务改革而进行的相关引介。如1930年林振翰就将国外盐政分为三类：无税制、征税制（租税制）和专卖制⑤。1937年时任国民政府财政部长的孔祥熙出使欧美诸国后谈到，"考现今世界各国之采行专卖制度者，达二十余国，而在重要专卖物

---

① 王琼杰. 在疑问和争论中的前行——关于食盐专营体制改革的调查 [N]. 中国矿业报，2010-01-30（A08）.

② 刘唯. 全国食盐流通现代化工作总结报告 [EB/OL]. （2009-07-16）[2011-03-21]. http://www.chinasalt.com.cn/xwzx/zyyw/5ea3c86622599b1601228123862d004e.html.

③ 李怀. 自然垄断理论的重构与创新 [M] //黄继忠，曲文轶. 自然垄断与规制：理论和经验. 北京：经济科学出版社，2004：28.

④ 王锐. 当代自然垄断理论研究发展述评 [J]. 当代经济研究，2009（4）：23.

⑤ 林振翰. 中国盐政纪要（上）[M]. 北京：商务出版社，1930：7.

品中，盐又为各国实施专卖最多之一种。盖以盐之产制有定地，消费有定额，最合国家专卖之条件。"[①] 1943 年，武萝佐还出版专著《日本专卖研究与我国专卖问题》以资借鉴。

从世界范围内的实践看，虽然大多数国家在相当长的历史时期都对盐业特别是食盐采取垄断专营政策，但在以贸易自由化为中心的经济全球化背景下，食盐专营已然式微，既无仿效的必要，也无接轨的依据。以欧美等盐业生产和消费大国[②]为例：①美国没有专门的盐业政策，盐矿开采、盐产品生产、经营都完全市场化。美国的食盐管理主要体现在产品质量、食品安全、公共卫生等方面的监管，受食品法规制，由食品药品监督管理局和美国盐业协会共同负责各种盐产品技术指标的制定、实施和监管[③]。与美国类似，加拿大盐业也完全放开，盐产品种类丰富、管理规范，是一个高度发达的商品市场[④]。②在德国，有关食盐的法律规范都属于食品法范畴。盐行业主要由 3 家盐厂经营，它们均为独立经营，市场竞争激烈[⑤]。③澳大利亚盐业完全放开，不仅生产上有来自日本、美国的投资，而且销售上也完全国际化，澳盐颇具国际竞争力，产量的出口率高达 90% 以上，是世界最大的海盐出口国[⑥]。④苏联解体前，盐业企业隶属于当时的食品工业部，生产、销售严格按照计划进行。1991 年后，

① 刘振东. 孔庸之先生演讲集 [M]. 台北：文海出版社有限公司，1972：375.

② 2006 年以来，中国一直是世界最大的产盐和用盐大国。另外，2007—2009 年连续 3 年原盐产量超过 1 000 万吨的国家包括美国、德国、印度、加拿大、澳大利亚，这几个国家原盐产量之和约占世界总产量的 2/3。日本则是世界最大的盐进口国和消费国。见美国盐业协会官方网站（http://www.saltinstitute.org/）和美国矿产资源管理局官方网站（http://minerals.usgs.gov/minerals/pubs/mcs/）的相关统计数据（U. S. Department of the Interior, U. S. Geological Survey. Mineral Commodity Summaries 2009 [EB/OL]. (2009-01-29) [2011-03-21]. http:// U. S. Geological Survey, Mineral Commodity Summaries, January 2009, Mcs-2009-salt [1].pdf.p.137; U.S.Department of the Interior, U.S. Geological Survey.Mineral Commodity Summaries 2010[EB/OL].(2010-01-26)[2011-03-21].http://U.S. Geological Survey, Mineral Commodity Summaries, January 2010, Mcs-2010-salt [1].pdf.p.135; U.S.Department of the Interior, U.S. Geological Survey.Mineral Commodity Summaries 2011 [EB/OL]. (2011-01-21) [2011-03-21]. http:// U. S. Geological Survey, Mineral Commodity Summaries, January 2011, Mcs-2011-salt[1].pdf.p.135.)

③ 李莉. CD 盐业公司的营销渠道研究 [D]. 成都：电子科技大学，2009：17-18；张传佩. 江苏省盐业考察团赴美国加拿大考察盐事报告 [EB/OL]. (2010-10-22) [2011-03-21]. http://www.cnsalt.cn/cn_ru_d.asp? id=19466.

④ 张传佩. 江苏省盐业考察团赴美国加拿大考察盐事报告 [EB/OL]. (2010-10-22) [2011-03-21]. http://www.cnsalt.cn/cn_ru_d.asp? id=19466.

⑤ 中盐研究策划部世界盐业简介 [EB/OL]. (2005-08-12) [2011-03-21]. http://www.jx-salt.com/html/20058122128560311. html.

⑥ 孔志远，林梅影. 亚太地区制盐工业生产格局及消费现状 [J]. 中国井矿盐. 2002 (4)：5.

俄罗斯大部分食盐主要由 6 家制盐企业生产供应。对于成为俄罗斯重大公共安全问题的碘缺乏病，俄罗斯政府目前主要通过市场手段和国际渠道解决①。⑤日本自 1905 年开始实行盐业专营直到 1997 年废止。5 年的过渡期后即 2002 年起，在生产、进口、流通等多个环节全面实行自由化。到 2003 年，除关税和配额外，所有竞争限制解除，食盐专营制度完全取消②。⑥随着逐步减少国家补贴和取消食品供应卡，古巴政府已于 2012 年 3 月 1 日放开食盐销售③。

以亚太发展中国家及地区为例：①印度政府对盐业发展采取积极的鼓励政策，不仅不对盐业实行专营，而且在税收方面还对盐业进行特别扶持，除了因为盐业发展和改善盐业员工福利征收低税外，不对普通盐业生产、销售征税④。②越南采取国家、集体、个体三者并存的盐业产销体制，政府不加干预，并大力支持与国外合作开发⑤。③1950 年伊始，作为公营企业的中国台湾制盐总厂——2003 年民营化改制为台盐实业股份有限公司——完全垄断我国台湾地区所有盐产品的生产和批发，形成了官制、官收、官运（或）商运、商销的体制。但随着台湾地区 1990 年以来积极申请加入关税及贸易总协定（GATT）、世界贸易组织（WTO）（2002 年成为世界贸易组织单独关税区），特别是 1989 年以来实施的公营事业民营化政策，2004 年作为盐业专营基础的《盐政条例》在施行 64 年后寿终正寝⑥。④除中国外，只有土耳其、缅甸等少数国家仍实行具有专营或专卖性质的垄断性产销制⑦。

据国际控制碘缺乏病理事会（ICCIDD）的统计，世界上碘盐覆盖率超过 90% 的 30 多个国家中，只有中国等少数国家或地区实行专营专卖体制⑧。从总的趋势看，放开市场、有效管理是世界盐业管理体制的主流。

---

① 梁尊山. 俄罗斯联邦坚持碘盐化计划 [J]. 海湖盐科技资料，2001（4）：18-22.

② 日本盐业体制资料主要见"日本盐事业中心"网站 [EB/OL]. [2011-03-21]. http://www.shiojigyo.com/english/about/；晏仲华，王志华，李心丹. 关于日本盐业市场情况的考察报告 [J]. 苏盐科技，2002（3）：22；李莉. CD 盐业公司的营销渠道研究 [D]. 电子科技大学，2009：18-20.

③ 殷永建. 古巴放开食盐销售 [EB/OL].（2012-03-01）[2014-10-07]. http://news.xin-huanet.com/world/2012-03/01/c_122773725. htm.

④ 杨庭华. 印度盐业及盐化工考察报告 [J]. 苏盐科技，2006，（3）：32.

⑤ 井树桂. 世界盐业生产格局及亚洲盐业市场分析 [J]. 海湖盐与化工，2000，（5）：39.

⑥ 李芳媛. 国家机器与台湾盐业发展关系之研究 [D]. 高雄：台湾中山大学，2006：102，103.

⑦ 谷安武. 湖南盐业体制改革的路径探讨 [EB/OL].（2008-10-19）[2011-03-21]. http://www.hnsalt.com.cn/Article.aspx? id=10877.

⑧ 李晓莉. 改革食盐专营改革渐行渐近 [N]. 中国经济导报，2014-05-10（A03）.

（三）我国盐业垄断性质的异化

在我国，食盐产品从来就因其关系国计民生而具有特殊的重要性。随着现代医学和公共卫生事业的发展，食盐加碘更是世界公认的持续消除碘缺乏病的安全、有效和便捷的主导措施，也是防治碘缺乏病的通行做法。我国作为碘缺乏病严重国家，为消除碘缺乏的危害，于 1990 年和 1996 年相继颁布施行了《盐业管理条例》和《食盐专营办法》，依据这两个行政法规建立了食盐专营制度以确保碘盐的普遍服务。可见，我国以食盐专营为核心的盐业垄断，就其建立本身而言，具有两个主要特征：一是以保障人民身体健康为目的；二是由《盐业管理条例》和《食盐专营办法》确认并实施。

综上所述，包括食盐在内的盐产品，无论生产、运输还是销售，其技术经济特征都不符合自然垄断赖以凭借的行业规模经济、范围经济和成本弱增性条件，更非一种市场竞争结果的经济垄断，而是一种国家权力介入市场竞争而产生的国家垄断，这种垄断的实质依据在于碘盐普遍服务体现的社会公益性及其相应的国家强制力，也就是说，是一种法定垄断或者国家垄断。

问题在于，普遍服务作为盐业国家垄断的主要任务，其所具有的区域平衡、财富再分配和人权保障功能决定了它应该是一项公共政策，是一种政府责任。如前所述，在计划经济时代，公用企业往往就是国有企业，国家的政策行为往往与企业的经济行为合二为一，国家义务的法律化往往成为企业垄断的合法化，食盐专营就是各级盐业公司实施碘盐普遍服务国家职责法律化的体现。但是，在目前社会主义市场经济条件下，这种食盐专营的国家垄断性质在实践中已经异化[①]为事实上的行政垄断，这种异化主要体现在：

第一，食盐加碘政策是食盐专营的基础，但是，早在 2000 年评估就显示，我国在总体水平上已经消除了碘缺乏病，特别是在全民加碘"一刀切"的科学性备受争议的今天，食盐加碘政策实际上被消费为维护食盐专营的唯一话语来源，而在位者的部门利益而非食盐专营的制度成本、社会福利已经成为盐业制度改革的主要阻力。

---

① 异化，在最一般的意义上讲，是指"相似或相同的事物逐渐变得不相似或不相同"，作为哲学范畴，其基本含义在于"把自己的素质或力量转化为跟自己对立、支配自己的东西"（中国社会科学院语言研究所词典编辑室. 现代汉语词典 [K]. 北京：商务印书馆，2005：1614.）有学者认为，"无论何种公共权力，从其产生之时起，就存在着否定这种权力公共性的异化力量。"社会主义社会也不例外，"'经济人'和'道德人'的对立使权力者自身表现出双重人格，自身产生矛盾，这种权力者自身异化现象在当今社会中是大量存在的。"（徐春. 对20世纪80年代初期异化问题争论的反思 [J]. 北京行政学院学报，2010（2）：46，47.）本报告即在国家权力限制、排除竞争的政策、法律实施过程中事与愿违的意义上使用该概念。

第二，中央和地方各级盐业公司作为食盐专营主体，本应是盐业行政主管部门的管理对象，但是，由于政企不分，大部分盐务局与盐业公司"一套人马、两块牌子"，既当裁判员又当运动员，往往以专营之名行部门和地方保护主义之实，以至于正常的盐业行政管理在利益和组织两方面都异化为被管理者的自我管理。

第三，作为食盐加碘普遍服务的当然要求，相对于市场竞争条件下的食盐供给，专营食盐应该具有价格优势、品质保障，但是，现实中的食盐价格远高于其生产经营成本，行业利润也非社会平均利润可以企及。同时，我国食盐无论品种还是质量不仅在国际上没有竞争力，也与国内市场需求相距甚远。

第四，《盐业管理条例》和《食盐专营办法》作为盐业管理体制依据的两部行政法规，立法理念滞后于行业发展，立法技术存在诸多瑕疵，在《立法法》《行政许可法》和《反垄断法》颁布施行后仍然未作相应修改，为执法部门的利益化实施提供了可乘之机。因此，这些情况下，盐业垄断的所谓有法可依由于违背上位法实际上是无法可据，盐业行政管理部门自行其是的所谓盐政执法其实质是对行政权的滥用，由此形成的垄断，无论从形式法治还是实质法治的角度看，均为行政垄断而非国家垄断。

第五，无论《食盐专营办法》还是作为其实施细则的《食盐专营许可证管理办法》，都明确规定食盐专营以行政许可方式实施。众所周知，无论是无数量限制的普通许可、认可、核准、登记还是有数量限制的特许，《行政许可法》第5条都要求"设定和实施行政许可，应当遵循公开、公平、公正的原则。"但上述规定却被执行为径行指定：既包括在抽象行政行为即地方盐业行政立法中明确规定盐业公司或者类似国有企业独家垄断经营，也包括具体行政行为方式导致事实上"只此一家，别无分店"，而且一成不变——除了分立或者合并，迄今为止全国各地无任何新主体进入食盐专营市场。

总之，我国当前的盐业垄断在很大程度上可以说是计划经济时期盐业体制的延续，是在社会主义市场经济条件下国家垄断异化的产物，是在位者滥用或者利用行政权力服务部门利益的结果，是我国目前盐业体制改革不到位、盐业法律不统一的表现，是一种实质意义上的行政垄断。

第三节　盐业行政垄断法律规制

一、规制、政府规制与法律规制

规制（Regulation），在我国是一个舶来品①。西方经济学、法学理论中的Regulation主要是一个行政管理概念。根据《新帕尔格雷夫经济学大辞典》，Regulation在宏观层面指"国家以经济管理的名义进行干预"，"通过一些反周期的预算或货币干预手段对宏观经济活动进行调节"；在微观领域，"管制，尤其在美国，指的是政府为控制企业的价格、销售和生产决策而采取的各种行动，政府公开宣布这些行动是要努力制止不充分重视'社会利益'的私人决策"，"管制的法律基础由允许政府授予或规定公司服务权利的各种法规组成。"② 丹尼尔·F. 史普博将其界定为："行政机构制定并执行的直接干预市场机制或间接改变企业和消费者供需政策的一般规则或特殊行为。"③《牛津法律大辞典》对该条目的解释为："广义指任何旨在规范行为的法律规定，而它通常具体指政府各部门按照法定权力所发布的各种从属性法律。"④ ——这自然是一个静态的法律定义。诸如此类的理论学说基本上都指向政府干预市场的行为和结果。因此，规制往往被称作政府规制。虽然西方发达国家的规制活动也存在低效、寻租等现象，但其完善的市场经济和成熟的法治社会在总体上保证了其规制的正当性与规范性。在这个意义上，西方理论与实践中的政府规制主要是一个既定游戏规则下各市场利益主体的博弈过程。

大体而言，西方市场经济国家普遍奉行自由贸易、公平竞争原则，只有在

---

① 王俊豪认为，"Regulation"在学术界通常被译成"管制"或者"规制"，在实务部门则习惯使用"监管"，广义的监管通常被理解为"监督与管理"，他主张只有狭义的监管，其概念和范围才基本等同于"管制"或"规制"，即"垄断性产业改革后解决市场失灵的一种新的制度安排"，见王俊豪，周小梅. 大部制背景下垄断性产业的管制机构改革 [J]. 中国工业经济，2008（7）：48. 鉴于我国行业垄断特有的合法性问题，本书采用狭义"规制"说，以彰显其法治取向。

② ［英］约翰·伊特韦尔，默里·米尔盖特，彼得·纽曼. 新帕尔格雷夫法经济学大辞典 [K]. 北京：经济科学出版社，1996：135，137.

③ ［美］丹尼尔·F. 史普博. 管制与市场 [M]. 余晖，何帆，钱家骏，等，译. 上海：上海三联书店，1999：2.

④ ［英］戴维·M. 沃克. 牛津法律大辞典 [K]. 李双元，等，译. 北京：法律出版社，2003：954.《布莱克法律词典》同样强调Regulation的行政法属性：Regulation is rule or order having force of law issued by executive authority of government.（BRYAN A GARNER. Black's Law Dictionary [K]. New York：West Publishing Co，1990：1286.）

市场失灵的领域和情形下才进行行政干预，这种干预以法律授权为前提。虽然社会经济生活的复杂性、变化性与法律天然的抽象性、滞后性之间的矛盾注定了行政机关在国家治理结构中的主导地位。不过，通过正当程序原则、宪法审查、行政诉讼等司法救济方式进行控制可以有效制约行政权力的滥用。更为根本的是，立法机关会根据相关行业、领域甚至整个社会的反响择机削弱、取消或者重置特定行政机关的干预权限。正是因为可能面临严格的立法控制和司法挑战，这些行政规制行为——无论是抽象规制行为的出台还是具体规制行为的实施都不得不谨小慎微，进行自我克制。所以，虽然西方法治国家中的行政规制也主要是依"规"（行政规范）而治，但就其规范本身及其运行的合法（狭义法律①）性和合宪性而言，是一种实质意义上的法律规制——这也是人们耳熟能详的"市场经济就是法治经济"的真谛所在。因此，我们不妨得出这样一个基本结论：在西方法治国家的市场经济中，规制、政府规制、法律规制这三个概念，虽然各自的着眼点与针对性不同，但内涵大同小异，都包括市场经济、责任政府、法律治理这样几个相辅相成的基本要素，具有较强的互补甚至通用性。

与此相对，我国政府干预经济的传统与发达国家的政府规制存在本质区别：以对垄断的规制而言，一方面，以计划经济体制为前提的政府管制为前提的政府管制条件下的所谓垄断规制，事实上被政府授权具有国有垄断企业背景的行业协会甚至国有垄断企业直接把持，这就成为阻碍其他新进入者、维护和强化垄断的工具。这种规制虽然以行政权力为后盾，但其利益取向、运行模式甚至组织机构本身与前述严格意义上的政府规制已经是两个完全不同的概念。另一方面，虽然到2010年年底，"中国特色社会主义法律体系已经形成"②，但是，许多法律规范特别是与行政垄断有关的法律规范，或者滞后于经济社会发展，或者法律规范之间不协调、不统一，或者与相关的管理体制、运行机制、现行政策不配套甚至相抵触，使得所谓的法律规制往往徒有虚名，法律不仅未能成为政府规制的依据，成为被规制者获得救济的武器，反而被异化为在位者延续垄断地位的工具和对抗反垄断改革的理由。

如前所述，行政垄断的症结在于行政权力的滥用。因此，行政垄断作为我

---

① 狭义法律指全国人大和全国人大常委会行使国家立法权制定的规范性文件。除非特指，本报告中的"法律"均采其广义，即包括法律、有法律效力的解释和行政机关、司法机关为实施法律而制定的规范性文件在内的法的整体。

② 吴邦国. 全国人民代表大会常务委员会工作报告［EB/OL］.（2011-03-18）［2011-03-21］. http://news.xinhuanet.com/politics/2011lh/2011-03/18/c_121203794.htm.

国垄断行业改革的主要对象，决定了我国反垄断规制的核心在于对规制者的规制，即将规制者（政府）权力的规范行使作为反垄断规制的首要问题。在社会主义法治国家的治理框架下，通过法律制约权力，让政府真正成为严格意义上的法律执行机关，使行政权力切实成为公共利益的维护者，这不仅是人类政治文明的经验成果，也是法律规制的重要前提。总之，在我国行政垄断行业进行反垄断规制有其重要性和迫切性，也是颇具中国特色的反垄断法律规制的必由之路。

二、盐业行政垄断法律规制的失灵与重构

我国盐业在产业发展和公共服务两个主要方面都存在低效和无序的问题。在众多成因中，盐业法制不统一无疑是其重要组成部分，其背后则是较为严重的立法、执法、司法中的行业、部门和地方保护主义。这也是我国盐业市场失灵和政府失灵在法律层面的反映，或者说是一种盐业法律规制失灵。因此，我国盐业行政垄断改革必须在法律层面展开。与此相应，必须重构我国盐业法律规制体系。

一方面，我们必须清醒地认识到，法治只是嵌入整个政治经济社会及文化结构的一个组成部分，甚至是一个相对次要的部分。众所周知，在所有社会生态系统中，经济社会因素都处于首要和根本地位，并且从来都是社会变革的革命性力量，往往通过思想文化的表现和动员，成就其正当性和民意基础，并推动政治法律革命为自己开辟道路。盐业垄断改革问题也不例外。因此，解释和解决我国盐业垄断的诸多法律现象和问题，首先必须要理解和适应我国当前正在深入开展和持续推进的经济、社会、政治等领域的体制改革和制度创新，这是盐业法治得以发生和作用的前提和基础。

另一方面，在依法治国、建设社会主义法治国家的背景和趋势下，市场经济应该是法治经济已经成为学界共识。30多年的经验教训已经雄辩地证明我国垄断行业改革本质上是一个政府与市场重新划分"势力范围"的法律博弈过程。因此，针对中国特色的盐业行政垄断，我国盐业法律规制重构在西方经济性规制和社会性规制这两大主题外，更关键的在于对规制者的规制即通过宪法、反垄断法对行政立法及其实施过程中的盐业行政垄断行为予以规制，这无疑是我国盐业法律规制科学、规范和有效的根本保证。

总之，笔者主张，要从根本上解决我国盐业管理中的依法行政问题，要使我国盐业真正成为社会主义市场经济的有机组成部分而非异己因素，必须充分发挥法律对盐业体制规律特殊的发现与表达功能，充分体现法律在调整政府与

市场关系中的正义评价作用与效力，从而使盐业体制改革中的政治、经济、法律成为一个良性互动的结构和与时俱进的过程。其中，政府盐业行政管理的职能转变与体制改革至关重要，而这无疑是一个宏大的法治政府建设问题。

第四节　盐业行政垄断改革的法治政府取向

一、法治政府界说

法治政府，按照著名行政法学家韦德对行政法治的界定，至少包括这样几层基本含义：一是权力法定，这里的"法"是狭义的立法机关制定的法律，即"任何事件都必须依法而行。将此原则适用于政府时，它要求每个政府当局必须能够证实自己所做的事是有法律授权的，几乎在一切场合这都意味着有议会立法的授权……政府行使权力的所有行为，即所有影响他人法律权利、义务和自由的行为都必须说明它的严格的法律依据"；二是依法行政，这里的"法"是包括行政立法在内的广义的法律，"政府必须根据公认的、限制自由裁量权的一整套规则和原则办事……法治的实质是防止滥用自由裁量权的一整套规则"；三是司法审查原则，即"对政府行为是否合法的争议应当由完全独立于行政之外的法官裁决"；四是法律平等，即"法律必须平等地对待政府和公民……政府不应在普通法律上享有不必要的特权和豁免权"①。就行政权在国家权力系统中的地位和作用而言，法治政府建设不仅是法治系统工程的基石，是我国社会治理正反两方面的历史结论和现实需要，还是我国依法治国方略的核心内容和建设社会主义法治亟待解决的关键问题。

首先，依法行政。建设法治政府是现代法治理论的应有之义。根据现代法治理论，人民是一切公共权力的最终拥有者。这里的人民一方面作为社会成员以个体和组织的形式出现，另一方面作为一个不可分割的整体即主权者存在。由此出发，人民的自然权利以三种形态显现，即公民权利——个人对社会、国家的权利；社会权利——作为公民集合的社区、企业、政党、阶级、民族等社会共同体对国家的权利；国家权力——参与代表社会全体成员的国家对个别或部分公民、社会组织的权力②。与此对应的是包括宪法在内的所有法律具有双重性质：既是人民彼此之间的契约也是对政府行使国家权力的委托书。作为契

---

① 威廉·韦德. 行政法 [M]. 徐炳，等，译. 北京：大百科全书出版社，1997：23.
② 吴家清. 论宪法价值发生的人性基础 [J]. 广东商学院学报，2001（1）：83-89.

约的法律在于对人民地位的宣示和对权利行使方式的确认；作为委托书的法律在于明确和控制国家的权力①。后者主要表现为三种方式，即权利制约权力、社会制约权力和权力制约权力。从操作层面讲，前两种制约只是第三种制约得以产生的条件②。正是通过这样一个主观性的人民主权的逻辑设计构成了法律及其运行的正当性基础。由此，我们不难理解，在人民和国家这两个法治主体的关系中，法治的重点在于"治官"而非"治民"。

其次，法治政府是现代法治实践的客观需要。一般认为，法治的基本内涵为：法律本身的公正、规范和完备即良法；这些法律被有效实施。法治外延主要包括：立法的科学、民主和规范；行政执法的合法、合理与效率；法律适用的独立、公开与公正；法律遵守的自觉、有利与普遍。相应地，法治建设也需要在法律运行的整个过程和各个方面系统推进，形成良性互动的发展格局。其中，政府的角色至关重要。一方面，虽然立法、司法和行政这三种国家权力的分立和制约是现代民主国家权力运行的基本模式，在此基础上建立的法律系统及其运行机制构成了法治国家的主要特征和绝大部分活动内容。但随着二战后世界范围内行政权力的急剧扩张，特别是行政立法和行政裁判越来越具有准立法和准司法的功能，致使行政部门日益侵蚀立法和司法权力而一家独大，行政权力的膨胀和滥用已经是一个不争的事实，各国法治发育水平和发展态势在很大程度上取决于其他权力部门与行政权力部门之间的分工和制约情况。

最后，法治政府是权力运行规律的当然要求。众所周知，"一切拥有权力的人都容易滥用权力，这是一条万古不易的经验。有权力的人们使用权力一直到遇到有界限的地方才休止——从事物的性质来说，要防止滥用权力，就必须以权力约束权力"③。很明显，"权力约束权力"的前提是权力分工和相互制约，特别是对行政权的制约，因为相对于立法权和司法权，行政权过于强大和易于滥用且很难控制。正因如此，人们对制约行政权力不遗余力，主要包括从外部的法律规制和司法审查，从内部的过程控制和行政裁量控制。但是，总的说来，效果不尽如人意，特别是我国行政权力的法律控制整体上还处于探索阶段。

改革开放以来特别是1997年"依法治国"被党的十五大确立为国家治理

---

① 莫纪宏. 现代宪法的逻辑基础［M］. 北京：法律出版社，2001：225-233；［日］杉原泰雄. 宪法的历史［M］. 吕昶，渠涛. 译. 北京：社会科学文献出版社，2000：30-34，71-74，105-106；肖北庚. 控权与保权的统一：现代宪政发展新趋势［J］. 现代法学，2001，（1）：95-99.

② 胡玉鸿. "权力制约"概念辨析［M］//宪政论丛. 北京：法律出版社，2003：82-121.

③ ［法］孟德斯鸠. 论法的精神［M］. 张雁深，译. 北京：商务印书馆，1987：134.

的基本方略和 1999 年"中华人民共和国实行依法治国，建设社会主义法治国家"被载入宪法以来，法治国家的建设目标和内容越来越为人们所熟知和践行。就法治政府建设而言，在立法方面，从行政组织法到行政行为法到行政程序法，特别是《行政复议法》《行政诉讼法》《行政处罚法》《行政许可法》《国家赔偿法》5 部具有"里程碑"意义的 5 部行政法律的相继颁行，可以说我国法治政府建设基本上有法可依，已经成为中国特色社会主义法律体系的重要组成部分；在司法方面，行政诉讼从无到有，行政诉讼法实施 20 余年来，"全国各级人民法院一共受理各类一审行政案件 152 万余件"，"原告胜诉率占30%"①。就行政系统内部的法治建设而言，1999 年 11 月 8 日，国务院发布了《关于全面推进依法行政的决定》（国发〔1999〕23 号），首次以国务院文件形式明确提出了"依法行政"的基本要求。2004 年 3 月 22 日国务院进一步发布了《全面推进依法行政实施纲要》，明确指出："与完善社会主义市场经济体制、建设社会主义政治文明以及依法治国的客观要求相比，依法行政还存在不少差距"，"解决这些问题，适应全面建设小康社会的新形势和依法治国的进程，必须全面推进依法行政，建设法治政府"。针对市县政府在依法行政中的一线和基础作用，2008 年 5 月 12 日国务院专门出台《国务院关于加强市县政府依法行政的决定》（国发〔2008〕17 号）对市县政府依法行政工作进行了较为全面和具体的要求。针对当前依法行政和行政管理中存在的突出问题，2010 年 10 月 10 日国务院在《关于加强法治政府建设的意见》（国发〔2010〕33 号）中规定了提高行政机关工作人员特别是领导干部依法行政的意识和能力、加强和改进制度建设、坚持依法科学民主决策、严格规范公正文明执法、全面推进政务公开、强化行政监督和问责、依法化解社会矛盾纠纷 7 个方面的任务和具体措施，国务院还正在酝酿出台法治政府建设指标体系。伴随着这些政府法治建设规范性文件的实施特别是各级行政机关如火如荼的执法体制和工作机制的改革、试点和创新，总体上讲，我国行政机关依法行政有了显著的进步，实现了 4 个主要方面的根本转变——"伴随着我国行政法律体系和制度体系的基本形成，我国成功实现了从高度集中的计划经济体制下的行政管理体制向社会主义市场经济体制下的行政管理体制的根本转变，从行政执法体制基本空白向建立一套比较健全、规范、高效的行政执法体制的根本转变，从原来一支主要按政策、指示和行政命令进行管理的行政工作人员队伍向建立一支具有

---

① 张维. 150 万民告官案件推动中国法治进程——写在行政诉讼法实施 20 周年之际［N］.法制日报，2010-09-30（06）.

较高依法行政意识和能力的公务员队伍的根本转变，从权力本位、重在管理、命令服从、比较封闭的管制政府向责任本位、注重服务、规范有序、公开透明的法治政府的根本转变。"① 鉴于我国行政权力相对于立法权、司法权在事实上的优势地位，鉴于行政执法活动在我国法律运行过程中事实上的主导地位，我们完全有理由认为，我国改革开放 30 余年来法治建设的进步在很大程度上应该归功于政府法治建设的努力。

与此同时，我们也应当清醒地看到，当前我国政府法治建设步履维艰。朱维究教授总结其主要成因为：从"人治"到"法治"的观念桎梏；法律规范的缺失；行政执法难以依法实施；行政审判困难重重，行政诉讼亟待反思②。就其深层次问题，正如全国人大法工委民法室原副主任肖峋指出的那样，"改革越深入，阻力越大，这条规律不仅适用于经济体制改革方面，在法律制度的确立问题上也一样。现在已经不是经济本身的问题了，比如在历程艰难的金融体制改革一块，技术性问题越来越复杂，而深入下去也势必触及行政权力的核心。"因此，虽然《行政诉讼法》和《国家赔偿法》颁行近 20 年，但"民主法治的进程还很长，深化的关键在于政治体制改革。信息公开、公众参与等，国家正在不懈的努力，在这条道路上，过去的 20 年也只是开端。"③ 与我国政府法治建设成就对于我国法治建设的举足轻重的贡献一样，当前我国政府法治建设的举步维艰也在很大程度上制约着我国依法治国方略实施的总体进程，已经成为我国建设法治国家的瓶颈。正因如此，《中共中央关于全面推进依法治国若干重大问题的决定》将"深入推进依法行政，加快建设法治政府"作为全面推进依法治国系统工程的重要组成部分。

二、法治政府建设：盐业垄断改革法治化的不二法门

具体到盐业行政垄断改革问题，政府的盐业行政管理职能的非法治化无疑是盐业体制改革困境的症结所在：因食盐加碘政策而确立的食盐专营制度在实施中异化为政企不分的行政垄断，并由于专营扩大化和盐价特有的"双轨制"导致盐业整体上的市场与政府双重失灵。这种盐业体制，一方面，在法律上集中表现为立法、执法、司法中的行业、部门和地方保护主义；另一方面，得益于法律的遮蔽和强化，10 年来国家有关部门分别提出和启动的 7 个盐业体制

---

① 袁曙宏. 30 年行政法治建设回顾与前瞻 [N]. 法制日报，2008-12-07 (09).
② 朱维究，闫晶. 改革开放 30 年中国行政法治发展历程回顾 [J]. 中国行政管理，2009，(2)：284.
③ 韩雪. 行政法治，刚刚开端 [J]. 中国改革，2008 (9)：76-77.

改革方案和 4 次盐业体制改革进程均无果而终。从下文的盐业法律规范和实施问题的分析可以看出，《中共中央关于全面推进依法治国若干重大问题的决定》关于我国法治建设问题的表现——"有的法律法规未能全面反映客观规律和人民意愿，针对性、可操作性不强，立法工作中部门化倾向、争权诿责现象较为突出；有法不依、执法不严、违法不究现象比较严重，执法体制权责脱节、多头执法、选择性执法现象仍然存在，执法司法不规范、不严格、不透明、不文明现象较为突出，群众对执法司法不公和腐败问题反映强烈；部分社会成员尊法信法守法用法、依法维权意识不强，一些国家工作人员特别是领导干部依法办事观念不强、能力不足，知法犯法、以言代法、以权压法、徇私枉法现象依然存在。"——在盐业垄断问题上可谓无处不在，在有些方面还特别突出。因此，盐业垄断改革应与盐业法制建设同步进行，改革的关键在于政府职能转变基础上的盐业行政法治化，当务之急是立法先行，通过盐业法律的完善和统一，使改革科学、规范进行，使改革后的盐业管理体制和运行机制符合法治政府、法治经济与法治社会的要求。

综上所述，特别是根据党的十八大报告关于"经济体制改革的核心问题是处理好政府和市场的关系"和"更加注重发挥法治在国家治理和社会管理中的重要作用""实现国家各项工作法治化"的精神和《中共中央关于全面推进依法治国若干重大问题的决定》关于"依法加强和改善宏观调控、市场监管，反对垄断，促进合理竞争，维护公平竞争的市场秩序"的要求，与铁路、电力、电信、石油等领域的改革一样，盐业体制改革的核心是国有企业改革，关键在于反行政垄断，出路只能是与政府职能转变、行政体制改革相应的法治政府建设。

小结

盐业垄断改革的基础理论需要回答三个基本问题：改革什么、为什么改革和怎样改革。

（1）改革开放 30 多年来，我国盐业不仅产业发展滞后，缺乏国际竞争力，而且食盐加碘质量保障和普遍服务绩效低下。之所以如此，其根本原因在于我国盐业特殊的垄断性质。其特殊在于我国盐业垄断，其技术经济特征既不符合自然垄断应有的行业规模经济、范围经济和成本弱增性条件，更非一种市场竞争结果的经济垄断，而是一种行政垄断。

（2）盐业行政垄断与我国条块分割的盐业行政管理体制密不可分，是以食盐专营为核心的国家垄断异化的产物。盐业垄断的行政性质，不仅制约着我国盐行业的整体发展水平，导致碘盐普遍服务方面绩效低下，而且较为普遍地存在政企不分和利益化执法现象。这些积弊反映出我国盐业整体上的市场和政府双重失灵。因此，盐业垄断及相应的行政管理体制亟待改革。

（3）我国盐业行政垄断，一方面，有赖于盐业法律的不规范、不统一及其部门利益、地方利益导向下的选择性实施，另一方面，盐业行政权力滥用也导致相应的盐业法律规制失灵。因此，要改革盐业行政垄断，必须对盐业法律规制进行重构，重构的核心在于对盐业规制者进行规制，即反对盐业行政立法和执法中的行政垄断，确保盐政部门依法行政。

第三章　盐业法律规范问题

从法律运行的角度看，我国政府对盐业市场的行政管理过程同时也是一个制定、实施盐业行政法律规范的过程。因此，探讨我国盐业垄断的法律表现及成因对于理解我国盐业垄断问题及改革、对于研究我国盐业垄断的规制失灵及重构至关重要。其中，盐业立法因其在盐业法制中的基础地位，自然成为研究的首要问题。

第一节　盐业法律规范体系

据不完全统计，由现行有效的行政法规、法规性文件、部门规章、规章性文件、地方性法规、地方政府规章、司法解释及国际条约构成的我国重要的专门性盐业法律规范文件有 127 件①，具体包括：

1. 行政法规

（1）《盐业管理条例》（1990 年 3 月 2 日国务院令第 51 号公布）；

（2）《食盐加碘消除碘缺乏危害管理条例》（1994 年 8 月 23 日国务院令第 163 号公布）；

（3）《食盐专营办法》（1996 年 5 月 27 日国务院令第 197 号公布，根据 2013 年 12 月 7 日《国务院关于修改部分行政法规的决定》（国务院令第 645 号）修订）；

2. 法规性文件、部门规章、规章性文件

（1）《财政部关于重申从盐税收入中提取 1% 缉私费问题的通知》（1987

---

① 这是对全国人民代表大会"中国法律法规信息系统"、国家信息中心"国家法规数据库"、北大法宝"中国法律检索系统"、法律图书馆"法律法规数据库"、亿法通"法律法规检索系统"以"盐"为条件进行标题、主题和正文检索并整理的结果，最新截止日期为 2013 年 9 月 24 日。

年 8 月 24 日财税〔1987〕208 号发布）；

（2）《卫生部、轻工部、国家医药管理局、商业部、铁道部、交通部、国家工商局关于碘酸钾代替碘化钾加工碘盐的联合通知》（1989 年 2 月 1 日卫地字〔89〕第 2 号发布）；

（3）《国家税务局关于〈盐税稽征管理试行办法〉的补充通知》（1989 年 11 月 10 日〔89〕国税明传 050 号发布）；

（4）《国家税务局关于对牧业用盐取消减征盐税照顾的通知》（1989 年 12 月 8 日〔89〕国税流字第 550 号发布）；

（5）《国家盐业生产发展基金使用管理暂行办法》（1990 年 6 月 1 日财政部、国家计委、轻工业部公布）；

（6）《轻工业部关于抓紧贯彻〈盐业管理条例〉的通知》（1990 年 7 月 13 日发布）；

（7）《国家储备食盐管理办法》（1991 年 5 月 11 日轻工业部、国家计划委员会、财政部、商业部公布）；

（8）《盐业行政执法办法》（1991 年 6 月 6 日轻工业部令第 2 号公布）；

（9）《国家工商行政管理局、中国轻工总会、国内贸易部、卫生部、国家技术监督局关于加强食盐市场管理、坚决杜绝非碘盐进入缺碘地区的通知》（1994 年 1 月 6 日工商市字〔1994〕第 3 号发布）

（10）《关于进一步加强食盐产品质量监督管理工作的通知》（1994 年 1 月 30 日国家（质量）技术监督局技监局监函〔1993〕039 号发布）；

（11）《国务院 1994 年度立法工作计划》（1994 年 4 月 29 日国务院法制局发布）；

（12）《国务院办公厅关于实施食盐加碘项目有关问题的通知》（1994 年 6 月 30 日国办发〔1994〕80 号发布）；

（13）《国务院办公厅对国家工商行政管理局关于贯彻〈食盐加碘消除碘缺乏危害管理条例〉有关问题请示的复函》（1994 年 11 月 10 日国办函〔1994〕103 号发布）；

（14）《国家计委、国家经贸委关于改进工业盐供销和价格管理办法的通知》（1995 年 11 月 8 日计价格〔1995〕1872 号发布）；

（15）《关于食用碘盐包装采用防伪"碘盐标志"的通知》（1995 年 12 月 22 日轻工盐办〔1995〕11 号发布）；

（16）《卫生部、国家医药管理局、中国轻工总会关于加强全国食盐加碘用碘酸钾产销管理的通知》（1996 年 1 月 15 日卫地发〔1996〕第 1 号发布）；

（17）《国务院办公厅转发国务院法制局关于 1996 年立法工作安排的通知》（1996 年 5 月 6 日国办发〔1996〕17 号发布）；

（18）《地质矿产部关于征收钾盐资源补偿费问题的复函》（1996 年 7 月 1 日地函 184 号发布）；

（19）《国家工商行政管理局、中国轻工总会关于对食盐生产、批发企业进行重新登记的通知》（1996 年 9 月 19 日工商企字〔1996〕第 316 号发布）；

（20）《国家计委关于整顿食盐价格有关问题的通知》（1997 年 11 月 3 日计价管〔1997〕2066 号发布）；

（21）《国务院办公厅关于印发中国营养改造行动计划的通知》（1997 年 12 月 5 日国办发〔1997〕45 号发布）；

（22）《国务院办公厅关于印发国家轻工业局职能配置内设机构和人员编制规定的通知》（1998 年 6 月 16 日国办发〔1998〕53 号发布）；

（23）《卫生部、国家轻工局、教育部、国家工商局、国家质量技监局关于下发〈实现消除碘缺乏病阶段目标评估方案〉的通知》（1999 年 2 月 5 日卫疾控发〔1999〕第 58 号发布）；

（24）《国家税务总局关于有偿转让"碘盐标志"征税问题的批复》（1999 年 8 月 19 日国税函〔1999〕564 号发布）；

（25）《国家工商行政管理局关于工商行政管理机关是否有权对违法经营非碘盐行为进行查处的答复》（1999 年 10 月 19 日工商法字〔1999〕第 269 号发布）；

（26）《国家工商行政管理局关于盐业公司在销售无碘盐时强制用户购买碘盐行为定性处理问题的答复》（2000 年 9 月 13 日工商公字〔2000〕第 200 号发布）；

（27）《国家计委办公厅关于工业盐价格管理有关问题的通知》（2000 年 11 月 28 日计办价格〔2000〕929 号发布）；

（28）《关于开展打击非法加工经营食盐专项行动的紧急通知》（2001 年 2 月 9 日国家经济贸易委员会运行盐办函〔2001〕2 号发布）；

（29）《国家计委和国务院有关部门定价目录》（2001 年 7 月 4 日国家发展计划委员会令第 11 号公布）；

（30）《关于食盐添加用碘酸钾购销管理有关规定的通知》（2002 年 3 月 21 日国家经济贸易委员会运行盐办函〔2002〕2 号发布）；

（31）《财政部关于公布取消部分政府性基金项目的通知》（2002 年 4 月 23 日财综〔2002〕24 号发布）；

（32）《关于多品种食盐管理有关问题的通知》（2002 年 5 月 8 日国家经济贸易委员会行盐办函〔2002〕7 号发布）；

（33）《国家经济贸易委员会关于国家经贸委盐业管理职能有关问题的通知》（2002 年 5 月 14 日国经贸运行〔2002〕288 号发布）；

（34）《国家经济贸易委员会关于盐业企业兼并联合重组、股份制改造等有关问题的通知》（2002 年 8 月 30 日国经贸运行〔2002〕639 号发布）；

（35）《国务院法制办公室关于对国家经贸委〈关于审理行政复议案件中有关法律适用问题的请示〉的复函》（2002 年 11 月 26 日国法函〔2002〕260 号发布）；

（36）《食盐价格管理办法》（2003 年 1 月 3 日国家发展计划委员会第 27 号令公布）；

（37）《国家发展和改革委办公厅关于印发食盐计价公式表的通知》（2003 年 3 月 25 日发改办价格〔2003〕4 号发布）；

（38）《国务院办公厅关于印发国家发展和改革委员会主要职责内设机构和人员编制规定的通知》（2003 年 4 月 25 日国办发〔2003〕27 号发布）；

（39）《国务院法制办公室对〈关于牛羊用微量元素预混合饲料是否属于畜牧用盐的请示〉的复函》（2003 年 6 月 19 日国法秘函〔2003〕128 号发布）；

（40）《国家发展改革委员会办公厅关于盐业管理职能有关问题的通知》（2003 年 8 月 23 日发改办工业〔2003〕712 号发布）；

（41）《国家发展改革委关于印发促进食盐流通现代化的若干意见的通知》（2003 年 11 月 25 日发改经贸〔2003〕1995 号发布）；

（42）《国家发展改革委员会关于榆林皓海盐化有限责任公司精制真空井矿盐价格问题的通知》（2004 年 3 月 5 日发改价格〔2004〕395 号发布）；

（43）《卫生部疾病控制司、国家发展和改革委员会盐业管理办公室关于为实现持续消除碘缺乏病目标加强对食盐加碘工作管理的函》（2005 年 2 月 17 日卫疾控水地便函〔2005〕15 号发布）；

（44）《国家工商行政管理总局、国家发展和改革委员会、公安部、卫生部整顿和规范盐业市场秩序工作方案》（2005 年 4 月 21 日工商公字〔2005〕55 号发布）；

（45）《国家发展改革委关于印发全国制盐工业结构调整指导意见的通知》（2005 年 11 月 18 日发改工业〔2006〕605 号发布）；

（46）《卫生部等部委办关于印发〈实现 2010 年消除碘缺乏病目标行动方

案〉的通知》（2006 年 11 月 15 日发布）；

（47）《财政部、国家税务总局关于调整盐资源税适用税额标准的通知》（2007 年 1 月 24 日财税〔2007〕5 号发布）；

（48）《关于调整食用盐、其他盐和纯氯化钠进口环节增值税税率公告》（2007 年 9 月 14 日海关总署公告 2007 年第 49 号发布）；

（49）《关于开展 2007 年度中央企业财务抽查审计工作的通知》（2007 年 9 月 19 国资厅发评价〔2007〕84 号发布）；

（50）《海关总署外商投资产业指导目录》（2007 年 11 月 26 日海关总署公告 2007 年第 67 号发布）；

（51）《财政部、国务院国有资产监督管理委员会关于印发〈中央企业国有资本收益收取管理暂行办法〉的通知》（2007 年 12 月 11 日财企〔2007〕309 号发布）；

（52）《国家税务总局关于中国盐业总公司所属企业 2007 年度总机构管理费扣除标准的通知》（2007 年 12 月 17 日国税函〔2007〕1257 号发布）；

（53）《国务院办公厅关于印发工业和信息化部主要职责内设机构和人员编制规定的通知》（2008 年 7 月 11 日国办发〔2008〕72 号发布）；

（54）《国务院办公厅关于印发国家发展和改革委员会主要职责内设机构和人员编制规定的通知》（2008 年 7 月 15 日国办发〔2008〕102 号发布）；

（55）《财政部关于生产经营性项目碘盐基金转为中盐总公司国家资本金的批复》（2008 年 9 月 9 日财企〔2008〕184 号发布）；

（56）《工业和信息化部消费品工业司关于启用新版食盐准运证的通知》（2008 年 11 月 25 日工信厅消费〔2008〕67 号发布）；

（57）《财政部、国家税务总局关于金属矿、非金属矿采选产品增值税税率的通知》（2008 年 12 月 19 日财税〔2008〕171 号发布）；

（58）《卫生部办公厅、发展改革委办公厅、工业和信息化部办公厅实现消除碘缺乏病目标县级考核评估方案》（2008 年 12 月 23 日卫办疾控发〔2008〕214 号发布）；

（59）《工业和信息化部关于食盐运输准运问题的通知》（2009 年 3 月 9 日工信厅联消费〔2009〕52 号发布）；

（60）《卫生部疾病预防控制局关于印发中央补助地方慢性病项目技术方案的通知》（2009 年 3 月 18 日卫疾控慢病便函〔2009〕28 号发布）；

（61）《关于做好无碘食盐市场供应工作的通知》（2009 年 9 月 1 日工信厅消费〔2009〕189 号发布）；

（62）《国家质量监督检验检疫总局食品标识管理规定》（2009 年 10 月 22 日国家质量监督检验检疫总局令 2009 年第 123 号公布）；

（63）《卫生部办公厅、国家发展和改革委员会办公厅、财政部办公厅关于印发〈全国重点地方病防治规划（2004—2010 年）〉终期评估方案的通知》（2009 年 12 月 8 日卫办疾控发〔2009〕217 号发布）；

（64）《国家发展改革委关于提高食盐出厂（场）价格的通知》（2009 年 12 月 9 日发改价格〔2009〕3094 号发布）；

（65）《国家认证认可监督管理委员会关于对国家盐产品质量监督检验中心等 9 家单位继续授权的通知》（2009 年 12 月 23 日国认实函〔2009〕214 号发布）；

（66）《卫生部疾病预防控制局 2009 年中央补助地方公共卫生专项资金地方病防治项目技术方案》（2010 年 1 月 18 日卫生部疾病预防控制局发布）；

（67）《国家发展改革委关于编制 2011 年国民经济和社会发展计划（草案）的通知》（发改综合〔2010〕2404 号发布）；

（68）《国家发展改革委关于下达 2011 年食盐分配调拨计划和干线运输计划的通知》（发改经贸〔2010〕3049 号发布）；

（69）《工业和信息化部关于换发 2012—2014 年度食盐批发许可证的通知》（2011 年 9 月 9 日工信厅消费函〔2011〕705 号）；

（70）《卫生部关于发布食品安全国家标准〈食用盐碘含量〉的公告》（2011 年 9 月 15 日卫生部公告 2011 年第 22 号）；

（71）《工业和信息化办公厅关于组织核发 2013—2015 年度食盐定点生产企业许可证的通知》（2012 年 7 月 24 日工信厅消费函〔2012〕589 号）；

（72）《工业和信息化办公厅关于做好下放食盐准运许可审批权限工作的通知》（2012 年 10 月 31 日工信厅消费〔2012〕213 号）；

（73）《工业和信息化部关于做好下放食盐定点生产企业审批工作的通告》（2014 年 1 月 7 日工信部消费〔2014〕10 号）；

（74）《国家发展和改革委员会关于废止〈食盐专营许可证管理办法〉的决定》（2014.04.12 国家发展和改革委员会令第 10 号）；

（75）《关于在中国（上海）自由贸易试验区内暂时调整实施有关行政法规和经国务院批准的部门规章规定的准入特别管理措施的决定》（2014 年 9 月 4 日国发〔2014〕38 号）；

（76）《国务院关于取消非行政许可审批事项的决定》（2015 年 5 月 10 日国发〔2015〕27 号）。

3. 地方性法规

（1）《辽宁省盐业管理条例》（1996 年 7 月 28 日辽宁省第八届人民代表大会常务委员会第二十二次会议通过，2014 年 9 月 26 日辽宁省第十二届人民代表大会常务委员会第十二次会议修正）；

（2）《内蒙古自治区盐业管理条例》（1998 年 9 月 28 日内蒙古自治区第九届人民代表大会常务委员会第五次会议通过，2010 年 7 月 30 日河南省第十一届人民代表大会常务委员会第十六次会议修正）；

（3）《河南省盐业管理条例》（1999 年 5 月 30 日河南省第九届人民代表大会常务委员会第九次会议通过，2010 年 7 月 30 日河南省第十一届人民代表大会常务委员会第十六次会议修正）；

（4）《宁夏回族自治区盐业管理条例》（1999 年 12 月 3 日宁夏回族自治区第八届人民代表大会常务委员会第十次会议通过，2015 年 3 月 31 日宁夏回族自治区第十一届人民代表大会常务委员会第十六次会议修正）；

（5）《新疆维吾尔自治区盐业管理条例》（1999 年 12 月 24 日新疆维吾尔自治区第九届人民代表大会常务委员会第十三次会议通过）；

（6）《黑龙江省盐业管理条例》（2000 年 6 月 6 日黑龙江省第九届人民代表大会常务委员会第十七次会议通过，2015 年 4 月 17 日黑龙江省第十二届人民代表大会常务委员会第十九次会议修正）；

（7）《江西省食盐加碘消除碘缺乏危害管理条例》（1994 年 6 月 17 日江西省第八届人民代表大会常务委员会第九次会议通过，2002 年 6 月 1 日江西省第九届人民代表大会常务委员会第三十次会议第二次修改）；

（8）《河北省食盐加碘消除碘缺乏危害监督管理条例》（1996 年 12 月 17 日省八届人大常委第二十四次会议通过，根据 2015 年 7 月 24 日河北省第十二届人大常委第十六次会议《关于修改〈河北省食盐加碘消除碘缺乏危害监督管理条例〉等 8 部法规的决定》修正）；

（9）《湖北省盐业管理条例》（2011 年 12 月 1 日湖北省第十届人民代表大会常务委员会第二次会议通过）；

（10）《贵州省食盐管理条例》（1997 年 7 月 21 日贵州省第八届人民代表大会常务委员会第二十九次会议通过，根据 2012 年 3 月 30 日贵州省第十一届人民代表大会常务委员会第二十七次会议通过的《贵州省人民代表大会常务委员会关于修改部分地方性法规的决定》修正）；

（11）《湖南省盐业管理条例》（2002 年 1 月 24 日湖南省第九届人民代表大会常务委员会第二十七次会议通过，2004 年 5 月 31 日湖南省第十届人民代表大会常务委员会第九次会议修改）；

（12）《陕西省盐业条例》（2003 年 4 月 2 日陕西省第十届人民代表大会常务委员会第三次会议通过，2004 年 8 月 3 日陕西省第十届人民代表大会常务委员会第十二次会议修正）；

（13）《重庆市盐业管理条例》（1999 年 3 月 26 日重庆市第一届人民代表大会常务委员会第十五次会议通过，2006 年 5 月 19 日重庆市第二届人民代表大会常务委员会第二十四次会议修改）；

（14）《无锡市盐业管理条例》（2008 年 6 月 27 日无锡市第十四届人民代表大会常务委员会第四次会议制定，2008 年 7 月 24 日江苏省第十一届人民代表大会常务委员会第四次会议批准）；

（15）《天津市盐业管理条例》（1997 年 10 月 22 日天津市第十二届人民代表大会常务委员会第三十六次会议通过，根据 2013 年 9 月 24 日天津市第十六届人民代表大会常务委员会第四次会议通过的《天津市人民代表大会常务委员会关于修改〈天津市盐业管理条例〉的决定》第三次修正）；

（16）《山东省盐业管理条例》（2000 年 10 月 26 日山东省第九届人民代表大会常务委员会第十七次会议通过，2013 年 11 月 29 日山东省第十二届人民代表大会常务委员会第五次会议第三次修改）；

（17）《山西省盐业管理条例》（2001 年 9 月 29 日山西省第九届人民代表大会常务委员会第二十五次会议通过，2010 年 11 月 26 日山西省第十一届人民代表大会常务委员会第二十次会议修改）；

（18）《云南省盐业管理条例》（2011 年 7 月 27 日云南省第十一届人民代表大会常务委员会第二十四次会议通过）；

（19）《广东省盐业管理条例》（1999 年 11 月 27 日广东省第九届人民代表大会常务委员会第十三次会议通过，根据 2012 年 7 月 26 日根据 2012 年 7 月 26 日广东省第十一届人民代表大会常务委员会第三十五次会议《广东省人民代表大会常务委员会关于修改〈广东省民营科技企业管理条例〉等二十三项法规的决定》第二次修正）；

（20）《四川省盐业管理条例》（1998 年 12 月 18 日四川省第九届人民代表大会常务委员会第六次会议通过，根据 2014 年 9 月 6 日四川省第十二届人民代表大会常务委员会第十二次会议《关于修改〈四川省盐业管理条例〉的决定》修正）；

（21）《浙江省盐业管理条例》（1998 年 12 月 15 日浙江省第九届人民代表大会常务委员会第九次会议通过，根据 2012 年 9 月 28 日浙江省第十一届人民代表大会常务委员会第三十五次会议《关于修改〈浙江省盐业管理条例〉的决定》第三次修正）。

4. 地方政府规章

（1）《黑龙江省实施〈盐业管理条例〉办法》（1990 年 6 月 2 日黑龙江省人民政府令第 4 号公布）；

（2）《内蒙古自治区〈盐业管理条例〉实施办法》（1990 年 12 月 18 日内蒙古自治区人民政府令第 21 号公布）；

（3）《宁夏回族自治区实施〈食盐加碘消除碘缺乏危害管理条例〉办法》（1995 年 12 月 21 日宁政发〔1995〕114 号公布）；

（4）《黑龙江省实施〈食盐加碘消除碘缺乏危害管理条例〉办法》（1996 年 5 月 24 日黑龙江省人民政府令〔第 7 号〕公布）；

（5）《北京市实施〈食盐加碘消除碘缺乏危害管理条例〉办法》（1996 年 6 月 5 日北京市人民政府令第 7 号公布）；

（6）《湖南省实施〈食盐加碘消除碘缺乏危害管理条例〉办法》（1996 年 7 月 15 日湖南省人民政府令第 66 号公布）；

（7）《西藏自治区食盐专营办法》（1997 年 7 月 7 日西藏自治区人民政府令〔1997〕第 5 号公布）；

（8）《西藏自治区实施〈食盐加碘消除碘缺乏危害管理条例〉办法》（1997 年 7 月 7 日西藏自治区人民政府令〔1997〕第 6 号公布）；

（9）《新疆维吾尔自治区实施〈食盐加碘消除碘缺乏危害管理条例〉若干规定》（1998 年 7 月 3 日新疆维吾尔自治区人民政府令第 81 号公布）；

（10）《甘肃省实施盐业管理条例办法》（1993 年 3 月 3 日甘政发〔1993〕32 号文公布，2004 年 7 月 1 日第二次修改）；

（11）《湖北省盐业管理实施办法》（1993 年 3 月 2 日湖北省人民政府令第 29 号公布，2004 年 7 月 1 日修改）；

（12）《江苏省〈盐业管理条例〉实施办法》（1991 年 10 月 4 日江苏省人民政府令第 19 号公布，2008 年 3 月 20 日第二次修正）；

（13）《山东省实施〈食盐加碘消除碘缺乏危害管理条例〉办法》（1998 年 11 月 17 日山东省人民政府令〔第 96 号〕公布，2004 年 7 月 15 日修改）；

（14）《贵州省实施〈盐业管理条例〉办法》（1990 年 8 月 2 日黔府令〔1990〕53 号公布，2008 年 8 月 4 日第三次修改）；

（15）《海南省实施〈食盐加碘消除碘缺乏危害管理条例〉办法》（1995 年 9 月 6 日海南省人民政府令〔第 72 号〕公布，2010 年 8 月 29 日第二次修改）；

（16）《陕西省实施〈食盐加碘消除碘缺乏危害管理条例〉办法》（1996年11月14日陕西省人民政府令〔第40号〕公布，2011年2月25日修改）；

（17）《广西壮族自治区盐业管理办法》（2013年6月4日广西壮族自治区人民政府令〔第88号〕公布）；

（18）《河北省盐业管理实施办法》（1992年8月24日河北省人民政府令第75号公布，根据2007年4月22日河北省人民政府令〔2007〕第4号第一次修正，根据2014年1月16日河北省人民政府令〔2014〕第2号第二次修正）；

（19）《北京市盐业管理若干规定》（1995年11月24日北京市人民政府第31号令发布，根据1997年12月31日北京市人民政府第12号令第一次修改，根据2002年2月11日北京市人民政府第92号令第二次修改，根据2014年7月9日北京市人民政府第259号令第三次修改）；

（20）《上海市盐业管理若干规定》（2001年3月26日上海市人民政府令第99号发布，根据2015年5月22日上海市人民政府令第30号令修改）。

5. 司法解释

（1）《最高人民法院关于经营工业用盐是否需要办理工业盐准运证等请示的答复》（2011年1月17日〔2010〕行他字第82号）；

（2）《最高人民检察院关于办理非法经营食盐刑事案件具体应用法律若干问题的解释》（2002年9月4日高检发释字〔2002〕6号发布）；

（3）《最高人民法院对人民法院在审理盐业行政案件中如何适用国务院〈食盐专营办法〉第二十五条规定与〈河南省盐业管理条例〉第三十条第一款规定问题的答复》（2003年4月29日法行〔2000〕36号发布）；

（4）《关于被告人缪绿伟非法经营一案的批复》（2008年11月28日最高人民法院〔2008〕刑他字第86号发布）.

6. 国际条约；

（1）《儿童生存、保护和发展世界宣言》《执行九十年代儿童生存、保护和发展世界宣言行动计划》（1991年3月18日国务院总理李鹏签署）；

（2）《世界营养宣言》《世界营养行动计划》（1992年12月5日卫生部部长陈敏章签署）；

（3）《中华人民共和国加入世界贸易组织议定书》（2000年8月25日第九届全国人民代表大会常务委员会第十七次会议通过，2001年11月9日公布）。

另外，《中国轻工总会关于贯彻实施〈食盐专营办法〉若干规定的意见》

（1996 年 11 月 5 日轻总盐办〔1996〕4 号发布）、《中国盐业协会"碘盐标志"生产、使用、管理规则》（2005 年 6 月 16 日中盐协〔2005〕21 号发布）、《关于填报 2013 年食盐分配调拨计划（草案）的通知》（2012 年 10 月 12 日中国盐业总公司发布）《关于印发 2013 年全国食盐衔接结果的通知》（中盐协〔2014〕26 号发布、《关于食盐计划审批有关事项的函》（2015 年 5 月 21 日中国盐业、中国盐业总公司发布）、《关于编制盐行业"十三五"规划工作的通知》（中盐协〔2015〕16 号）发布）等中国轻工总会、中国盐业协会、中国盐业总公司制订的名目繁多的专门性盐业行业、团体规范，虽然不是正式的规范性法律文件，但在我国盐业管理体制中具有举足轻重的作用。

涉及盐业行政管理的其他法律则不可计数，仅重要的狭义法律就包括《宪法》《地方各级人民代表大会和地方各级人民政府组织法》《立法法》《行政许可法》《行政处罚法》《行政复议法》《行政诉讼法》《反垄断法》《消费者权益保护法》《价格法》《食品安全法》《产品质量法》《标准化法》《残疾人保障法》《母婴保健法》等。它们及其他分属各法律部门、具有不同效力层级与渊源形式的涉盐规范性法律文件与前述专门性盐业法律规范一道构成了我国盐业法律规范体系。

总的说来，我国盐业法律规范文件数量不少，范围较广，种类较多，形成了较为完整的盐业法律体系，基本做到了有法可依。

第二节　盐业法律规范问题

一、分析框架

在 125 件专门性盐业法律规范中，3 部行政法规无疑居于核心地位。它们不仅是所有法律位阶较低的盐业法律规范的立法依据，也是其他狭义法律在盐业领域实施的中介和联结点。

3 部行政法规中，虽然 1990 年《盐业管理条例》与 2013 年《食盐专营办法》就其法律位阶而言，都是行政法规即效力等级相同，但无论二者在规范内容上的"基本法"与"特别法"的差异，还是在颁行时间方面的"旧法"与"新法"的区别，按照《立法法》第 85 条之规定，皆应以后者为准。另外，《食盐加碘消除碘缺乏危害管理条例》的主要内容基本为《食盐专营办法》所吸收。因此，我们主要以《食盐专营办法》为分析、判断我国盐业垄断问题至少是食盐专营问题的主要法律依据。

但是，我们必须注意到，为实施 3 部行政法规制定的 21 件地方性法规中，除《江西省食盐加碘消除碘缺乏危害管理条例》《河北省食盐加碘消除碘缺乏危害监督管理条例》外，其余 19 件中，18 件为 1990 年《盐业管理条例》的"地方版"，只有《贵州省食盐管理条例》1 件地方性《食盐专营办法》——虽然 21 件地方性盐业法规全部出台于其后；在 18 件地方政府规章中，虽然与上位法《食盐专营办法》《食盐加碘消除碘缺乏危害管理条例》《盐业管理条例》的对应数量为 1 : 9 : 9，但在实践中，地方盐业主管机构、其他相关职能部门基本上都以《盐业管理条例》及相应的地方盐业法律规范为主要执法依据。也就是说，就其规范效力和实施效果而言，《盐业管理条例》无疑较诸《食盐专营办法》更具法律规制功能。

　　因此，这里以 3 件行政法规及与其对应的 1996 年后颁行的 23 件《盐业管理条例》地方性立法（包括 18 件地方性法规和 6 件地方政府规章——《湖北省盐业管理实施办法》，因与《湖北省盐业管理条例》基本重复而未列入）及《贵州省食盐管理条例》为主要研究对象，围绕我国盐业行政垄断问题，从全国性专门盐业法律与地方性专门盐业法律、全国性专门盐业法律与其他全国性涉盐法律、地方性专门盐业法律之间 3 对关系角度对我国盐业法律规范进行针对性研究，借此探析我国盐业行政垄断的法律规范成因。这 27 件盐业法律规范中实效性较强、争议性较大的重要条文按照立法技术和规范重点如表 3-1 所示：

表 3-1

名称\主题	立法目的	适用对象	管理机构	生产管理	销售管理	运输管理	加碘管理	价格管理	质量违法责任	运输违法责任	销售违法责任	管理违法责任
食盐专营办法 (2013.12.07)	第一条 为了加强对食盐的管理，保障食盐加碘工作的有效实施，保护公民的身体健康，制定本办法。	第二条 本办法所称食盐，是指直接食用和制作食品所用的盐。第二十八条 渔业、畜牧业、农用食盐，适用本办法。	第四条 国务院授权的盐业主管机构（以下简称国务院盐业主管机构）负责管理全国食盐专营工作。县级以上地方各级人民政府授权的盐业主管机构（以下简称盐业主管机构），负责管理本行政区域内的食盐专营工作。	第五条 国家对食盐实行定点生产制度。非定点生产企业不得生产食盐。食盐定点生产企业由省、自治区、直辖市人民政府盐业主管机构审批。第六条 省、自治区、直辖市人民政府盐业主管机构根据食盐资源状况和国家合理布局、保证质量的要求，按照国家确定食盐定点生产企业。第七条 国家对食盐生产实行指令性计划管理。食盐年度生产计划由国务院计划主管部门下达，国务院盐业主管机构组织实施。	第九条 国家对食盐的分配调拨实行指令性计划。食盐年度计划调拨计划，由国务院计划主管部门会同国务院盐业主管机构组织实施。第十条 国家实行食盐批发许可证制度。经营食盐批发业务，必须依法申请领取食盐批发许可证，未取得食盐批发许可证的，不得经营食盐批发业务。第十一条 经省、自治区、直辖市人民政府盐业主管机构审查批准，并报国务院盐业主管机构核发的食盐批发许可证，取得其他经营规模相备案。第十二条 申请食盐批发许可证，应当具备下列条件：（一）有固定的经营场所；（二）有符合国家规定的注册资本；（三）有合理的仓储设施，符合本地区食盐批发布局的要求。第十三条 食盐零售单位应当按照国家计划调拨规定的销售范围销售食盐。第十四条 受委托代销食盐的个体工商户、代销店以及食品加工用盐的单位，应当从当地取得食盐批发许可证的企业购进食盐。	第十六条 托运或者自运食盐者和单位和个人，应当持有省、自治区、直辖市人民政府盐业主管机构核发的食盐准运证。食盐作为国家重点运输物资，运输企业应当保障运输。		第十五条 食盐生产企业、食盐零售企业、食盐批发和受委托单位、代销店以及代销的个体工商户，应当执行国家规定的食盐价格。	第十八条 违反本办法的规定，利用井矿盐水制盐、整制食盐的，由盐业主管机构责令停止生产，没收违法生产的工具和生产的食盐、违法所得，并处违法生产的食盐产品价值3倍以下的罚款。第二十二条 违反本办法第十六条第（二）、（五）项的规定，非食盐作食盐销售的，由盐业主管机构责令停止销售，没收违法所得，可并处违法所得5倍以下的罚款；构成犯罪的，依法追究刑事责任。	第二十五条 违反本办法第十六条的规定，无食盐准运证运输食盐的，由盐业主管机构责令停止运输，对违法运输的食盐可以收购，对未以收购的食盐，处以所得3倍以下的罚款。	第二十一条 违反本办法第十条的规定，无食盐批发许可证经营食盐批发业务的，由盐业主管机构责令停止经营活动，没收违法经营的食盐和违法所得，可并处违法经营的食盐价值3倍以下的罚款。第二十三条 违反本办法第十四条的规定，食盐零售单位和受委托代销食盐的个体工商户以及食品加工用盐的单位，未从当地取得食盐批发许可证的企业、单位或者食盐批发企业购进食盐的，由盐业主管机构责令改正，可以并处违法购进食盐价值3倍以下的罚款。	第二十六条 盐业主管机构的工作人员玩忽职守、徇私舞弊的，给予行政处分；构成犯罪的，依法追究刑事责任。

表3-1（续）

名称	主题	立法目的	适用对象	管理机构	生产管理	销售管理	运输管理	加碘管理	价格管理	质量违法责任	运输违法责任	销售违法责任	管理违法责任
食盐加碘消除碘缺乏危害管理条例（1994.08.23）		第一条 为了消除碘缺乏危害，保护公民身体健康，制定本条例。	第三十条 畜牧用盐适用本条例。	第四条 国务院卫生行政部门负责防治和监督管理工作；国务院授权的盐业主管机构（以下简称盐业主管机构）负责全国碘盐加工、市场供应的监督管理工作。第五条 各级人民政府应当将消除碘缺乏危害的工作纳入国民经济和社会发展计划，并组织实施。县级以上人民政府有关部门应当按照职责分工，密切配合，共同做好食盐加碘消除碘缺乏危害工作。	第七条 从事碘盐加工的盐业企业，应当由省、自治区、直辖市人民政府盐业主管机构认定，并取得同级人民政府卫生行政部门的卫生许可后，由国务院盐业主管机构批准。	第十七条 经营碘盐批发业务的企业，由省、自治区、直辖市人民政府盐业主管机构认定。碘盐批发企业应当从国务院盐业主管机构批准的碘盐批发企业进货。经营碘盐零售业务的单位和个人，应当从碘盐批发企业进货，不得从未经批准的单位和个人购进碘盐。第十八条 碘盐批发企业在从事碘盐加工、批发企业购进碘盐时，应当索取加碘证明。第十九条 零售单位销售的碘盐应当为小包装，并应当符合本条例的有关规定。第十六条 对缺碘地区需要的非食用盐，由县级以上人民政府盐业主管机构组织供应。		第八条 用于加工碘盐的食盐酸盐和碘酸钾必须符合国家卫生标准。碘盐中碘酸钾的添加量由国务院卫生行政部门规定。第十五条 国家优先保证居民的碘盐供应。除商品碘盐地区，其余地区、逐步实施向全民供应碘盐。对于经济区域和行政区域不一致的缺碘地区，应当按照碘盐供应渠道组织碘盐的供应。第二十条 在缺碘地区生产、销售的食品和副食品，凡需添加食用盐的，必须使用碘盐。第二十一条 因治疗疾病，不宜食用碘盐的，应当持当地县级卫生行政部门指定的医疗机构出具的证明，到当地人民政府盐业主管机构指定的单位购买非碘盐。		第二十五条 碘盐加工企业、批发企业违反本条例的规定，加工、批发不合格碘盐的，由县级以上人民政府盐业主管机构责令停止出售并责令责任者按照国家规定标准对食盐补碘，没收违法所得，可以并处违法出售盐产品价值3倍以下的罚款；情节严重的，对加工企业，由省、自治区、盐业主管机构报请同级人民政府批准后，取消其碘盐加工资格；对批发企业，由省、自治区、直辖市人民政府盐业主管机构取消其碘盐批发资格。第二十六条 违反本条例的规定，在缺碘地区市场销售非碘盐或者销售不合格碘盐的，由县级以上人民政府盐业主管机构没收其经营的全部盐产品和违法所得，可以并处该盐产品价值3倍以下的罚款；情节严重，构成犯罪的，依法追究刑事责任。			

表 3-1（续）

名称（主题）	立法目的	适用对象	管理机构	生产管理	销售管理	运输管理	加碘管理	价格管理	质量违法责任	运输违法责任	销售违法责任	管理违法责任
盐业管理条例（1990.03.02）	第一条 为加强盐资源的保护和开发、加强盐业管理、促进盐业生产发展、保证盐的正常运销、适应社会主义建设和人民生活的需要，制定本条例。		第四条 轻工业部是国务院盐业行政主管部门（下同），主管全国盐业工作。省、自治区、直辖市以下人民政府盐业行政主管部门，由省、自治区、直辖市人民政府确定其行政区域内的盐业工作。	第八条 开发盐资源、开办制盐企业（含非制盐企业办盐，下同），必须经省级盐业主管部门审查同意，报省、自治区、直辖市人民政府批准，并按规定向企业所在地工商行政管理机关申请、领取营业执照。私营盐业和个人不得开发盐资源、制盐。第十四条 制盐企业必须按照国家计划组织生产，加强企业管理，提高技术水平，降低消耗、增加效益。第十五条 制盐企业要严格加强国家有关检测工作，不符合质量和卫生标准的产品不准出企业。第十六条 在食盐中添加任何营养强化剂或药物，须经省级卫生行政主管部门和同级盐业行政主管部门批准。	第十八条 食用盐、国家储备盐和国家指令性计划的纯碱、烧碱用盐，由国家统一分配调拨。其他用盐、制成盐，企业在完成国家分配调拨计划和按规定留存的基础上，可在盐业行政主管部门的指导下进行自销。第十九条 盐的具体分配和调拨，由轻工业部按照国家计划进行管理。第二十条 盐的销售，由省、自治区、直辖市盐业公司统一经营。未设盐业公司的地方，经省级以上人民政府授权的单位统一组织经营。第二十一条 化工部批准加工生产以盐为原料的少数氯碱厂综合利用资源加工制盐，符合国家规定的食用盐卫生标准的，可以作为食用盐销售，但必须向盐业行政主管部门的产品销售，并依法缴纳盐税。		第二十三条 对碘缺乏病地区必须供应加碘食用盐，未经加碘的食盐不准进入人碘缺乏地区食用盐市场。		第二十二条 违反本条例第十五条、第十六条、第二十三条规定的，盐业行政主管部门、工商行政管理部门、食品卫生监督机构按照他们的职责分工，有权责令停止销售，设收其违法所得，并可处以不超过非法所得五倍的罚款，情节严重的，管理机关有权吊销其营业执照。造成严重食物中毒，构成犯罪的，对直接责任人员依法追究刑事责任。			

表 3-1（续）

名称	主题	立法目的	适用对象	管理机构	生产管理	销售管理	运输管理	加销管理	价格管理	质量违法责任	运输违法责任	销售违法责任	管理违法责任
上海市盐业管理若干规定（2015.05.22）			第三条 本规定所称食盐，是指氯化钠（NaCl）含量为50%以上的产品，是指直接食用盐及制作食品所用的盐，多品种食盐是指在食盐中添加有利于人体健康的微量元素或者其他营养强化剂、药物，生产成不同式色的品种食盐。	第四条 上海市经济和信息化委员会（以下简称"市经信委"）是本市盐业行政主管部门，负责实施本市食盐专营工作，组织本市食盐定点生产企业审批（含多品种食盐）。上海市盐务局（以下简称"市盐务局"）承担本市食盐专营管理的具体工作。各区、县人民政府指定一个部门协助做好本区域内的盐业管理工作。	第五条 企业生产加工食盐，应当按照国家规定办理有关手续。企业生产加工多品种食盐，除符合国家规定的产品种类及管理部门外，还应当符合下列条件：（一）符合食盐定点生产企业审批条件的；（二）有相应的工厂房和设备；（三）国家有关部门规定的质量检测手段。第六条 企业生产（含多品种食盐）食盐的，应当办理有关信息化等执照，并接受市盐务局等的行政许可申请之日起20日内作出决定，符合条件的，颁发证件；对不符合条件的，经不作出决定的，可以延长20日，并将延长的理由告知申请人。	第七条 食盐批发企业实行许可证制度。未取得食盐批发许可证的企业从事食盐批发业务的，不得从事食盐批发业务。市盐务局应当受理申请之日起20日作出审核决定，对符合条件的，颁发食盐批发许可证，经不作出决定的，书面说明理由，可以延长10日，并将延长期限的理由告知申请人。第八条 食盐专营企业负责本市盐务局审核批准的区、乡（镇）食盐批发业务。第十一条 从事食盐零售业务的区、县（镇）食盐批发企业可以向本市食盐批发企业购进食盐，也可以向食盐定点生产企业购进食盐。第十二条 因生产需要加工食盐的加工食品的单位和个人，可以向食盐定点生产企业购进食品和副食品的加工、腌渍、看散、腾剂、水产养殖进供应。第十三条 纯碱、烧碱生产企业因特殊原因需使用除食盐以外的纯碱、烧碱工业用盐的，应当向国家批准生产的纯碱、烧碱企业或者其委托的其他盐企业购进。第十四条 食盐批发企业因工业用盐购进立计购销合同，并向国家规定立合同订立之日起10日内，将合同同时报市盐务局备案。食盐专营企业不得将食盐和烧碱、烧碱等供应给的。市盐业公司可以委托制盐企业和纯碱、烧碱工业用盐生产企业以外的其他食盐企业向食盐和个人不得销售。因生产需要使用工业用盐以外的其他盐的，应当向盐业公司购进。未经委托的任何单位和个人不得将食盐作为食盐发食盐销售。	第十五条 本省市的盐产品经本市口岸由到国（境）外或者运到其他省的，其他的盐产品到省或者运往外地的单位和个人，应当持有本市盐务局核发的运输许可证。食盐批发企业向本区域购进食盐的，应当在购进食盐12小时前，向市盐务局报告。第十六条 食盐运输中转、储运、调运需要进出本市的，直接委托盐零售店或者其他市食盐零售店的外省的，应非在本市销售。	第十条 食盐批发、零售企业应当按出口到国（境）外或者经本市口岸加碘食盐的，应当采用小包装和内装销售。第十条 批发食盐应当在食盐包装袋上标明有关代理或者商业别，商业批发道等时。第十六条 对因治疗疾病不宜食用碘盐的，由市盐务局指定非碘盐生产企业定点生产，市盐务部门销的盐，患病人员应当持卫生行政管理部门指定的医疗机构出具的证明，到指定商店或者医疗机构购买非碘盐。	第九条 食盐批发企业应当按照国家规定的价格经营，不得擅自提价或者降价。批发食盐应当按规定存有或并按照市盐务局规定的价格报送市盐务局。第一条 对食盐零售价格核定专营单位以入应按照国家规定的价格销售食盐。	第二十四条 违反本规定第十条的，由市盐务局依照《食盐加碘消除碘缺乏之危害管理条例》的规定行政处罚。	第二十一条 违反第九款、第十款第十款规定的，由市盐务局令改正，予以通报。第二十一条 违反第二款、第三款、第十三条、第十四条规定的，由市盐务局黄令改正，对其中转、储运、调运工业盐的发给食盐工业盐销，储运行政管理部门按有关法律、法规和规章规定进行行政处罚。	第二十三条 违反本规定第七条第一款规定的，由市盐务局依照《食盐专营办法》第十一条规定进行行政处罚。违反本规定第十一条、第十二条、第十三条的，由市盐务局令改正，予以通报。第二十五条 违反本规定第九条、第十一条、第十三条规定的，由市盐务局令改正，予以通报。第二十六条 违反本规定第十条第二款、第十四条第二款规定的，由市盐务局责令改正，对其中转、储运、调运工业盐的发给食盐工业盐最低收购价收购，工商行政管理部门责令销售等，法律、法规和规章的规定进行行政处罚。	

表 3-1（续）

名称	立法目的	适用对象	管理机构	生产管理	销售管理	运输管理	加碘管理	价格管理	质量违法责任	运输违法责任	销售违法责任	管理违法责任
黑龙江省盐业管理条例（2015.04.17）	第一条 为了加强盐业管理，保证食盐专营，消除碘缺乏危害，保护公民身体健康，根据国家有关法律、法规的规定，结合本省实际，制定本条例。	第三条 本条例所称盐产品包括：（一）食盐，指直接食用和食品加工用盐，以及纯碱及烧碱工业用的原料盐；（二）两碱工业用盐，指用于生产纯碱和烧碱的原料盐；（三）一般工业用盐，指两碱工业用盐以外的其他工业用盐和固体氯或液体氯；（四）农业用盐，指用于农、牧、渔业和作物品种种使用的盐；（五）盐制品，指以食盐为主要成份，添加其他原料制成的盐制品。畜牧、渔业盐按食盐进行管理。	第五条 省盐业主管盐业行政主管机构负责全省盐业行政管理工作，并组织实施本条例。市（行政公署）、县（市）盐业主管机构负责本区域内的盐业行政管理工作。工商、公安、交通、铁路、运输、物价、质量技术监督等部门，各级卫生行政按照各自职责，同盐业主管机构做好盐业管理工作。	第九条 对食盐实行计划调拨管理。食盐分配调拨计划，由省盐业主管机构统一制订。食盐分配调拨，由省盐业主管机构按行政区域下达计划，不得擅自变更。	第十一条 从事食盐批发业务的企业，须经国务院盐业主管机构或者省盐业主管机构审查批准，并报国务院盐业主管机构备案，领取食盐批发许可证（含代理批发，下同）后方可经营。第十二条 食盐批发（含代理批发，下同）企业必须按照批发、销售经营范围从事食盐批发业务。第十三条 从事食盐零售业务的单位和个体工商户，必须持有食盐零售许可证，持有食盐零售许可证的从事食盐零售的个体工商户，应当从当地食盐批发企业购进。食品生产加工用盐，应当到当地用盐的食盐批发企业购进。第十五条 有关规定实行合同订货，两碱工业用盐和复合盐制企业应当将订立的货以及购进食盐情况报送当地盐业主管机构；照国家有关规定执行。第十六条 农业用盐、渔业用盐，使用复合盐的情况应当向盐业主管机构核发其实际用盐，盐业主管机构按实际需要组织供应，保证用盐单位需要。禁止擅自销售或者销售一般工业用盐、农业用盐作复合盐制品。	第十条 运输食盐，必须持有省盐业主管机构核发的食盐准运证。承运人不得承运无准运证名的盐产品。	第十四条 批发、零售的食盐，必须是符合国家规定的加碘食盐，其他应当包装。包装应当标明要使用非加碘食盐的小和个人、需要使用非加碘食盐的人，必须到当地盐业主管机构指定的食盐批发企业购进。		第二十五条 违反本条例规定，有下列行为之一的，由质量技术监督管理部门或者有关行政管理部门依照有关法律、法规规定给予处罚：（一）加工、销售其质量、重量、计量以及包装不符合标准的；（二）加工、生产、买卖其质量、包装标志的盐，以及违反法律、法规规定的防伪标志的。	第二十六条 违反本条例规定，无食盐准运证运输食盐的，或者无食盐准运证托运的，由盐业主管行政管理机构依法没收违法运输的食盐，对承运人处违法所得3倍以下罚款，对托运人处违法所得3倍以下罚款。	第二十七条 违反本条例规定，无食盐批发许可证发生批发食盐的，由盐业主管机构责令停止批发活动，没收违法经营的食盐和违法所得，处违法经营的食盐价值3倍以下罚款。第二十八条 违反本条例规定，无食盐零售许可证销售食盐的，由盐业主管机构责令停止经营的，没收违法经营的食盐和违法所得，处违法经营的食盐价值3倍以下罚款。第二十九条 违反本条例规定，从事食盐批发业务，有下列行为之一的，由盐业主管机构责令停止销售，没收违法所得，可以并处违法所得5倍以下罚款：（一）擅自购进一般工业用盐或者农业用盐转为食用盐的；（二）销售、使用工业用盐和复合盐用作食盐的；（三）将盐业销售或者食用于食品加工的。	第三十一条 违反本条例规定，盐业批发发生的，由当地盐业批发企业擅自发生动用、盐业批发的，由发证机构责令限期改正；情节严重的，其主管人员和其他直接责任人员由其所在单位或者上级主管机构给予行政处分。第三十二条 盐业主管机构工作人员，徇私舞弊、滥用职权，造成损失的，依法予以赔偿。

表 3-1（续）

名称	立法目的	适用对象	管理机构	生产管理	销售管理	运输管理	加碘管理	价格管理	质量违法责任	运输违法责任	销售违法责任	管理违法责任
宁夏回族自治区盐业管理条例（2015.03.31）	第一条 为了加强盐业管理，保护盐业资源，合理开发和合理利用盐业资源，保证食盐加碘消除碘缺乏危害，保障公民的身体健康，根据《盐业管理条例》《食盐专营办法》等有关法律、行政法规，结合自治区实际，制定本条例。	第三条 本条例所称盐业，包括盐产品（含盐资源）的生产、销售和运输，盐产品的制作以及盐加工利用等。其他各类工业用盐，如畜牧、渔业、医药、印染、制冰冷藏、制革、陶瓷、机械、软水制备、水处理业用盐。	第四条 自治区人民政府盐业行政主管部门主管全区盐业工作。自治区盐业管理机构负责盐业市场的管理和稽查工作；市、县盐业管理机构负责本辖区内盐业市场的管理和稽查工作。卫生、工商、公安、交通、质地监督、物价等有关部门应当依照各自职责，做好盐业管理和监督工作。	第七条 开发盐业资源，开办制盐企业，必须经自治区盐业行政主管部门审查同意，报自治区人民政府批准，未经批准，任何单位或个人不得开采盐资源，开办制盐企业。第八条 盐业实行定点生产制度，盐定点生产企业必须按照国家和自治区下达的指令性计划组织生产，不得超计划生产和销售食盐。第九条 盐业企业应当按照卫生部门规定生产加碘食盐。	第十三条 食盐的分配调拨实行指令性计划管理，自治区盐业行政主管部门按照国家下达的年度计划编制调拨计划，安排全区食盐的生产和供应计划。全区食盐统一调运批发给市、县盐业公司。食盐批发业务由市、县盐业公司承担。第十九条 食盐批发实行食盐批发许可证制度。当交通不便或偏僻地区，经食盐批发许可证制度。第二十条 食盐零售企业应当具备下列条件：（一）属于自治区内的国有企业或国有控股企业；（二）有与经营规模相适应的资金；（三）有固定的营业场所；（四）有与经营规模相适应的仓储设施；（五）具备食盐质量检测的措施和手段。第二十一条 食盐零售企业应当持食盐零售许可证经营；地区经营盐零售业务的个体工商户《盐零售许可证》，不得从事食盐零售业务。第二十四条 食盐批发企业必须按照国家计划和食盐销售合同，应当按照可批发范围进行批发，不得跨区域从事食盐批发业务。食盐零售单位或个人工商户，应当从当地具有食盐批发许可证的企业进货。年用盐量500吨以上（含500吨）的工业用盐，可与制盐企业签订食盐产销合同；年用盐量500吨以下（不含500吨）的小工业用盐，直接购进年用盐量500吨以上（含500吨）的小碱（即烧碱）、纯碱用盐或与其他工业用盐有同等有害物的企业和其他工业用盐非法销运或组织改变用途。	第十五条 食盐运输实行盐运证制度。跨区运输食盐，自治区人民政府盐业行政主管部门发放的盐运证；市、县盐业管理机构发的盐运证。食盐运输应当持有当地市、县盐业管理机构出具的食盐准运证。第十六条 食盐批发企业经营盐运证，应当凭盐运证装运。我区运输食盐工业用盐应持食盐准运证，自治区盐业管理机构当批盐运单位所在地市、县盐业管理机构出具的运输证明。第十八条 食盐在运输过程中，人员应当凭食盐准运证、复印件等有效食盐运输证件，禁止无证运输食盐，即调、安全标志。食盐运输证明有效期到期，分单发放或分块存放。禁止将有害物质与有害有毒物品放在一起运输。	第二十五条 禁止下列单位和个人生产、销售不符合碘含量标准的食盐：商户个体工商户达到碘含量标准到碘标准。对特殊人群不宜食用加碘食盐的，由当地政府卫生行政部门认定，由当地盐业公司应当供应非碘盐。	第二十九条 盐业生产企业和经销企业禁止擅自提高盐的价格，个体工商户、商户须执行国家行政有关规定，不得擅自变物价的价格。接受国家价格调整的部门的价格主管部门管理。不得加收任何其他加收费用。	第八条 违反本条例规定，（三）（五）项规定，由盐业主管部门责令停止生产加碘食盐的，由市、县盐业行政部门责令停止生产、销售，并处违法所得2倍以上5倍以下的罚款，构成犯罪的，依法追究其刑事责任。	第三十四条 违反本条例第十五、十六条的规定，无食盐运输或购运食盐或购运食盐为食用盐、用作工业盐，由自治区盐业管理机构或其分支机构责令停止，没收违法所得，并处违法所得3倍以上5倍以下的罚款，构成违法，对承运人处违法运盐产品价值1倍以上3倍以下罚款。	第三十五条 违反本条例第九条规定，产企业和经销企业生产、销售不符合碘标准食盐的单位和个人，必须经国家有关行政主管部门理依法处理，并加碘标准的食盐及盐产品的身份。违反本条例第十四条规定的，由市、县盐业管理机构或盐业管理分支机构责令改正，并处违法所得2倍以上5倍以下罚款，没收违法销售的食盐及盐产品，情节严重的，由市、县盐业管理机构责令停业整顿，或者吊销食盐批发许可证；对违法收购食盐并销售给其他用盐单位的，没收违法所得，并处收购食盐产品价值1倍以上5倍以下罚款。为之一的，由市、县盐业管理机构和盐业管理分支机构责令停止销售，没收违法所得和违法销售的盐品及盐产品，并处违法销售盐产品价值1倍以上3倍以下罚款，没收违法销售的食盐批发许可证：第一、三款规定，未取得食盐批发许可证经营食盐批发业务的；第二、三款规定，销售食盐批发、零售单位从未取得食盐批发许可证的企业购进食盐批发或者食盐批发、范围购进或销售食盐的；（一）违反国家规定，（二）违反本条例第十条规定，未取得食盐批发或食盐批发范围购进或销售食盐的；（三）违反本条例第十四条规定，销售擅自改变食盐用途的或不合格食盐的。	第三十七条 违反本条例第三十四条规定，不按照购进食盐供应，由自治区盐业管理机构或盐业管理分支机构责令改正，逾期不改正或拒不供应，造成严重后果的，由县级盐业管理机构或自治区盐业管理机构的分支机构责令限期改正。对市、县盐业管理机构责令改正，由自治区盐业管理机构责令限期改正。对单位处以2000元以下罚款；情节严重的，可追究法律责任。第四十一条 盐业行政主管部门、人员滥用职权，玩忽职守，徇私舞弊的，给予行政处分；构成犯罪的，依法追究刑事责任，造成损失，依法追究赔偿责任。

表 3-1（续）

名称	主题	立法目的	适用对象	管理机构	生产管理	销售管理	运输管理	加碘管理	价格管理	质量违法责任	运输违法责任	销售违法责任	管理违法责任
辽宁省盐业管理条例 (2014.09.26)		第一条 为加强我省盐资源的开发、生产、保护和开发利用，促进盐业发展，满足社会主义建设和人民生活的需要，保护公民身体健康，根据国务院《盐业管理条例》《食盐加碘消除碘缺乏危害管理条例》《食盐专营办法》，结合我省实际，制定本条例。	第三条 本条例所称盐产品，简称盐，包括食用盐和工业用盐。食用盐用于直接食用和食品加工、渔业和畜牧业用盐（以下简称食用盐）；其他盐为工业用盐（以下简称工业盐）。	第五条 省、市、县人民政府应当加强盐业管理，把盐业经营与盐业经营开发的原则，明确盐业主管机构申报食盐专营单位。第六条 省、市、县人民政府授权的盐业主管机构（以下简称盐业主管机构）负责本行政区域内的盐业管理工作，其他有关部门按照各自职权，做好盐业管理工作。各级卫生行政主管部门负责食盐加碘、消除碘缺乏危害的卫生工作。工商、技术监督、公安等政府有关部门按照各自职权，做好盐业管理工作。	第十三条 对食盐实行定点生产制度。从事食盐生产，应当经省盐业主管机构批准，并取得省卫生行政主管部门核发的食盐卫生许可证和省盐业行政主管部门核发的食盐生产许可证。第十四条 食盐生产单位必须保证食盐产品质量，必须按照国家计划和指令性计划指导计划和合同订货任务的完成。	第十八条 食盐由省盐业主管机构按照国家制订和省计划下达的计划分配调整。第二十条 从事食盐批发业务，必须经省盐业主管机构批准，并取得省卫生行政主管部门核发的食盐卫生许可证和食盐批发许可证；食盐批发许可证由省盐业主管机构核发；食盐零售卫生许可证由省卫生行政主管部门核发。食盐零售必须从当地取得食盐批发许可证的企业购进食盐。	第十九条 食盐为国家重点运输物资，铁路、交通部门应当依据省盐业主管机构报送的年度计划及时安排运送。铁路运输由省盐业主管机构核发的准运证运输，公路运输、承运单位必须凭省盐业主管机构核发的准运证运输。	第四条 在我省行政区域内销售的食盐全部加碘。	第二十五条 食盐生产、批发、零售单位必须执行国家规定的食盐价格。在国家指令性计划指导下合同订货的食盐价格，在国家价的基础上，由供需双方协商确定。任何单位和个人不得擅自加价或变相加价。对国家指令性计划指导下合同订货外的工业盐价格，由供需双方市场协商确定。	第二十六条 违反本条例的规定，在我省食盐市场销售擅自销售碘盐或者非碘食盐的，由县级以上人民政府盐业主管机构和该盐业经营部门责令停止销售，可以处该食盐产品价值3倍以下罚款，情节严重的，依法追究刑事责任。第三十三条 违反本条例第二十二条第（一）、（六）项规定，销售食盐产品的，由盐业主管机构责令停止销售，没收违法所得，并处该食盐产品价值5倍以下罚款，构成犯罪的，依法追究刑事责任。第二十二条第（五）项规定，擅自销售工业盐的，由盐业主管机构责令改正，没收违法所得和该盐产品，并处该盐产品价值3倍以下罚款的，依法追究刑事责任。	第三十条 对违反本条例第十九条第一款规定运输盐产品的，由盐业主管机构没收违法运输的盐产品，可以处该盐产品价值3倍以下罚款，对承运人违反本条例第三款规定的，有权扣存、没收盐产品，并处该盐产品价值3倍以下罚款。	第二十八条 对违反本条例第二十条第一款、第二十三条第一款规定，未取得食盐批发许可证从事食盐批发业务的，由盐业主管机构责令停止生产，没收违法批发的盐产品，并处该盐产品价值3倍以下罚款。第三十一条 对违反本条例第二十四款规定，批发企业未取得食盐批发许可证购进盐产品的，由盐业主管机构责令改正，没收该盐产品，并处该盐产品价值3倍以下罚款。	第三十六条 对本条例规定的盐政机构执法人员和卫生行政主管部门的卫生监督人员滥用职权、玩忽职守、徇私舞弊的，给予行政处分；构成犯罪的，依法追究刑事责任。

表 3-1（续）

名称	立法目的	适用对象	管理机构	生产管理	销售管理	运销管理	加碘管理	价格管理	质量违法责任	运输违法责任	销售违法责任	管理违法责任
四川省盐业管理条例（2014.09.26）	第一条 为了加强盐业管理，保障食盐专营和食盐加碘工作的实施，保护人体健康，根据国家有关法律、法规，结合四川实际制定本条例。	第三条 本条例所称盐产品（含固体、液体，包括卤水）：一、自然盐，包括海盐、湖盐、井矿盐；二、加工盐，包括食用盐、食用盐加工盐，食品加工用盐及多种盐，以及畜牧、渔业等盐；食盐，食盐包括两碱工业用盐指两碱工业（氯碱、纯碱）生产所需直接用作原料的盐，一般盐指食用盐和食用盐工业用盐以外的其它工业用盐。	第五条 省人民政府所授权的盐业主管机构（以下简称省盐业主管机构）负责全省的盐业管理和资金的组织实施，省盐业主管机构设立盐业公司。第六条 省级以上盐业主管机构负责本行政区域内盐业开展监督管理工作。各级工商、技术监督、物价、公安、交通、卫生等行政管理部门按各自职责分工，依法开展盐业监督管理工作。	第七条 发盐资源（包括岩盐、自然卤水）开办盐业、扩大制盐能力，须经省盐业主管机构，须按照国家有关规定，双方签订有关合同，报省人民政府审批。第八条 食盐实行生产定点，指省由省盐业主管机构审核后报省人民政府审核。第九条 加工多种盐和食品加工用盐，在食盐中添加食品调料、强化营养剂的，应经省盐业主管机构核定的食盐生产定点企业生产，应经卫生行政部门批准。第十条 一般工业用盐由盐业主管机构根据市场需要组织生产，两碱工业用盐按国家计划组织生产，盐业主管企业依订立资金合同组织企业自用的两碱生产。	第十五条 食盐由省盐业主管机构按照国家下达的计划分配调拨。一般工业用盐由盐业主管部门组织供应，公司下达的地区，食盐批发由省盐业主管机构及其双方按照国家有关规定签订合同，直接由盐业公司及其分、发食盐专营，经省盐业公司核发。第十六条 食盐批发许可证，经省盐业主管部门核发食盐批发许可证，并由工商行政管理部门核准登记。第十七条 食盐委托经营企业代理批发、代理食盐零售，由省盐业主管机构行政审查，向省盐业主管部门核发食盐批发许可证核准登记。未取得食盐批发许可证的经营单位，不得经营食盐批发、代理经营食盐业务。第十八条 食盐零售企业，从事食盐零售业务的，应向县级以上盐业主管机构申请领取食盐零售许可证，购进食盐，与食盐批发企业签订合同，购进食盐，应向取得食盐批发许可证的单位购进食盐，代理销售范围内销售食盐。第二十一条 一般工业用盐发、代理工业用盐销售的，应由盐业批发企业从事食盐批发，食盐单位从事工业用盐销售和出口的，应按照国家的规定，由省盐业主管机构核发，渔业用盐由畜牧、渔业企业代理批发，盐业企业根据进货渠道，销售规范使用。第二十三条 一般工业用盐发、代理工业用盐销售的，应由盐业主管企业调拨一般工业用盐，渔业用盐由当地食盐批发企业购进。地食盐、代理工业用盐的生产加工单位应到当点生产企业自用盐。	第二十六条 办理铁路运输食盐运销业务，应经省盐业主管机构及本条例第二十一条规定的经营企业凭证，运输食盐必须持有符合本条例第二十一条规定的经营企业凭证。运输工业用盐，按照省人民政府的有关规定办理，禁止经营、代理食盐业务经营企业违反本条例规定运销盐产品。	第十九条 批发、零售的食盐，必须是合格的食盐。碘盐零售必须为小包装加碘盐，非碘食盐的单位、持有关部门证明，判定为特殊需要使用非碘食盐的单位，向县级以上盐业主管机构所需的食盐应到指定的单位购买。		第三十一条 违反本条例第八条、第九条、第三款、第十条第一款、第二款，由省盐业主管机构责令改正，没收违法生产的盐产品和违法所得，可并处违法价值的3倍以下罚款。第三十七条 违反本条例第十九条规定的，由盐业主管机构责令停止生产、销售，没收违法生产、销售的盐产品和违法所得，可并处违法价值3倍以下罚款。	第三十条 违反本条例第二款规定的，由盐业主管机构没收违法运销的盐产品，对违反本条例第二十六条规定运入或违法运输的盐产品，对违反本条例第二十六条运入处以违法运销的盐产品价值3倍以下罚款。违反第二款、第三款规定的，由盐业主管机构没收违法运销的盐及运输工具，处5000元以下罚款。 违反本条例第二款、第三款规定，没收违法运销的盐，并处违法运销盐产品价值3倍以下的罚款，并按照本条例第二十四条的规定，没收违法运销的盐及运输工具。	第三十五条 违反本条例第十七条第一款、第三款规定的，由盐业主管机构责令停止收购经营的食盐，可并处违法价值3倍以下罚款。第三十六条 违反本条例第十八条规定的，由盐业主管机构给予警告，责令改正，没收违法销售的盐产品和违法所得，情节严重的，由盐业主管机构吊销食盐批发许可证、食盐零售许可证。第三十九条 违反本条例，由盐业主管机构没收违法所得。	第十三条 盐业主管机构及其工作人员滥用职权、玩忽职守、私自泄漏食盐专营权，对负有责任的主管人员和直接责任人员或其他责任人，由其所在单位或上级机关、盐业主管机构依法给予行政处分，给予行政处分；造成经济损失的，依法承担赔偿责任。

表3-1（续）

名称 / 主题	立法目的	适用对象	管理机构	生产管理	销售管理	运输管理	加碘管理	价格管理	质量违法责任	运输违法责任	销售违法责任	管理违法责任
北京市盐业管理若干规定（2014.07.09）	第一条 为加强本市盐业管理，维护盐业市场秩序，保障本市食盐供应，建设和保障人民生活所需，维护人民生命安全和身体健康，根据国务院颁布的《盐业管理条例》（以下简称《条例》）和国家有关规定，结合本市实际情况，制定本规定。		第三条 市商务行政部门负责本行政区域内的盐业管理工作。工商行政管理、卫生、公安、技术监督、价格等部门按照各自的职责，依法加强对盐业的监督管理。		北京市盐业公司依照国家计划，负责本市盐的统一购进，调运和批发，并按照国家有关规定负责本市储备食盐的日常管理。第七条 工业用盐和其他各类非食用盐的批发业务由盐业行政部门指定的批发单位负责供应。市商务行政部门指定的批发单位必须按照规定的批发范围组织进货；用盐单位必须从指定的批发单位进货。第八条 食盐由市商务行政部门指定的批发单位按规定进货并按照规定的销售范围零售食盐。食盐加工用盐和食品加工用盐单位和个人，必须根据需要从市商务行政部门指定的取得食盐批发许可证的单位购进食盐。		第九条 生产加工食用盐及其制品必须符合国家卫生标准，加碘食用盐应当符合国家规定标准。有小包装，碘含量必须符合国家规定标准。		违反本规定第九条第二款和第十条第（一）项规定的，市商务行政部门和卫生行政部门按照职责分工责令其停止违法行为，并可处非法所得过5倍以下的罚款。第十三条 违反本规定第九条第（二）、（三）项规定的，市商务行政部门和卫生行政部门按照职责分工责令其停止违法行为，可以发收其产品，并处该产品价值3倍以下的罚款。		违反第九条第二款和第十条第（一）项规定的，市商务行政部门和卫生行政部门按照职责分工责令其停止违法行为，并处收其非法所得超过5倍以下的罚款。第十三条 违反本规定第九条第（二）、（三）项规定的，市商务行政部门和卫生行政部门按照职责分工责令其停止违法行为，发收其盐产品和非法所得，可以并处该盐产品价值3倍以下的罚款。	

表 3-1（续）

名称 \ 主题	立法目的	适用对象	管理机构	生产管理	销售管理	运输管理	加碘管理	价格管理	质量违法责任	运输违法责任	销售违法责任	管理违法责任
河北省盐业管理实施办法（2014.01.16）	第一条 为加强盐资源的保护和开发，促进盐业生产发展，保证盐的产销，合理组织管理，根据《盐业管理条例》，结合本省实际，制定本办法。		第三条 县级以上人民政府确定的盐业行政主管部门，负责本行政区域内的盐业管理工作。	第六条 开发盐资源，开办制盐企业（含非制盐企业开办的盐业资源），应当经省盐业行政主管部门审查同意后，报省人民政府批准，并按规定向企业所在地的工商行政管理机关申领营业执照。开采盐矿资源应当按国家有关规定领取《采矿许可证》。	第十八条 盐的批发业务依照有关规定，由县级以上盐业行政主管部门所属的盐业公司经营。	第十七条 盐的食盐实行运销中管理。各生产、经销、储备单位应当执行国家有关规定。			第二十三条 违反本办法第十二条、第十五条、第十条、第二十一条第一款规定的，由盐业行政主管部门、工商行政管理机关和食品卫生监督机构按职责分工予以制止，责令停止销售，没收非法销售的盐和违法所得，可以不处违法所得额五倍以下的罚款；情节严重的，工商行政管理机关有权吊销其营业执照，构成犯罪的，依法追究刑事责任。		第二十三条 违反本办法第十条、第十三条、第十四条、第二十一条第二款规定的，由盐业行政主管部门、工商行政管理机关和食品卫生监督机构按职责分工予以制止，责令停止销售，没收其非法所得过非法所得额五倍以下的罚款；情节严重的，工商行政管理机关有权吊销其营业执照，构成犯罪的，依法追究刑事责任。	

表 3-1（续）

名称	主题	立法目的	适用对象	管理机构	生产管理	销售管理	运输管理	加碘管理	价格管理	质量违法责任	运输违法责任	销售违法责任	管理违法责任
山东省盐业管理条例 (2013.11.29)		第一条 为加强盐业管理，保护和合理开发利用盐业资源，保障食用盐加碘消除碘缺乏危害，保护消费者、保护居民身体健康，根据国家有关法律、法规，结合本省实际，制定本条例。	第三条 本条例所称盐产品，是指以氯化钠为主要成分的产品（含固体盐、液体盐），包括盐、盐业用盐、碱工业用盐、纯碱工业用盐和其他用盐。	第五条 省人民政府盐业行政主管部门负责全省的盐业管理工作；设区的市、县（市、区）盐业行政主管部门负责本行政区域内的盐业管理工作。卫生、公安、铁路、财政、交通、工商、质量技术监督管理等部门应当按照各自的职责，依法配合做好盐业管理工作。	第十二条 开办制盐企业，符合下列条件的，由省盐业行政主管部门审查同意，报省人民政府盐业行政主管部门批准，由省盐业行政主管部门发给制盐生产许可证，并办理工商登记手续，方可组织生产：（一）符合省盐业发展方向和规划；（二）具备保证产品质量的工艺装备、计量、检验等技术条件；（三）法律、法规规定的其他条件。第十三条 食盐定点生产企业由省盐业行政主管部门提出，经省盐业行政主管部门审核后，报国务院盐业主管部门审批。食盐定点生产企业实行计划生产。第十四条 食盐定点生产企业必须按照国家下达的指令性计划组织生产，纯碱工业、烧碱工业用盐和其他用盐计划由省盐业主管部门根据市场需求组织生产。第十五条 加工新品种食盐，应当制定企业标准，并报省质量技术监督部门和省盐业行政主管部门备案。	第二十条 设立盐产品批发经营企业，由省盐业行政主管部门批准，未经省盐业行政主管部门批准，任何单位和个人不得设立盐产品批发经营企业。第二十一条 盐业行政主管部门按照国家下达的指令性计划分配、调拨食盐，并组织盐业公司实行省内各级批发业务。纯碱工业、烧碱工业用盐由各级盐业经营企业组织经销，用盐单位凭计划提货，用盐单位不得擅自经销。禁止任何单位和个人违反本条规定经营食盐批发业务。第二十二条 食盐零售实行许可证制度。食盐零售单位和个人凭食盐零售许可证向食盐批发企业购进食盐。第二十三条 食盐零售单位和个人应当从指定的食盐批发企业购进食盐。第二十四条 食盐加工、销售应当从当地取得食盐批发许可证的企业购进食盐。生产盐产品种类销售及生产加工用盐的单位和个人提供销售服务。	第二十七条 食盐和其他盐产品的运输实行准运证制度；纯碱工业、烧碱工业用盐按规定实行盐的运输直接随货运单制度。	第二十四条 批发、零售的食盐必须是碘盐。零售者出售的碘盐，必须按规定的小包装。不宜食用加碘食盐的病人，可以凭医疗机构出具的证明，到当地盐产品批发机构或盐业经营企业指定的单位购买不加碘食盐。盐业行政主管部门或盐业经营企业应当保证被指定单位定量供应。	第三十一条 盐产品的生产、批发、零售必须执行国家价格规定。食盐、纯碱工业、烧碱工业用盐和其他用盐价格，按照国家规定执行。	第四十三条 违反本条例规定，将不符合国家标准的盐产品作为食盐销售的，由盐业行政主管部门责令停止销售和改正，没收违法销售的产品和违法所得，并可以处以违法销售盐产品货值金额百分之五十以上三倍以下的罚款；构成犯罪的，依法追究刑事责任。	第四十条 违反本条例规定，有下列行为之一的，由盐业行政主管部门责令改正，限期改正，拒不改正的，没收违法生产、加工、经营的盐产品及其设备和违法所得，并可处以违法生产、经营盐产品价值一倍以上三倍以下的罚款；构成犯罪的，依法追究刑事责任：（一）未取得食盐定点生产企业证书，擅自生产食盐的；（二）加工、批发食盐自用食盐批发、零售食盐的；（三）未取得食盐批发、零售许可证，批发、零售食盐的；（四）未取得食盐运营许可证，其他盐产品运输或者其他盐产品带随货运单，擅自运输食盐、纯碱工业用盐按规定实行运输直供供应的；（五）生产、加工伪劣盐产品，或者掺杂掺假、以次充好、以假乱真等方法生产、加工假冒的盐产品，矿渣盐溃晒盐等行为，违反前款第四项规定的，对承运人处三倍以下的罚款。	第四十四条 违反本条例规定，加工、销售盐产品者将盐产品或者盐产品品牌转作食盐销售的，由盐业行政主管部门责令改正，没收盐产品和违法所得，并可以处以三倍以下的罚款；盐业行政主管部门吊销其食盐批发或者零售许可证。	第四十八条 盐业行政主管部门的工作人员玩忽职守、徇私舞弊的，依法给予行政处分；构成犯罪的，依法追究刑事责任；尚不构成犯罪的，依法给予处分。

表 3-1（续）

名称	主题	立法目的	适用对象	管理机构	生产管理	销售管理	运输管理	加碘管理	价格管理	质量违法责任	运输违法责任	销售违法责任	管理违法责任
天津市盐业管理条例（2013.09.24）		第一条 为加强盐业管理，保护和合理开发盐业资源，保证食盐和食用纯碱、烧碱用盐专营实施，保护公民的身体健康，根据国家法律、法规的规定，结合本市实际情况，制定本条例。	第三条 本条例所称盐产品，包括食盐，食用纯碱、烧碱用盐及其他用盐。食盐是指直接食用和间接食用的盐。第四十六条 渔业、畜牧业、盐田适用本条例。	第四条 市经济和信息化行政主管部门（以下简称盐业行政主管部门）负责本条例的组织实施，发展改革、卫生、工商、技术监督、商业管理部门，应当按照各自的职责，做好盐业监督管理工作。	第九条 开办制盐企业，开发制盐资源，必须经盐业行政主管部门审查同意，报市人民政府批准。第十六条 实行食盐定点生产制度。食盐定点生产企业由盐业行政主管部门提出，报国务院盐业主管机构审核、批准后，方可从事食盐生产。非食盐定点企业不得生产食盐。第十八条 食盐生产企业应当按照国家下达的计划组织生产，做好食盐储备，保持合理库存。盐业生产中添加营养或者药物，必须经市卫生行政管理部门批准。第二十条 食盐出厂必须按照包装，定于以包装，包装上应当注明盐的种类和产地的计量编号，并附有盐产品质量标识、地址、标识、保存和使用方法等。	第十二条 本市按照国家下达的计划，对食盐进行分配调整。第二十五条 实行食盐批发许可证制度。经营食盐批发业务的企业，经盐业行政主管部门审查批准后，向工商行政管理部门申请领取营业执照，方可经营食盐批发业务。第二十八条 纯碱、烧碱生产以外地工业用盐，由市外供碱、烧碱生产企业用盐以外其他工业用盐，从具有相应销售资格的单位购进。	第二十三条 实行食盐运输准运证制度。在本市行政区域内运输或者从本市运出食盐的，必须持有盐业行政主管部门签发的食盐准运证；外地食盐进入本市的，必须持有省级盐业机构发的食盐运证。	第六条 在本市行政区域内销售的食盐必须是符合国家相关卫生标准的加碘食盐，但经市卫生行政部门认定的高碘地区除外。第十九条 用于加工食盐的食盐和碘酸钾必须符合国家卫生标准。		第四十一条 违反本条例第三十条第（一）项、第（二）项、第（三）项、第（五）项规定，无证生产食盐、非食盐定点生产或者销售有市盐产品的，由盐业行政主管部门责令停止销售，没收食盐产品和违法所得，可处以违法所得五倍以下罚款。	第三十六条 违反本条例第二十三条规定，无食盐准运证，将食盐运入或者从本市运出的，由盐业行政主管部门责令收违法运输的食盐，对违法运输食盐的处以违法所得五倍以下的罚款，对承运人处以违法所得所得三倍以下罚款。	第三十七条 违反本条例第二十五条、第二十六条规定，擅自从事食盐批发、零售业务的，由盐业行政主管部门责令停止批发、零售食盐业务，没收违法经营的食盐和违法所得，并可处以违法经营的食盐价值三倍以下罚款。第三十八条 违反本条例第二十七条第一款规定销售食盐的，由盐业行政主管部门没收违法购进的食盐，并可处以违法购进食盐价值三倍以下罚款。违反本条例第二十七条第二款、第二十八条规定，用食盐生产纯碱、烧碱或者用其他工业用盐用于食盐的，由盐业行政主管部门没收违法用盐的产品，违反本条例第二十八条规定，用盐单位转销生产用盐的，由盐业行政主管部门没收违法转销的盐产品，并可处以违法转销盐产品价值三倍以下罚款。	第四十五条 盐业行政主管部门工作人员滥用职权、玩忽职守、徇私舞弊，尚不够刑事处罚的，由其所在单位或者上级主管部门给予行政处分；构成犯罪的，依法追究刑事责任。

表 3-1（续）

主题	立法目的	适用对象	管理机构	生产管理	销售管理	运输管理	加碘管理	价格管理	质量违法责任	销售违法责任	运输违法责任	管理违法责任
名称												
广西壮族自治区盐业管理办法（2013.06.04）	第一条 为加强盐业管理，保障盐业专营和食盐加碘，消除碘缺乏危害工作的有效实施，根据国务院《盐业管理条例》和《食盐加碘消除碘缺乏危害管理条例》《食盐专营办法》，结合本自治区实际，制定本办法。	第六条 本办法所称食盐，是指氯化钠（NaCl）含量为50%以上的盐品，包括食盐、纯碱盐、烧碱盐和其他非食用盐。本办法所称人畜食用盐，是指供人直接食用的食盐、副食品加工腌制用盐，畜牧养殖业、渔业用盐和饲料生产用盐。	第四条 自治区工业和信息化部门主管全区的盐业工作，其所属盐业主管机构具体履行职责，并组织本办法的实施。设区的市、县（市、区）盐业主管机构在上级盐业主管机构的领导下负责管辖区域内的盐业管理工作。县级以上卫生行政部门负责加碘食盐的卫生监督管理工作。工商、质量技术监督、发展改革、公安、交通运输、国土资源、食品药品监督等有关部门按照各自职责，依法配合盐业主管机构做好盐业管理工作。	第十一条 自治区对食盐实行定点生产制度，对食盐定点生产实行盐定点生产及其分布管理制度。食盐定点生产企业应当依法设立并履行审批手续。非食盐定点生产企业和其他单位、个人不得从事食盐生产。非食盐定点加工企业不得从事加碘盐加工。第十二条 食盐生产和加碘必须按照自治区盐业主管机构下达的计划组织生产或者加工。	第十六条 盐业主管机构依照国家下达的计划分配食盐，由自治区盐业公司专营。第十七条 纯碱、烧碱生产用纯碱、烧碱生产企业应当按照合同订货，并限于本企业自用，不得转让、抵债或者销售。第十八条 食盐和纯碱、烧碱生产企业自用以外的其他用盐，由盐业公司统一经营，由盐业公司供应。各单位或者个人应当向盐业公司购进食盐计划，并从当地盐业公司购进所需食盐，不得擅自从其他企业和其他单位、个人购进食盐。	第二十条 在自治区内各口岸进口食盐或者进口盐产品转为内销的，应当报自治区盐业主管机构备案，并接受口岸所在地盐业主管机构的监督管理。	第二十五条 食盐批发企业从食盐加碘定点企业购进食盐，应当索取加碘盐合格证明。碘盐批发企业未提供加碘食盐合格证明的，食盐批发企业不得购进食盐。	第三十一条 食盐生产、批发，经销企业在食盐购销活动中，必须执行价格主管部门有关食盐价格的规定。		第四十条 违反本办法第二十条、第二十四条、第二十六条规定的，由盐业主管机构依照《食盐专营办法》处以1万元以上1万元以下的罚款，情节严重的，处以1万元以上2万元以下的罚款。	第四十一条 违反本办法第二十一条规定，无食盐准运证运输食盐的，由盐业主管机构依法没收违运的食盐，对违运食盐价值3倍以下的罚款，对承运人处以运价3倍以下的罚款；没有违运食盐所得或者违运食盐所得难以查实的，对违运人处以5000元以上3万元以下的罚款；伪造、涂改、转让、重复使用食盐准运证的，按无食盐准运证运输处理。	第四十五条 盐业行政执法人员有下列行为之一的，依法给予行政处分；构成犯罪的，依法追究刑事责任：（一）对不具备发证条件的申请者核发食盐准运证的；（二）发现违法行为不予查处的；（三）违反本办法第三十条规定的；（四）动用、调换或者损毁查封、扣押的食盐物品的；（五）玩忽职守、滥用职权、徇私舞弊的其他行为。

表 3-1（续）

名称	主题	立法目的	适用对象	管理机构	生产管理	销售管理	运输管理	加碘管理	价格管理	质量违法责任	运输违法责任	销售违法责任	管理违法责任
浙江省盐业管理条例（2012.09.28）		第一条 为加强盐业管理，保护和合理开发盐资源，保证食盐加碘，实施食盐加碘工作的实施，保障公民身体健康，根据国家有关法律、法规的规定，结合本省实际，制定本条例。	第三条 本条例所称盐品，包括食用盐，食用盐、食用盐加碘食用盐和其他盐，两碱工业用盐，纯碱、烧碱等以盐为原料的产品。食用盐是指直接食用和制作食品所用的盐。两碱工业用盐是指生产纯碱、烧碱所用的盐。其他盐是指食用盐、两碱工业用盐以外的工业用盐、农业用盐、药料、染料、制冰冷藏、玻璃等其他工业用盐，畜牧业盐按地方盐业进行管理。	第五条 省盐务管理局是省人民政府盐业主管机构，负责本省的盐业管理工作。县（市、区）盐业主管机构负责本行政区域内的盐业管理工作。第六条 各级人民政府应当加强对盐业工作的领导，卫生、工商行政管理、公安、技术监督、土地、财政、物价、交通等部门，按照各自的职责，配合做好盐业管理工作。	第七条 开发盐资源，开办制盐企业，必须经省盐业主管机构审查同意，按照国家有关规定办理审批手续。第十三条 从事食盐生产的企业应取得食盐定点生产证。从事两碱工业用盐生产的企业应取得定点生产许可证。并按国家有关规定取得企业生产许可证，分装也应当取得企业生产许可证。第十四条 盐定点生产企业加工、分装。第十五条 盐必须符合质量安全标准，不符合食品安全标准的，不得出厂、销售。第十六条 食盐中添加营养强化剂的，应当符合有关食品安全标准。	第二十条 盐业公司统一收购、制盐企业自销产品，制盐企业自销产品应当予以收购，不得拒收。产品应当按照主管机构下达的计划分配调配数，盐业公司按当地盐业主管机构组织供应、保持合理库存，保证市场需要。盐业公司应当和当地储备建立制度，保存、保证合同货源及其经营情况，报送本行政区域内盐业主管机构。其他盐用盐用户及规定的需求。第二十二条 食盐批发企业销售食盐，应当按照规定的范围销售食盐。食盐和食品加工用盐及其他用盐的单位和个人，必须从当地食盐批发企业购进食盐。其他用盐也可向省盐业主管机构核发许可证的企业进购盐。第十九条 外调食盐或调供省外及其进出口业务，由省盐业主管机构统一管理。其他用盐加工制造、销售食盐，未经省盐业主管机构批准，不得销售。	第二十一条 食盐运输实行准运证制度。运输到省外的食盐的运输，应当有省盐业主管机构核发的准运证。食盐的准运证由省（地）县（市、区）调拨的，其他用盐的食盐运输，应当持省盐业主管机构（地）盐业主管机构核发的准运证运证。	第四条 食盐实行专营管理。在本行政区域内销售的食盐必须加碘。第二十三条 因病不宜食用碘盐的，可凭县级以上医疗机构的具体证明，到盐业公司或盐业主管机构核定的单位购买非碘盐。盐业公司、盐业主管机构应当保证供应，方便购买。	第二十九条 食用盐、其他盐、盐包装物的价格必须领执行国家和省物价部门的规定，任何单位和个人不得擅自调整。	第三十六条 违反本条例第十七条第（一）、（二）、（五）项规定，非食用盐作为食盐销售的，由盐业主管机构责令停止销售，没收违法所得，并处违法所得五倍以下的罚款；构成犯罪的，依法追究刑事责任。	第三十四条 违反本条例第二十四条规定，无准运证运输食盐的，由盐业主管机构收缴违法运输的盐产品，对盐品价值三倍以下罚款，对违法运输产品价值三倍以下罚款。对承运人违法运输盐产品的，处违法所得三倍以下罚款。	第三十二条 违反本条例第十条、第二十条、第二十二条、第二十三条规定，违法销售盐的，由盐业主管机构责令改正，没收违法销售的盐和违法所得，并处违法所得三倍以下罚款。	第四十条 盐业主管机构工作人员应当忠于职守，秉公办事；玩忽职守，私舞弊的，按照有关规定给予行政处分；构成犯罪的，依法追究刑事责任。第三十三条 违反本条例第三款、第二十九条第三款规定的，由盐业主管机构责令改正，并对主要负责人员处五千元以下的罚款。

表 3-1（续）

名称	主题	立法目的	适用对象	管理机构	生产管理	销售管理	运输管理	加碘管理	价格管理	质量法律责任	运输法律责任	销售法律责任	管理违法责任
广东省盐业管理条例 (2012.07.26)		第一条 为加强盐业管理，保障盐业加碘消除碘缺乏危害工作的有效实施，保护人民群众的身体健康，提高民族素质，根据有关法律、法规，结合本省实际，制定本条例。	第三条 本条例所称的盐（含液体盐）包括：工业盐、食盐和其他用盐。食盐是指供人直接食用的盐；工业用盐是指用于工业加工生产和制碱、烧碱用的原料盐；其他用盐是指用于渔业、畜牧业和农副产品加工、冶金、制革、冷藏、制造玻璃、医药等行业生产以及其他盐以外的盐的用盐。	第五条 省人民政府盐业行政主管部门负责本省盐业的组织和本条例的组织实施，（地级以上市、县（含县级市，下同）、市（含县级）人民政府盐业行政主管部门（以下简称盐业主管部门）负责本行政区域内的盐业管理工作，其主要职责是：配置盐业专营权，行使使职责。第六条 各级人民政府卫生行政部门负责加碘食盐的卫生监督管理（以下简称食盐卫生管理），工商行政管理、价格、质量技术监督、海洋与渔业、土地、矿产、公安等管理部门，各自按照职责，配合盐业行政主管部门开展盐业管理工作。	第七条 严格控制开发盐资源和扩大盐生产规模，开发利用大盐资源（含利用海水制盐、开办盐井矿盐、扩大盐业生产规模的须经省盐业行政主管部门审查，并经省人民政府审核，报省人民政府批准。第十条 对小型、低产、劣质的盐田实行停产或者转由按经济关系规范办理有关盐业事项，鼓励发展多种经营，发展集约化盐业。第十一条 食盐和加碘盐企业，应当领取生产定点企业证书，从事生产定点企业，应当领取国家卫生行政部门的卫生许可证。第十二条 生产和销售加工食盐企业，按照省盐业行政主管部门下达的生产或加工计划组织生产或加工。	第十八条 食盐由省盐业行政主管部门按照国家下达的计划分配调配，盐业公司统一经营。第二十八条 果蔬加工使用腌渍盐、食品、饲料添加剂，所需的碘盐应当向当地盐业生产经营单位购进。第十九条 生产用盐按照国家有关规定实行合同订货并由持碘盐、烧碱用盐、纯碱用盐以外的工业用盐，由省盐业公司分配供应，也可以按批发价供应让售或者销售。第二十条 除食用盐以外的工业用盐和其他用盐，由省盐业行政主管部门统一调供各盐业公司经营，确保供应。第二十一条 中外合资企业、外资企业需要从自外购进的生产用盐，计划应向省盐业行政主管部门申报，不得擅自进口。第二十二条 中外合资企业、外资企业在中国境内购买的……经营企业向国外购买的，在中国购买的有关规定。第二十三条 盐的进出口业务由中国盐业总公司统一经营。	第二十条 食盐实行准运证制度，跨省调运的，应当有国务院盐业主管机构的食盐准运证；省内调运的，应当有省盐业主管部门签发的食盐准运证。第二十一条 本省范围内运销碱、烧碱生产用的工业盐和其他用盐，不需办理准运证。	第二十四条 食盐市场销售供应的零售食盐必须是加碘盐，并实行小包装。第二十七条 因生产工艺不适宜使用加碘盐的，持县级以上盐业行政主管部门证明，可以购进未加碘盐。第二十八条 散装、散销的加碘盐在市场上销售的，不宜食用碘盐的可因治疗疾病，不宜食用碘盐，持县级以上人民政府指定的医疗机构出具的医疗证明，到盐业行政主管部门指定的单位购买。	第十六条 食盐批发、零售单位按照特许可证规定范围购进，并按照省政府确定的价格销售。	第三十九条 违反本条例第三十条、第三十五条第十九条的，由盐业行政主管部门（广东省盐业行政主管部门职能部门或者有关销售假冒伪劣商品违法行为予以处罚，违反本条第二款规定进行补偿以及违法生产销售不符合国家食品标准的食盐的，没收违法生产销售的产品和违法所得，并可以处以违法生产销售产品货值金额和违法所得三倍以下的罚款。	第四十四条 违反本条例第二十条规定运输的，没收违法运输的盐，对承运人处以运价金额三倍以下的罚款；对承运人可处以运价金额三倍以下的罚款，货主不明的，由承租人承担一切责任。	第二十九条 禁止销售假冒伪劣食盐。有下列行为之一的，属销售假冒伪劣食盐产品：（一）工业用盐充食盐用的；（二）利用卤水矿盐、卤水等冒充食盐销售的；（三）制售假冒伪劣食盐产品的；（四）不符合国家食盐标准的食盐销售的；（五）其他非碘盐销售的。	第二十八条 有下列……食盐（六）假冒防伪碘盐包装、假冒碘盐商标、假冒碘盐销售的。第四十一条 违反本条例第十八条、第十九条、第二十条、第二十一条、第二十二条、第二十三条等其他规定的，没收产品和违法所得，并可处以违法生产销售产品货值金额和违法所得三倍以下的罚款。

表 3-1（续）

主题\名称	立法目的	适用对象	管理机构	生产管理	销售管理	运输管理	加碘管理	价格管理	质量违法责任	运输违法责任	销售违法责任	管理违法责任
贵州省食盐管理条例（2012.03.30）	第一条 为加强食盐管理，保障食盐供给，消除碘缺乏危害，保护公民身体健康，根据有关法律、法规的规定，结合本省实际，制定本条例。	第二条 本条例所称的食盐是指食盐、供直接食用的食盐和食品加工用盐。本省范围内销售和食用的食盐，必须是碘盐。第二十六条 畜牧业用盐的加碘管理适用本条例。	第五条 省人民政府授权的盐业主管机构负责全省的食盐专营工作，支持和指导各级食盐务分支机构负责本行政区域的食盐专营工作。第七条 县级以上人民政府卫生行政部门负责碘缺乏危害防治和食盐加碘质量和卫生标准的监测，并组织实施监督。第八条 公安、物价、工商、运输等部门按照各自职责，与盐业主管部门实施盐业市场监督管理。		第十条 食盐的配送实行计划指令性调拨，由省盐业主管机构根据国家和省下达的分配计划，统一分配下达全省的食盐购销计划，并由省盐业公司组织各级盐业公司实施。第十一条 食盐的批发实行许可证制度，由各级盐业公司及其授权的省级食盐批发经营点。第十七条 食用户必须向食盐专营单位购用，不得向市场上销售非食用盐。	第二十条 省外盐运进的食盐运输计划，由省盐业主管机构统一提报，各级盐业公司按照省下达的食盐运输计划组织公路、铁路、航运等运输部门，保障运输。第二十一条 食盐运输实行国内食盐准运证制度，运输省外运入的食盐，应当持有国务院及其授权的省级盐业主管机构及其授权的省级盐业主管机构签准的食盐运证。		第十五条 食盐批发和零售应当执行国家规定的价格，不得擅自提价或降价。	第二十九条 违反本条例第十九条第一款规定的，由县级以上卫生、质量技术监督行政部门责令改正，可以处以该食盐价值1倍以下罚款。	第三十一条 违反本条例第二十一条规定，无食盐准运证运输或者以食盐业主以上食盐业主按照有关法规的规定处罚。	第三十条 违反本条例第条规定，有下列行为之一的，由县级以上其由县级以上盐业主管机构收缴其违法经营的全部食盐和违法所得，并处以该食盐产品价值2倍以下罚款；情节严重的，由工商行政管理部门依法吊销《食盐零售许可证》、《食盐批发许可证》，并取得其食盐批发业务执照：（一）在食盐市场上销售非小包装食盐的；（二）未取得食盐零售许可证从事食盐零售业务的；（三）未取得食盐批发许可证从事食盐批发业务的；（四）不按照规定渠道购进食盐的。第三十二条 违反本条例销售非食用盐，在食盐市场上销售非碘盐，由县级以上盐业主管机构收缴其违法经营的食盐产品和违法所得，并可处以违法所得5倍以下罚款。第三十三条 违反本条例，不按照规定合理布点，及时调运，保持市场合理库存，造成食盐供应脱销，由同级人民政府或盐业主管部门追究责任有关责任人和直接责任人行政处分。	第三十四条 盐业主管机构及有关部门的工作人员滥用职权，玩忽职守，徇私舞弊的，由所在单位或者上级主管部门视情节给予行政处分。

表 3-1（续）

名称	立法目的	适用对象	管理机构	生产管理	销售管理	运输管理	加碘管理	价格管理	质量违法责任	运输违法责任	销售违法责任	管理违法责任
湖北省盐业管理条例（2011.12.01）	第一条 为了规范盐业管理，维护盐业市场秩序，保护和合理开发利用盐资源，保障食盐专营，保证食盐质量，保障公民身体健康，根据国家有关法律、法规，结合本省实际，制定本条例。	第二条 本条例所称盐产品，是指氯化钠含量50%以上的盐制品（含固体盐、液体盐、卤水盐），包括食盐、纯碱、烧碱及其他工业用盐。	第四条 省人民政府授权的盐业主管机构负责全省盐业管理工作；县级以上盐业主管机构负责本行政区域内的盐业管理工作；省盐业主管机构的派出机构负责所辖区域内的盐业监督管理工作。	第九条 食盐实行定点生产制度，非定点生产企业不得生产食盐。食盐定点生产企业由省盐业主管机构提出，报经同级食品卫生主管机构取得食品卫生许可证和国务院盐业主管机构颁发的食盐定点生产许可证书。 第十条 生产食盐小包装的企业，应当经省盐业主管机构核准。省盐业主管机构根据国家核定的食盐定点生产企业的生产规模、市场销路等，合理确定食盐小包装加工企业的年度分配计划，并加强监督检查。	第十三条 生产盐业所用的碘剂，由盐业主管机构统一管理。碘剂和碘盐质量必须附符合国家卫生标准，并在食盐中添加碘化剂等，必须经省食品卫生主管机构和省盐业主管机构核定。 第十四条 食盐由省盐业主管机构根据国家下达的指令性计划组织调配。 第十五条 经营食盐批发业务的企业，应当按照国家和省下达的食盐批发许可证，并向当地工商行政管理机关办理企业登记手续。 第十九条 食盐批发企业按照国家规定的价格购进、销售食盐，不得擅自加价销售。 第二十四条 纯碱、烧碱双方主管部门核定供应企业的制品，盐业主管机构核定当地食盐市场。 第二十六条 ...	第二十一条 食盐的运输必须持有省盐业主管机构核发的运输准运证。运输食盐必须持有国务院盐业主管机构或者省盐业主管机构核发的食盐准运证。批发的食盐运输，对车站和港口等货物承运部门，对无食盐准运证的，不予承运食盐业务。 第二十八条 省盐业发运的食盐、碱，必须持有盐业行政主管机构核发的运输准运证。			第二十条 违反本条例规定有下列行为之一的，责令停止违法行为，由盐业行政主管机构拆除、没收违法生产、加工、购进、销售的盐产品和违法所得，可以并处违法生产、加工、购进、销售的盐产品价值一倍以上三倍以下的罚款：（一）未经批准擅自开办盐资源、开办盐矿井等盐业或未取得食盐定点生产、批发零售许可证经营食盐的；（二）采用晒制、制卤等工艺将井矿盐、卤水和工业废液、废渣制成盐产品的；（三）将非碘食盐作为食盐销售的；（四）不按规定加工小包装食盐进、销售食盐和其他用盐的；（五）在食盐中添加营养强化剂等或擅自加工其他用盐、食盐的；（六）未经许可将其他用盐品转卖或其他用盐的。有第（三）项违法行为严重的，可处以五千元以上五万元以下的罚款。	第二十二条 违反本条例规定有下列行为之一的，由盐业行政主管机构没收违法运输的盐产品，对无食盐定点批发或经营食盐批发、零售业务的，处以违法运输盐产品价值一倍以上三倍以下的罚款：（一）未按通行证运输食盐的；（二）没有食盐准运证运输或托运食盐、碱或其他用盐的。	第二十一条 违反本条例规定有下列行为之一的，责令停止违法行为，拆除、没收违法设备，加工、购进、销售的盐产品和违法所得，可以并处违法生产、加工、购进、销售的盐产品价值一倍以上三倍以下的罚款：（一）未经批准擅自开办盐矿资源、开办盐矿井等盐业或未取得食盐批发、零售许可证经营食盐批发、零售业务的；（二）采用晒制、制卤等工艺将井矿盐、卤水和工业废液、废渣制成盐产品的；（三）将非碘食盐作为食盐销售的；（四）不按规定加工小包装食盐进、销售食盐和其他用盐的；（五）在食盐中添加营养强化剂等或擅自加工其他用盐、食盐的；（六）未经许可将其他用盐品转卖或其他用盐的。有第（三）项违法行为严重的，可处以违法所得一倍以上五倍以下的罚款，从重处罚；情节严重的，由盐业行政主管机构吊销其食盐批发许可证、食盐零售许可证。	第二十四条 盐业主管机构及其工作人员在盐业管理工作中，违反生产、运送不作为或者滥用职权，徇私舞弊，造成不良后果或者损失的，对负有直接责任的主管人员和其他直接责任人员，依法给予行政处分；构成犯罪的，依法追究刑事责任。

表3-1（续）

名称＼主题	立法目的	适用对象	管理机构	生产管理	销售管理	运输管理	加碘管理	价格管理	质量违法责任	运输违法责任	销售违法责任	管理违法责任
云南省盐业管理条例（2011.07.27）	第一条 为了保护和合理开发盐资源，加强盐业管理，规范、促进盐业有序、可持续发展，保证食盐质量和食盐加碘，保护公民身体健康，根据有关法律、法规，结合本省实际，制定本条例。	第四十七条 本条例下列用语的含义：盐资源，包括天然卤水。盐，是指以石为原料制得的产品，石盐矿为原料制得的满足不同需要的固体氯化钠以氯化钠为主要成分的产品，但除药品外。食盐，是指直接食用或供食品加工用，以及经特殊工艺加工制成的含碘盐。工业用盐，是指用于生产产品（包括碱的产品），烧碱的盐。制碱工业用盐。特种食盐，是指为防治疾病，在食盐中同时添加其他营养强化剂或者药物的多种食盐。其他用盐，是指除食盐和制碱工业用盐以外的盐。第四十八条 农牧业用盐、渔业用盐，适用本条例中有关食盐的规定。	第四条 县级以上人民政府盐业行政主管部门，负责本行政区域内的盐业管理工作。盐业行政主管部门应当明确专人负责盐业管理工作。县级以上人民政府的公安、工商、监察、质监、国土资源、交通运输等行政主管部门各司其职，做好有关盐业监督管理工作。	第十二条 省盐业行政主管部门应当按照国家下达的食盐生产计划组织实施。第十四条 食盐实行定点生产制度。持有定点生产许可证书生产企业方能从事食盐生产。	第十条 国家食盐销售实行年度计划，由省盐业行政主管部门负责安排，各级食盐批发企业组织实施。第二十条 制盐工业企业与制碱工业企业签订合同，并在合同签订后10日内报省盐业行政主管部门备案。第二十一条 盐业行政主管部门应当向报批的批准，当向经批准的经营企业购进食盐。第二十二条 食盐批发、转、批发（代）批发许可证制度的，从事食盐批发业务，不得从事食盐批发业务。批发企业应当按照国家下达的计划向当地食盐定点生产企业或食盐批发（代）批发企业购进食盐，并按照规定销售范围经营食盐，批发、零售和用于食盐加工的多种食盐，当地食盐批发（代）批发许可证的企业购进。	第二十七条 食盐运输实行准运证制度。食盐在运输途中应当随货同行，没有准运证的，任何单位和个人不得承运、购运食盐。第二十八条 跨省的食盐运输，由省级盐业行政主管部门批准。省内运输的由州（市）盐业行政主管部门开具。第二十九条 制碱和其他用盐和其他工业用盐安全运输，需要委托食盐工业加工的，向当地盐业行政主管部门进行登记，取得食盐批发、运输证明，运输证明随货同行。	第十八条 加碘食盐生产所使用的碘剂应当符合国家食品安全标准，并由省盐业行政主管部门监管。第二十四条 食盐批发企业应当设立未加碘食盐供应点，保障因患疾病不宜食用加碘食盐人群的加碘食盐供应。第二十五条 特种食盐生产仅限于在特定地区销售，不得与其他地区的食盐相互流通。		第四十三条 本条例第十六条规定的，由盐业行政主管部门责令停止销售，没收违法所得和违法销售的盐产品，并处违法产品价值2倍以上5倍以下罚款，对盐业批发（代）盐业企业，由省盐业主管部门吊销盐业批发（代）批发许可证。	第四十四条 本条例第二十七条款、第二十八条第二十九条规定的，由盐业行政主管部门责令停止运销，购进的食盐产品和违法所得，并处违法产品价值1倍以上3倍以下罚款，对承运人处违法所得1倍以上3倍以下罚款。第四十五条 明知是假冒伪劣食盐而为其提供仓储、保管等便利条件的，处违法所得1倍以上3倍以下罚款；情节严重的，处违法所得3倍以下罚款。	第四十二条 违反本条例第二十三条规定的，由盐业行政主管部门责令改正，法收购进的食盐，并处购进的盐产品价值1倍以上3倍以下罚款。第四十一条 违反本条例第十六条规定的，由盐业行政主管部门责令停止使用、销售，没收违法所得和违法销售的盐产品，并处违法产品价值2倍以上5倍以下罚款，对盐业批发（代）盐业企业，由省盐业主管部门吊销盐业批发（代）许可证。	第三十六条 盐业行政主管部门和盐业行政执法人员在盐业管理工作中玩忽职守、滥用职权、徇私舞弊的，由其所在单位或上级主管部门责令改正，对直接责任者依法给予处分；构成犯罪的，依法追究刑事责任。

表 3-1（续）

主题名称	立法目的	适用对象	管理机构	生产管理	销售管理	运输管理	加碘管理	价格管理	质量违法责任	运输违法责任	销售违法责任	管理违法责任
山西省盐业管理条例（2010.11.26）	第一条 为保护和合理开发利用盐资源，维护盐业生产经营秩序，消除碘缺乏危害，保护公民的身体健康，根据有关法律、法规，结合本省实际，制定本条例。	第三条 本条例所称盐，是指氯化钠含量达60%的产品，包括食用盐、纯碱用盐以及其他食用盐的工业用盐。第四条 本条例所称食用盐、畜牧用盐、农牧业用盐、果菜用盐。本条例所称渔业用盐，以氯化钠为主的原料加工其他盐产品，按照本条例的有关规定管理。	第四条 各级人民政府应当加强对盐业管理工作的领导，将食用盐加碘消除碘缺乏危害作为本地区国民经济和社会发展计划，并组织实施。第五条 省人民政府盐业行政主管部门（以下简称省盐业行政主管部门）主管全省盐业管理工作。市、县（区）人民政府盐业行政主管部门，负责本辖区的盐业管理工作。土地、工商、卫生、质量技术监督、公安、交通、物价、铁路等部门，应当按照各自的职责，协助、配合同级盐业行政主管部门做好盐业管理工作。	第十一条 食用盐的生产实行定点加工制度。定点加工食用盐的企业，无证定点企业都不得从事食盐加工，任何单位和个人不得加工食用盐。	第十条 食用盐由省盐业行政主管部门按照国家下达的计划分配发，由盐业批发企业应当执行国家下达的食盐批发分配调拨计划，将食用盐。第十二条 具备下列条件的，可以到省盐业行政主管部门申请领取食盐批发许可证：（一）有与其经营规模相应的注册资本金；（二）有固定的经营场所；（三）有符合国家规定的食盐仓库设施；（四）符合布局合理的要求。取得食盐批发许可证的单位，才不得从事食盐批发业务。盐业批发企业应当按照省盐业行政主管部门核定的销售区域从事食盐批发，保持合理库存，保证供应。第十三条 食盐零售单位和个人，并按照省盐业行政主管部门规定的渠道购进食盐。第十五条 从事食盐零售业务的单位和个人，应当到当地盐业行政主管部门领取食盐零售许可证，并从当地食盐批发企业购进食盐，食盐零售单位不得向没有食盐零售许可证的单位和个人销售。第二十四条 从事盐的经营，不得自行销售或者变相转让、租借使用。任何单位从事盐的经营，不得将非碘盐当作碘盐销售，非盐业企业和个人不得将其他盐产品当作食盐销售，不得将工业用盐改变为食用盐的其他用途。	第十四条 运输食用盐的，应当持有盐业行政主管部门签发的准运证；没有准运证的，不得运。托运、承运禁运食盐的，食盐的隐匿品种食用盐。	第六条 高碘地区和食用盐盐的单位和个人户应当食用不加碘食用盐。第十六条 高碘食用盐和个人需要使用非碘盐的，应当持县级以上卫生行政部门出具的证明，到盐业行政主管部门指定的食盐销售网点购买。	第二十条 食用盐发、零售价格由国家和省物价行政主管部门按照国家规定执行，任何单位和个人不得擅自改变。	第二十八条 违反本条例第十九条规定，制作为食盐使用或者使用非碘食盐的，由盐业行政主管部门责令其停止违法行为，没收违法盐品和违法所得，并处违法所得3倍以上5倍以下罚款；构成犯罪的，依法追究刑事责任。	第三十五条 违反本条例第十四条规定，无准运证运输食盐运输隐匿食用盐的，由盐业行政主管部门责令其停止运输行为，收缴运输的食盐和违法所得，并对托运人、承运人处违法所得价值1倍以上3倍以下罚款，对运人处以1倍以下罚款。	第三十二条 违反本条例第十二款规定，未取得食盐批发许可证从事食盐批发的，由盐业行政主管部门责令其停止违法行为，并处违法经营的食盐和违法所得价值1倍以上3倍以下罚款；构成犯罪的，依法追究刑事责任。第三十四条 违反本条例第十五款规定购进食盐的，或者未按照规定的渠道购进食盐的，由上一级盐业行政主管部门责令其停止违法行为，并处违法购进食盐和违法所得价值1倍以上3倍以下罚款。第三十三条 违反本条例第十七条、第四款规定和第十七条零售食盐或者从事食盐经营的企业，由盐业行政主管部门没收违法销售的食盐，并处违法销售的食盐价值1倍以上3倍以下罚款；构成犯罪的，依法追究刑事责任。第四十条 违反本条例第二十条、第二十一款规定的，由盐业行政主管部门责令其停止违法行为，没收违法盐品，并处违法盐品价值1倍以上3倍以下罚款。（一）转让或者销售纯碱、烧碱等非食用盐的；（二）非盐业企业和个人转让、销售其他用盐的。业用盐副产品的以氯化钠为主的工业副产品的。	第四十一条 盐业行政主管人员、盐业执法人员玩忽职守、徇私舞弊、滥用职权，取消其行政执法资格，并依法给予行政处分；构成犯罪的，依法追究刑事责任。企业与事业私企或者开办加工、供应、运输的，吊销许可证，处以违法产品价值1倍以下罚款，并对直接负责的主管人员和其他直接责任人员依法给予处分；构成犯罪的，依法追究刑事责任。

表 3-1（续）

名称	立法目的	适用对象	管理机构	生产管理	销售管理	运输管理	加碘管理	价格管理	质量违法责任	运输违法责任	销售违法责任	管理违法责任
河南省盐业管理条例 (2010.07.30)	第一条 为了加强盐业管理，合理开发利用盐资源，促进盐业发展，保证食盐专营和食盐加碘，消除碘缺乏危害，保护公民身体健康，根据有关法律、法规，结合本省实际，制定本条例。	第三条 本条例所称盐或盐产品，是指固体氯化钠、液体氯化钠以及以氯化钠为主要成分的盐，包括食盐和工业盐。凡居民直接食用的加碘食盐（简称食盐），应当含有符合国家标准的碘。第二十四条 医药、畜牧养殖工业等其他用盐，应当按照有关标准进行生产，并按标准的盐种使用，不得作他用。	第四条 省人民政府盐业行政主管部门负责全省的盐业管理工作，省辖市、县（市）盐业行政主管部门负责本辖区内的盐业管理工作。工商、物价、公安、交通、质量技术监督、卫生、环境保护、地质矿产等部门应当配合做好盐业监督管理工作。	第九条 开发利用盐资源，开办制盐企业，必须经省盐业行政主管部门审核，报省人民政府审批，并按照有关法律、法规办理有关手续。第十条 食盐实行定点生产，定点盐业企业应当按照国家计划组织生产。严禁无证生产。严格按照国家质量标准进行生产，不符合国家质量标准的食盐，不准出厂。	第十九条 国家分配给本省的食盐，统一由省制盐企业按照分配计划执行，不得擅自变更。各级盐业机构的批发业务，由各级盐业机构统一经营。未经批准，任何单位及个人不得进行营销活动。第二十条 食盐批发业务由各级盐业批发机构，并按照国家计划同城、地不得重叠设置盐业批发机构，按照国家计划划定的供应区域内批发食盐。第二十二条 经营食盐零售业务的，必须经当地盐业行政主管部门审查同意，取得食盐零售许可证。严禁无证经营食盐零售业务。代购代销、代销代购进盐以及单位的集体食堂，购进食盐，必须从当地盐业机构购进。食盐经营单位购进的食盐，应当从当地盐业机构购进。用盐业企业规定国家有关规定将订立合同用盐，保证当地用盐需要。其他用盐的，根据当地实际需要，由盐业主管部门组织供应。严禁用工业盐、纯碱工业盐等各种非食用盐假充食盐销售，任何单位不得挪作他用。	第二十一条 运输食盐，应当按照规定办理准运证，凭准运证运输。严禁无证运输。任何单位和个人发现无准运证运输食盐的，应及时向盐业行政主管部门举报。第二十四条 省、盐业实行的运输实行运证管理。	第十一条 生产食盐时，所用的碘酸钾必须符合国家药典标准。在食盐中添加碘酸钾或其他多碘加工助剂，加工需经试验后，报省卫生、医药、盐业行政主管部门批准。	第十七条 盐价格，由省物价行政主管部门会同国家和省的有关规定确定。任何单位和个人不得擅自变更。盐业批发企业应当按发货价及时向盐业行政主管部门结算盐款。不得搞平调占用、挤占挪用。	第二十九条 违反本条例第十一条、第十二条、第十三条规定的，由盐业行政主管部门没收违法盐产品以及违法所得，并处违法盐产品价值以上五倍以下的罚款；情节严重的，没收用于制盐的工具、设备、原材料，依法追究刑事责任。第三十一条 违反本条例第二十五条规定的，由盐业行政主管部门没收违法所得，并处以违法盐产品价值以上三倍以下的罚款；构成犯罪的，依法追究刑事责任。	第三十一条 违反本条例第二十一条、第二十二条规定的，由盐业行政主管部门没收违法运输的盐产品及违法所得，并处以违法盐产品价值以上三倍以下的罚款；构成犯罪的，依法追究刑事责任。违法运输的盐产品拒不接受处罚的，盐业行政主管部门可以依法没收其运输工具。	第二十八条 违反本条例第九、第十条、第二十一条、第二十二条、第十三条规定的，由盐业行政主管部门责令停止违法行为，没收违法生产、违法运输的盐产品及违法所得，并处以违法盐产品价值以上一倍以下的罚款。	第三十二条 盐业行政主管部门及其工作人员违反本条例规定，有下列行为之一的，由监察部门或其上级行政主管部门依法给予行政处分，对负有直接责任的主管人员和其他直接责任人员，构成犯罪的，依法追究其刑事责任；给当事人造成损失的，依法承担赔偿责任；批准不具备条件的盐业企业从事盐业经营的；超越职权限期批改正。对盐业行政主管部门其他违反本条例规定的，由监察部门或其上级行政主管部门责令改正，情节严重的，对主要责任人依法给予行政处分；构成犯罪的，依法追究其刑事责任。

表 3-1（续）

名称	主题	立法目的	适用对象	管理机构	生产管理	销售管理	运输管理	加碘管理	价格管理	质量违法责任	运输违法责任	销售违法责任	管理违法责任
贵州省实施《盐业管理条例》办法（2008.08.04）				第三条 是贵州省人民政府盐业行政主管机关，主管全省盐业工作。各市（州、地）、县（市、区）、特区盐务管理分（支）局是当地的盐业行政主管机关，主管本行政区域内的盐业工作。第十五条 各级盐业行政主管机关、工商行政管理机关、食品卫生监督机构和物价检查主管机构应密切配合，加强盐业市场的管理。盐业行政主管机关负责查处违反《条例》和本办法以及国家有关盐业政策、规章的行为，案件。工商行政主管机关查处盐业生产、运销活动中违反工商管理法规和规章的行为，案件。食品卫生监督机构负责查处违反食用盐卫生标准的行为，案件。物价主管机关负责查处违反盐业价格管理的行为，案件。第五条 全省食用盐、国家储备盐和国家指令性计划的纯碱、烧碱用盐实行计划管理，由省盐业公司负责组织实施。全省食用盐和国家指令性计划的纯碱、烧碱用盐实行指令性计划管理，由省盐业公司负责组织实施		第六条 盐业经营实行许可证制度。经营盐的批发业务和食用盐零售业务，均须向盐业行政主管机关申报领许可证。盐的批发业务，由各级盐业公司负责经营。新增盐业公司批发企业，须经县级以上人民政府批准，到省盐业行政主管机关申报领取"盐业批发许可证"后，按规定向当地工商行政管理机关申请登记注册，经核发《企业法人营业执照》，方可经营。第九条 工业盐及其它行业用盐批发单位应当向省内盐业批发单位购盐，并保证用于生产用，不得挪作他用或向盐业公司以外的单位、个人采购、转售。定点供应的工业用盐、计划管理，由定点供应盐业户向省盐业行政主管机关指定的产区购盐。	第七条 盐的批发和食用盐零售规须直进盐和在指定区域内销售。零售食用盐，由盐业务管理分（支）局划定。	第十条 供应加碘食用盐的区域和所需碘剂，由省地方病防治领导小组组织制定和组织实施。食用盐经省关规定执行。碘缺乏病区的盐业批发单位和零售单位不得出售未经加碘的食用盐。	第十三条 盐的价格按国家规定执行，单位、个人不得擅自定价或改变定价办法。食盐零售必须明码标价。				

表 3-1（续）

名称 / 主题	立法目的	适用对象	管理机构	生产管理	销售管理	运输管理	加碘管理	价格管理	质量违法责任	运输违法责任	销售违法责任	管理违法责任
无锡市盐业管理条例（2008.07.24）	第一条 为了加强盐业管理，维护盐业市场秩序，保护公民身体健康，根据国务院《盐业管理条例》等有关法律、法规，结合本市实际，制定本条例。	第三条 本条例所称盐产品，是指氯化钠含量60%以上的固体（制）品及氯化钠含量174 克/升以上的液体（制）盐等，包括食盐、工业用盐及其他用盐。食盐是指直接食用和食品加工用盐；其他用盐是指生产纯碱、烧碱以及印染、制革、制皂、制药等所用的工业用盐。 第四条 渔业、畜牧业用盐按照国家、省有关规定管理，没有规定的，参照工业用盐管理。	第四条 本设区的市、市人民政府盐业主管机构负责本市行政区域内的盐业管理工作。工商、公安、质量技术监督、交通、物价等行政主管部门按照各自职责，协同做好盐业管理工作。 第五条 盐业主管机构和卫生、工商、质量技术监督等有关行政主管部门应当加强食盐健康、安全知识以及用盐防劣盐产品等方面的宣传。		第七条 食盐实行专营管理。根据国家有关规定和要求，本市食盐实行加碘供应。本设区的市场销售的食盐统一经营。供应零售市场销售的食盐应当为小包装食盐。 第八条 小包装食盐的分装，由盐业公司与食盐的分装者个人分装。分装者负责、其他任何机构、企事业单位、饭店、学校、公共食堂和城市公共饮食业等应当使用小包装食盐。 第十四条 食盐、副食品、调味品等生产需要大包装食盐等的，应当向盐业公司购买，不得转卖、串换或者挪作他用。	第十一条 运输食盐运出本市或者运经本市的，应当有食盐运输机构核发的食盐运输证。食盐运输证记载的内容与运输的情况应当相符。无食盐运输证的，运输个人或者单位不得运输。禁止出租、转让、买卖、伪造食盐准运证。 第二十条 运输除用于生产、生活用的工业用盐以外的盐的，应当有盐业主管机构公司或关盐业主管机构签发的有关凭证。	第十八条 卫生行政主管部门应当定期对本市环境缺碘情况进行评估，盐业主管部门及时上报。盐业公司应当合理设置非加碘食盐供应点，方便因治疗疾病等不宜食用碘盐的市民购买无碘食盐。	第十三条 食盐价格按照国家和省有关价格规定执行，不得擅自加价或者低价销售。	第二十七条 违反本条例第十七条第一款规定，销售者发现其销售的食盐存在安全隐患，未立即停止销售并向盐业主管机构报告的，由盐业主管机构责令停止销售，并处以一千元以上五万元以下的罚款。	第三十一条 违反本条例第十一条第一款和第二十四条规定，无食盐准运证运输除用于生产、生活用的工业用盐以外的盐的，由盐业主管机构没收违法运输的盐产品，对货主处违法盐产品总价值一倍以下的罚款，对承运人处一倍以上三倍以下的罚款。	第二十五条 违反本条例第十条第一款、第二十一条、第二十三条规定，有下列情形之一的，由盐业主管机构责令停止违法行为，没收违法销售的盐产品和违法所得，并处以违法所得一倍以上三倍以下的罚款；情节严重，构成犯罪的，依法追究刑事责任：（一）生产食品、副食品、调味品等加工用盐，需要大包装食盐，其他的；（二）工业用盐未经盐业专营，转卖、串换或者挪作他用的；（三）私自销售用盐除纯碱、烧碱以生产的工业用盐的。	第三十九条 国家机关工作人员在盐业管理中滥用职权、徇私舞弊、玩忽职守的，由其所在单位或者上级机关给予行政处分；构成犯罪的，依法追究刑事责任。

表 3-1（续）

名称	主题	立法目的	适用对象	管理机构	生产管理	销售管理	运输管理	加碘管理	价格管理	质量违法责任	运输违法责任	销售违法责任	管理违法责任
江苏省《盐业管理条例》实施办法（2008.03.20）		第三条 本办法所称盐产品，是指氯化钠含量在60%以上的固体盐、液体盐（水采岩盐卤水和天然卤水），包括食盐和纯碱工业盐以及其他（制碱、印染、水处理等用盐）。第三十一条 凡具有下列情形之一者视为私盐：（一）未取得制盐生产许可证而生产的食盐、工业盐等各类盐产品；（二）未经省盐业公司调拨或省盐业主管部门批准而私运、私销、私购的盐产品；（三）违背盐业管理法规、用以换取物资或换取礼品的盐产品。		第四条 省盐务管理局是省人民政府盐业行政主管部门，主管全省盐业工作。	第十九条 盐业生产实行制盐生产许可证制度。制盐企业（包括生产加工盐和液体盐的企业）必须向省盐业行政主管部门申请领取制盐生产许可证，未取得制盐生产许可证的不得进行盐业生产。领取制盐生产许可证的单位必须具备以下条件：（一）具备法人资格；（二）符合全省盐业发展的总体规划和布局；（三）生产工艺设备先进、工艺流程合理；（四）严格按照安全生产规程生产、配有安全的检验、检测人员；（五）盐产品质量监督机构和人员；产品质量达到国家规定的标准；（六）食用盐应当添加省卫生和计划生育部门规定的用量碘或其他人体必需的微量元素；（七）生产液体盐和制盐产品的用户，已备案制盐企业的用户，经申请取得制盐生产许可证；企业取得制盐生产许可证后，必须按规定填写制盐生产许可证申请书，经省行政主管部门审查后地省盐业行政主管部门审批后发证。	第二十三条 食盐由省盐业行政主管部门按照国家下达的分配调拨计划，向各级盐业企业兼营、纯碱工业盐烧碱、纯碱生产用盐由用盐企业双方按照产业有关规定签订合同。当货订货时应当发展行情况报告地盐业行政主管部门备案。其他盐业经营由盐业主管部门统一经营。购盐单位经批准应该使用盐产品，不得挪作他用或转售。第七条 省盐业公司负责全省盐业属的生产经营管理和部门经营管理的调进各市、县、乡办出的盐；全民、集体盐场（厂、矿）系统、农业系统、劳改劳教等系统的盐产品销售。	第二十四条 盐业运销企业实行产品准运证制度。在途运输时必须随货同行、无单、证的无运单，运销单位不得承运，购运单位不得入库。	第二十八条 凡属缺碘病区，必须供应合格的加碘食盐。严禁非碘盐和不合格碘盐流入病区盐市场。	第四十二条 违反本实施办法第二十和第三十一条之规定，加价销售，加收物资或加价的，由税务或关处理。第四十三条 违反本实施办法第三十一、三十二条的规定，加价的，由物价管理关依法处理。	第三十六条 违反本实施办法第十九条第（四）、（六）、（七）项的规定，产生中降低标准、盐业行政主管部门或技术标准的，盐业行政主管部门责令其改正，并依法予处罚；拒不改正的，由工商行政管理机关吊销其营业执照。第三十八条 违反本实施办法第二十七条的规定，盐业行政主管部门有权采取禁止产品的，盐业行政主管部门有权采取查封或拆除其制盐设施，没收其产品和非法所得，并可处以盐产品总价值5倍的罚款。第三十九条 违反本实施办法第三十条的规定，运销售非碘盐或不合格碘盐的，由盐业行政主管部门和卫生行政据各自的职责分工，依照有关法律、法规的规定予以处罚。第四十一条 违反本实施办法的规定，在碘缺乏病区食用盐市场销售非碘盐或不合格碘盐的，盐业行政主管部门有权没收其盐产品和违法所得，并可处以盐产品总价值3倍以下的罚款。	第三十七条 违反本实施办法第三十条的规定，出租、转让、抵押、买卖、伪造制盐许可证，盐业行政主管部门有权收缴其伪造证件，并以处以2000元以下的罚款。	第四十一条 违反本实施办法第二十条、第二十一条和第二十六条的规定，私销、私购、倒卖盐产品，或以盐换物的，盐业行政主管部门有权依法没收其盐产品，并可处以罚款；构成犯罪的，依法追究刑事责任。	

表3-1（续）

名称	立法目的	适用对象	管理机构	生产管理	销售管理	运输管理	加碘管理	价格管理	质量违法责任	运输违法责任	销售违法责任	管理违法责任
重庆市盐业管理条例（2006.05.19）	第一条 为了加强食盐业管理，保障食盐加碘、有利于持续、稳定、保护和合理开发盐资源，保障食盐加碘工作的实施，保护公民的身体健康，根据国家有关法律、法规，结合本市实际，制定本条例。	第四十三条 本条例所称食盐是指直接食用或食品加工用盐，包括添加调味剂或营养强化剂、调味料或成其他特殊工艺加工制成的多品种食盐及腌制、酱制食品用盐、腌菜等食盐。 第四十五条 本条例所称工业用盐，是包括制碱、肥皂、冶金、印染、制革、玻璃、机械、锅炉软化水和建筑等工业生产用盐（包括液体盐）以外的其他盐。饲料添加用盐、畜牧业用盐、海水或咸水养殖用盐或其他的渔业用盐，适用本条例中有关规定。	第五条 市和区县（自治县、市）人民政府应当加强对本条例实施的领导，督促各有关盐业行政主管部门负责做好食盐业管理工作。盐业、卫生、工商、价格、公安、交通、质监、矿资等部门各负其责，当做好食盐业管理工作。	第十条 开办制盐企业必须经盐业行政主管部门审查同意后，报市人民政府或省级盐业工业主管部门批准，并按基本原审批程序报批。 第十一条 实行食盐定点生产制度，未取得盐业定点生产（食盐定点生产企业证书）的，不得从事食盐生产。食盐定点生产企业由盐业行政主管部门提出，报国务院盐业主管机构审批。 第十三条 小包装食盐的加工由省盐业行政主管部门指定。 第十四条 加工添加碘食盐、添加其他营养强化剂、药物等的多品种食盐必须经市盐业行政主管部门批准，并符合食品卫生标准。 第十五条 新建食盐加工品种应当制订企业卫生标准，并报市盐业行政主管部门和国家食品卫生主管部门备案。	第十八条 食盐按照国家计划调拨。 第十九条 食盐批发许可证由市盐业行政主管部门（代）发证。食盐批发、食盐零售、经营由市盐业批发企业和当地食盐经营者。 第二十条 批发许可证由市盐业行政主管部门（代）发证。 第二十一条 生产加工食盐…… 第二十四条 食盐用盐、工业用盐…… 第二十五条 两碱用工业盐……禁止……	第十九条 实行食盐运运证制度，食盐运运由市盐业行政主管部门（代）发证。 第二十四条 在本市范围以外运往外地工业用盐……	第二十一条 在缺碘地区生产、销售和食用的食盐，必须加碘。食品加工用盐，凡需添加食盐的，必须使用加碘食盐。 第二十条 因治疗疾病，不宜食用加碘食盐的，应当在当地县级卫生行政部门指定的医疗机构出具证明，到指定单位购买非碘盐供应。	第十七条 食盐的零售价格，执行国家规定的盐价格。	第三十二条 违反本条例第十七条规定的，由盐业管理机构责令停止违法行为，没收违法生产经营的工具和违法所得的盐和产品，并处以违法所得盐价值一倍以上三倍以下罚款。	第三十一条 违反本条例第十九条第二款规定的，由盐业管理机构责令停止违法行为，没收违法运输的盐及其运输工具，并处违法所运盐产品价值一倍以上三倍以下罚款；情节严重的，有违法所得的处以违法所运盐产品价值一倍以上三倍以下罚款，无违法所运盐产品价值的处一万元以上三万元以下罚款。 第二十八条 违反第二十四条第一款规定的，由盐业管理机构责令停止违法行为，没收违法运输的盐，对承运人处以违法所运盐产品价值一倍以下罚款，对承运货物主处以违法所运盐产品价值一倍以上三倍以下罚款，并对货主处以违法所运盐产品价值一倍以上二倍以下罚款。	第三十六条 违反本条例第二十条第五款，第二十一条、第二十四条第一款规定的，由盐业管理机构责令改正，没收违法销售的盐产品和违法所得，并处以违法购销的盐产品价值一倍以上三倍以下罚款。 第三十五条 违反第二十条第一款的，由盐业管理机构责令停止违法行为，没收违法销售的盐产品和违法所得，并处以违法销售的盐产品价值一倍以上和违法所得三倍以下和处以三千元以上一万元以下罚款。	第二十一条 盐业执法人员玩忽职守，滥用职权，徇私舞弊的，由其所在单位或上级主管行政部门责令改正，或给予行政处分；造成损失的，承担赔偿责任；构成犯罪的，依法追究刑事责任。

表3-1（续）

主题 名称	立法目的	适用对象	管理机构	生产管理	销售管理	运输管理	加碘管理	价格管理	质量违法责任	运输违法责任	销售违法责任	管理违法责任
甘肃省实施盐业管理条例(2004.07.01)	第一条 为了加强盐业管理，保护和合理开发我省盐业资源，促进盐业生产，保证盐业的发展，保证食盐质量，调剂国民经济和人民生活的需要，根据国务院《盐业管理条例》（以下简称《条例》），结合我省实际，特制定本办法。		第四条 省盐业行政主管部门全省盐业行政主管工作，省盐业主管部门统一管理全省盐的质量管理，计划、分配，收购、调拨、运销和储备等管理工作。各地（州、市）、县（市、区）的盐业行政主管部门，主管本辖区的盐业工作。	第九条 制盐企业必须制发盐业行政主管部门和有关部门下达的计划组织生产。	第八条 盐的收购、分配和调拨，由省盐业公司按照国家计划统一组织实施。 第十九条 盐的批发业务，按照盐的发放经济区划，由各级盐业公司组织经营。 第二十条 食盐零售单位和零售个体工商户，代购代销食盐，应从盐业公司以及当地取得食盐批发许可证的企业购进食盐。 第二十一条 食盐是人民生活必需品，各经营单位，要按计划销售，并保证合理库存，不得脱销。从事食盐批发的单位和个人，必须统一购进、统一销售，不得跨区域进行采购和销售。 第二十二条 重要物资盐、零售和水盐、渔、牧、土盐，硝盐加工业废渣、废液制盐，指定经济区划内自行采购和销售，不得跨区进行采购和销售。 第二十三条 非碘盐、工业盐不得作为食盐出场（厂）不符合国家食盐标准的盐不得收购，分配和调度，由省盐业卫生标准的盐业经营资格的单位销售、加工，实施无盐业经营资格的单位销售。其它工业用盐，必须办理有关批准手续。保证盐专用，不得挪作他用或转卖；任何单位和个人不得擅自改变食盐用途和销价。食盐零售，应逐步推广精细化、小袋化。小包装盐由省盐业行政主管部门指定的生产企业专门生产，必须按发放食盐用盐计划，需调整自购计划时，应及时申报。	第二十五条 各级盐业经营单位要认真执行盐业行政主管部门按月下达的调运计划，铁路、公路等运输部门应当将盐列为重点运输物资，优先保证运输。 第二十六条 托运食盐或者食盐自销和个人，应向盐业主管机构或者农贸盐业主管部门核发的食盐准运证运盐。			第三十三条 违反本办法第三十二条、第十五条规定的，由盐业行政主管部门、工商行政管理部门和食品卫生监督机构按各自职责分工，责令其停产制止、责令改正，并可处以不超过违法所得额五倍以下的罚款；情节严重的，工商行政管理部门可责令停业整顿，对情节严重构成犯罪的，对直接责任人员依法追究刑事责任。 第三十四条 违反本办法第二十一条、第二十三条规定的盐业企业由工商行政管理部门、卫生监督机构、防治办公室、各级食品卫生监督机构责令其停止生产、销售，没收其非法生产所得（折价方法：为非法价之差额，为非法所得）。		第三十五条 不执行国家有关盐业计划和有关经营、零售、批进购进各环节，不按规定销盐产品，购进各环节的，除没收盐产品外，并按下列规定处以罚款：（一）违法销售数量一吨以下的，处以违法所得额一倍的罚款；（二）违法销售数量一吨以上、五吨以下的，处以违法所得额二倍的罚款；（三）违法销售数量五吨以上的，处以违法所得额三至五倍的罚款；情节严重的，工商行政管理可依据有关法规规定责令停业整顿，严重构成犯罪的，对直接责任人员依法追究刑事责任。	第三十一条 盐业行政执法人员应严格执法、秉公办事，徇私枉法、玩忽职守、滥用职权者，由其主管部门给予批评教育或行政处分，情节严重构成犯罪的，由司法机关依法追究刑事责任。

表3-1（续）

主题 名称	立法目的	适用对象	管理机构	生产管理	销售管理	运输管理	加碘管理	价格管理	质量违法责任	运输违法责任	销售违法责任	管理违法责任
湖南省盐业管理条例（2004.05.31）	第一条 为加强盐业管理，保障盐业专营，保护食盐加碘消除碘缺乏危害工作的实施，根据国务院《食盐专营办法》和《食盐加碘消除碘缺乏危害管理条例》和其他有关法律、法规的规定，结合本省实际，制定本条例。	第三条 本条例所称盐产品，包括食盐、两碱工业用盐和其他工业用盐。食盐是指供食用的盐，包括加碘和未加碘的食盐。两碱工业用盐是指纯碱、烧碱生产所用的原料盐。其他工业用盐是指办两碱工业用盐以外的工业生产、加工用盐。	第四条 省人民政府授权的省盐业主管机构（以下简称省盐业主管机构）负责本省盐业管理工作。县级以上盐业主管机构在其本行政区域内负责盐业管理工作，未设立盐业主管机构的县（市、区）的盐业管理工作，由上一级盐业主管机构负责。 第五条 工商行政管理、卫生、质量技术监督、公安、物价、交通等部门，应当按照各自职责，配合做好盐业监督管理工作。	第十条 食盐生产实行定点制度。食盐定点生产企业由省盐业主管机构按照国务院盐业主管机构下达的计划予以配调核定。 第十一条 在食盐中添加碘药物、营养强化剂或者其他添加剂生产，应当经省人民政府卫生行政部门、盐业主管机构审批。	第十四条 食盐实行专管管理。省盐业主管机构按照国家下达的计划组织食盐经营。 第十七条 食盐批发实行许可证（《食盐批发许可证》）制度。由省盐业主管机构及县级以上盐业主管机构按国务院盐业主管机构的规定核发。《食盐零售许可证》由县盐业主管机构核发。 第十九条 食盐零售业务由取得食盐零售许可证的企业统一经营，并按批发企业由盐业主管机构审定的零售备案。	第十五条 食盐实行准运证制度。跨省运输食盐的，应当持有国务院盐业主管机构或者省盐业主管机构核发的食盐准运证；运输省内食盐的，应当持有省盐业主管机构委托的食盐准运证。承运人无食盐准运证的，不得承运。	第二十一条 销售食品加工中食用的盐、副食品、果菜等因质量等原因需要用非碘盐的，应当持有县级以上人民政府卫生行政部门的证明到当地盐业批发企业或者当地盐业主管机构核定的食盐专卖点购买。 第二十二条 患有特定疾病因食用加碘食盐不宜食用加碘食盐的，到当地医疗机构出具的证明，到当地盐业批发企业或者盐业主管机构核定的食盐专卖点购买。	第二十条 食盐、两碱工业用盐和其他工业用盐的价格按照国家有关价格管理的规定执行。	第二十八条 违反本条例第九条第二款规定，利用硝土和工业废液、废渣等原料生产盐的，由盐业主管机构予以制止，没收违法生产的盐产品和违法所得，可以处违法所得五倍以下的罚款。 第三十八条 违反本条例第二十一条规定，将作为食盐销售的，由盐业主管机构没收违法经营的盐产品，可以处违法所得五倍以下的罚款。	第三十三条 违反本条例第十五条第一、第二款规定，无食盐准运证、运输食盐的，由盐业主管机构收缴其违法运输的盐产品，对货主处以违法运输的盐产品价值三倍以下的罚款。	第三十五条 违反本条例第十七条第二款规定，无食盐批发、零售的，由盐业主管机构责令停止批发、零售活动，没收违法经营的盐产品和违法所得，可以处违法所得三倍以下的罚款。 第三十七条 违反本条例第十八条规定，食盐零售经营者未按照规定从食盐批发企业购进食盐的，由盐业主管机构责令改正，没收违法购进的食盐，可以处违法所得三倍以下的罚款。	第三十八条 县级以上盐业零售机构应当自收到《食盐批发许可证》、《食盐零售许可证》申请之日起十五日内进行审核，准予许可的发给许可证；不予许可的，可向书面通知申请人并说明理由。 第三十条 盐业主管机构及其工作人员玩忽职守、滥用职权、徇私舞弊的，对直接负责的主管和其他直接责任人员，由所在单位或其主管部门给予行政处分。

表 3-1（续）

名称 / 主题	立法目的	适用对象	管理机构	生产管理	销售管理	运输管理	加碘管理	价格管理	质量违法责任	运输违法责任	销售违法责任	管理违法责任
新疆维吾尔自治区盐业管理条例（1999.12.25）	第一条 为加强盐业管理，保护和合理开发盐业资源，保障食盐加碘和食盐专营工作的实施，保护公民的身体健康，根据国家有关法律、法规，结合自治区实际，制定本条例。	第三条 本条例所称盐，是指产品盐（固体盐、液体盐），包括食盐、工业用盐及其他用盐。食盐是指供人体食用和饲养畜禽用的盐，包括加碘盐、不加碘盐、两碱工业用盐以外的其他工业用盐。工业用盐指用于制碱、烧碱两碱工业的原料盐。其他用盐是指纯碱、烧碱两碱工业用盐以外的其他工业用盐以及医药、染料、建筑、食品等其他工业用盐。	第五条 人民政府授权的盐业主管机构负责本条例的组织实施，县级以上盐业主管机构负责本行政区域内的盐业专营管理工作和盐业管理机构具体负责食盐专营、工业用盐生产、销售的组织实施，做好食盐加碘和预防碘缺乏危害的防治。第六条 各级工商、质量技术监督、物价、交通、行政管理部门按照各自的职责分工，配合盐业行政管理部门做好盐业监督管理工作。	第八条 食盐实行定点生产制度，非食盐定点生产企业不得生产食盐。食盐定点生产企业，由自治区盐业主管机构提出，报自治区人民政府批准。盐业主管机构审批。第七条 加工、生产多品种食盐，应当具备国家规定的生产条件。第九条 食盐由自治区盐业专营机构按照国家计划组织生产。	第十四条 食盐专营计划由自治区盐业专营机构根据国家计划调拨、由当地盐业专营机构统一组织供应。其他用盐由自治区盐业主管机构统一组织、调剂供应。第十五条 食盐批发、零售实行许可证制度，无食盐批发、零售许可证的，不得经营食盐批发、零售业务。食盐批发许可证由自治区盐业主管机构核发，食盐零售许可证由自治区盐业主管机构委托县级以上盐业主管机构核发。第十七条 食品加工用盐及使用食盐的单位和个人，应当凭食盐批发许可证从取得食盐批发许可证的企业购进盐产品。	第二十一条 托运、自运食盐的，应当持有自治区盐业主管机构核发的食盐运输证运输。	第十八条 食盐批发、零售的食盐必须是合格的碘盐。食盐零售单位禁止销售非碘盐、散装碘盐，不合格碘盐以及无防伪碘盐标志的食盐。	第二十条 食盐的批发、零售价格，应当执行国家有关食盐价格的规定。	第二十六条 违反本条例第十八条第一款的，由盐业主管机构和卫生行政主管部门依据各自职权责令改正，没收违法生产和销售的盐产品和违法所得，对情节严重的，可并处违法销售盐产品价值1-2倍罚款。第二十九条 违反本条例第十三条、第十九条的，由盐业主管机构责令停止生产、销售，没收违法生产、销售盐产品和违法所得，可并处销售盐产品价值1-3倍罚款。	第三十条 违反本条例第二十一条规定的，由主管机构责令改正，收违法所得和违法运销的食盐，可对承运的盐产品价值2-3倍罚款，对承运盐处3倍以下并处3倍罚款。	第二十七条 违反本条例第八条、第十条、第十五条规定的，由盐业主管机构责令停止生产、销售行为，没收违法生产、销售的盐产品和违法所得，可并处盐产品价值2-3倍罚款。	第二十四条 对当事人申请领取食盐批发、零售许可证的申请，盐业主管机构应当自收到申请之日起10日内进行审核，作出予以许可或不予许可的决定。不予许可的应当说明理由。第二十五条 盐业主管工作人员及其上级主管部门有下列违反本条例行为的，依法给予行政处分：(一)违反规定收费、滥施处罚的；(二)对应予办理的审批，不予办理的；(三)严重失误，造成重大损失的；职务上受贿，受索贿、索取或收受贿赂，不办、刁难、索要财物的，依法收缴其他好处的。

表 3-1（续）

名称	立法目的	适用对象	管理机构	生产管理	销售管理	运输管理	加碘管理	价格管理	质量违法责任	运输违法责任	销售违法责任	管理违法责任
内蒙古自治区盐业管理条例 (1998.09.28)	第一条 为加强盐业管理，保护和合理开发盐业资源，保证食盐专营和食盐加碘消除碘缺乏危害工作的实施，保护公民身体健康，促进盐业、牧业、渔业生产发展，根据国务院《盐业管理条例》、《食盐加碘消除碘缺乏危害管理条例》和《食盐专营办法》等有关行政法规，结合自治区实际，制定本条例。		第四条 旗县以上人民政府要将食盐加碘消除碘缺乏危害工作纳入国民经济和社会发展计划，并组织实施。第五条 自治区、盟市、旗县盐业主管机构负责本行政区域内的盐业管理工作。工商、卫生、公安、技术监督、物价、农牧等有关行政管理部门按照各自的职责，协助做好盐业管理工作。	第十条 自治区盐业主管机构在国家下达的年度生产总量计划指导下组织盐产品生产。第十一条 发行食盐定点生产制度。食盐定点生产企业必须执行国家下达的指令性生产计划。第十五条 从事畜牧用盐、渔业用盐的企业由自治区盐业主管机构提出，报自治区人民政府批准，未经批准，不得生产畜牧和渔业用盐。	第十六条 国家下达的食盐年度分配调拨计划，由自治区盐业主管机构在年度分配计划内组织实施。禁止盐业主管机构未经计划组织销售食盐。第十七条 食盐批发企业应当按照配置的计划购进食盐，并在规定的范围内销售。第二十条 除食盐、纯碱、烧碱用盐以外的其他工业用盐，由自治区盐业公司组织供应，任何单位和个人不得擅自购进或者销售。	第二十三条 在自治区行政区域内经公路、水路运输食盐的，必须持有自治区盐业主管机构核发的准运证；经铁路运输食盐的，必须持有国家盐业主管机构核发的准运证。	第十三条 制盐企业生产的食盐必须按照规定加碘。用于加碘的盐和碘酸钾必须符合国家卫生标准。		第二十八条 将工业用盐转销为食用盐的，由旗县以上盐业主管机构没收盐产品和违法所得，可以并处2至3倍罚款。	第二十九条 无食盐准运证运输食盐的，由旗县以上盐业主管机构没收违法运输的食盐，对货主处以违法运输的食盐价值1至3倍罚款，对承运人处以违法所得1至3倍罚款。		第三十一条 盐业主管机构工作人员玩忽职守，徇私舞弊的，依法给予行政处分；构成犯罪的，依法追究刑事责任。

二、主要问题

（一）立法目的

《食盐专营办法》《食盐加碘消除碘缺乏危害管理条例》和《盐业管理条例》第 1 条关于立法目的的规定分别为："为了加强对食盐的管理，保障食盐加碘工作的有效实施，保护公民的身体健康""为了消除碘缺乏危害，保护公民身体健康"和"加强盐资源的保护和开发，加强盐业管理，促进盐业生产发展，保证盐的正常运销，适应社会主义建设和人民生活的需要"，而 25 件地方性盐业法律明确以盐资源保护和开发为立法目的的有 16 件、宣示保护公民身体健康的有 20 件。

立法目的直接关系到法律定位问题。这里主要探讨这些地方性盐业法律以盐资源保护与开发为立法目的的合理性问题，或者说，对盐资源保护与开发进行法律调整的必要性和可行性问题。

如前所述，无论世界上还是我国的盐矿资源在可预计的时间内都不存在稀缺问题。同时，相对于其他行业，盐业在国民经济中的重要性已经式微。因此，从纯粹经济层面看，不存在应立法予以特别保护的必要性。虽然《盐业管理条例》出台的背景是 20 世纪 80 年代后期盐业市场的抢购风潮，但 1989 年至今，盐产品供大于求的局面愈演愈烈，产销矛盾已经成为所有盐业问题的一条主线①。如果说 1990 年《盐业管理条例》是对盐业市场反应过度的产物，那么在产能过剩已经相当突出的 1996 年，立法还继续保护和促进盐资源开发就是典型的闭门造车。至于地方盐业立法，即便虑及各地盐资源分布与开发参差不齐的因素，但在社会主义市场经济体制下，如此导向也是一种市场割据、画地为牢的表现。

就可行性而言，正如实践一再证明的那样，无论短缺还是过剩，经济问题最好能用经济手段解决，如后面要论及的那样，行政和法律的介入往往成事不足败事有余，私盐的防不胜防与盐业公司的坐大即为证明。

总之，盐业市场的法律干预，就其根源和实质而言，是一个政府与市场的关系问题。整体上看，计划经济主要通过国家行使的集体理性强制主导经济运行和代替消费选择，而市场经济则相反，主要通过个体自主选择和自由竞争决定资源配置和制度选择。因此，我国市场经济体制的建立过程实质上是一个从政府替代市场到市场替代政府的转变过程。从这个意义上讲，在《食盐专营办法》之后出台的这些地方盐业法律还以"保护和促进盐资源开发"为立法

---

① 刘卫国. 私盐问题与盐价双轨制 [J]. 四川理工学院学报：社会科学版，2009 (4)：2.

目的无疑是一种错位。

（二）适用对象

盐业法律适用对象的复杂与混乱在很大程度上是盐业管理体制乱象的写照。《盐业管理条例》的适用对象自然是所有盐产品，《食盐加碘消除碘缺乏危害管理条例》除食盐外明确规定适用于畜牧用盐（第三十条），《食盐专营办法》规定"本办法所称食盐，是指直接食用和制作食品所用的盐"（第二条）、"渔业、畜牧用盐适用本办法"（第二十八条）。

而25件地方立法中，定义盐的相关规范有："本条例所称盐产品，是指氯化钠含量60%的产制品"（《山西省盐业管理条例》第三条）、"本条例所称盐产品是指氯化钠含量60%以上的固体产（制）品和氯化钠含量174克/升以上的液体产（制）品"（《无锡市盐业管理条例》第三条）、"本条例所称盐产品，是指氯化钠含量50%以上的盐制品（含固体盐、液体盐）"（《湖北省盐业管理条例》第三条、《江苏省盐业管理条例实施办法》第三条）、"本条例所称盐产品，是指以氯化钠为主要成分的产制品（含固体盐、液体盐）"（《山东省盐业管理条例》第三条）、"本条例所称盐或盐产品，是指固体氯化钠、液体氯化钠以及以氯化钠含量为主要成分的盐制品"（《河南省盐业管理条例》第三条）。盐产品，指氯化钠（Nacl）含量为5%以上的产品（《上海市盐业管理若干规定》第三条、《广西壮族自治区盐业管理办法》第四十六条）。

盐，这个词在日常用语、行业习语、专业术语中内涵与外延各不相同，而作为立法规范的对象需要足够程度的可识别性和操作性。因此有必要对盐予以特别界定。相对而言，无锡和湖北的量化定义值得肯定，体现了立法者的严谨和规范——至于具体含量，应以国家强制标准为依据。

在"盐"的外延方面，大多数立法规定包括食盐、两碱工业用盐和其他用盐，目前的争议主要在于食盐的范围问题。虽然《食盐专营办法》明确规定"本办法所称食盐，是指直接食用和制作食品所用的盐"（第二条）、"渔业、畜牧用盐适用本办法"（第二十八条），但如何界定食盐范围仍是一个问题。如《重庆市盐业管理条例》规定食品用盐为："包括添加营养强化剂、调味辅料或经特殊工艺加工制得的多品种食盐，以及酿造盐、腌制盐、泡菜盐等食品加工用盐"（第四十三条），同时"肠衣盐、饲料加工或禽畜食用的畜牧盐、海水晶等水产品加工或养殖的渔业用盐，适用本条例中有关食盐的规定"（第四十五条）。而《广东省盐业管理条例》规定："食盐是指供人直接食用的盐；食品、副食品、果菜加工腌制用盐；畜牧、渔业和饲料生产用盐"（第三条）。《辽宁省盐业管理条例》也将渔业和畜牧业用盐规定为食用盐（第三条）。《山西省盐业管理条例》中的食品用盐指"食品、副食品、肠衣、果菜加工用盐"（第三条），"农牧渔业用盐"按照食用盐规定适用（第四十三条）。《四川省盐业管理条例》则直接规定食盐包括农业用盐（第三条）。《河南省盐业管理条例》特别要求"医药、肠衣加工等无碘特种工业用盐应当严格按照有关标准进行生产，并按食盐的管理办法进行管理"（第三十四条）。

这里需要明确执行性立法的"不抵触"原则，即作为"为执行法律、行政法规的规定，需要根据本行政区域的实际情况作具体规定的事项"（《立法法》第七十三条第一款）而制定的地方性法规和地方政府规章，"不得同宪法、法律、行政法规相抵触，规章也不能互相矛盾，'打规章仗'"（《国务院关于贯彻实施〈中华人民共和国立法法〉的通知》）。这包括两个层面的含义：一是就同一事项、同一目的做出的规范，不得与上位法冲突，或者按照法治原理确切地讲，不得对公民权利进行缩减、不得扩大政府管制范围；二是出于不同目的或者针对不同对象可以做出与上位法不同的规定，这个意义上的不同必须无违上位法的立法宗旨、基本原则和精神①。因此，重庆、广东、山西、四川、河南这5件执行性盐业法律明显违反作为执行对象的上位法《食盐专营办法》关于食盐外延的规定。如果将比照适用变为直接适用还可曲解为一个立法技术问题，对农业、饲料②甚至无碘特种工业用盐进行专营管理则不仅是对《食盐专营办法》的明显抵触，而且也严重背离其立法目的——适用对象的规范应该服从和服务于立法目的，即食盐专营对象的范围应限于"保障食盐加碘工作的有效实施，保护公民的身体健康"之必要与可行，正如后面将要论证的那样，这种专营扩大化既非必要，也不可行。

还需要特别指出的是，《广东省盐业管理条例》第三十条有关劣盐的规定："禁止销售假冒伪劣食盐产品。有下列行为之一的，属销售假冒伪劣食盐产品：（一）工业用盐作食盐销售的；（二）井矿盐卤水作食盐销售的；

---

① 从功能主义角度看，立法内容上的规范冲突可以划分为4类：条例以不同的目的就同一事项或对象加以规制；条例以同一目的就法律规范外的事项加以规定；条例以同一目的就同一事项规定较法令为高的标准或更严格的管制手段；法令的目的在于保障国民权利而条例缩减其保障范围或程度。见骆正言. 何谓"不抵触"——地方立法"不抵触"原则的廓清 [DB/OL]. (2007-01-06) [2011-03-21]. http://epub.cnki.net/grid2008/detail.aspx? QueryID=3&CurRec=1. 还有学者归纳抵触上位法在现实中表现为违背上位法所确立的特定涵义、超出上位法所设定的范围、违背上位法的精神、违背上位法所确立的原则4种情形，见叶世治. 关于我国立法制度中"根据"与"不抵触"的比较 [J]. 行政与法，2002（8）：72.

② 2003年6月19日《国务院法制办公室对〈关于牛羊用微量元素预混合饲料是否属于畜牧用盐的请示〉的复函》中明确指出："盐和多种微量元素为原料制成的添加剂预混合饲料，是一种含盐制品，应不视为属于《食盐专营办法》中规定的畜牧用盐。"

（三）利用井矿盐卤水晒制、熬制的盐产品作食盐销售的；（四）不符合国家食盐标准的盐产品作食盐销售的；（五）其他非食用盐产品作食盐销售的；（六）非碘盐冒充碘盐销售的；（七）假冒商标、假冒防伪碘盐标志，假冒碘盐包装销售的。"与此相似的还有《江苏省〈盐业管理条例〉实施办法》第三十一条对私盐的界定："凡属下列情形之一者视为私盐：（一）未取得制盐许可证而擅自生产的食盐、工业盐和液体盐等各类盐产品；（二）未经省盐业公司调拨或盐业行政主管部门批准而私运、私销、私购的盐产品；（三）违背盐业管理法规，用以串换物资或送礼的盐产品。"实践中私盐与劣盐的复杂关系往往成为盐政执法利益化的关键切入点。因此，在法律上明确其含义十分必要，并应在执法方式和责任追究方面予以区别对待——无论国家还是地方盐业立法在这方面都存在明显的缺陷和漏洞。

（三）管理机构

盐业管理机构主要包括两类：盐业主管机构和其他相关行政职能部门。

表3-2

	名称	原管理部门	备注
1	食盐准运许可	省级人民政府盐业主管机构	2013年1月1日起工信部停止签发食盐准运证，运输食盐使用各地盐业主管部门印制的加盖地方盐业主管部门印章的食盐准运证
2	食盐批发许可证	发改委（国务院盐业主管机构）	已经下放审批权到省级盐业主管机构
3	定点生产企业许可证	发改委（国务院盐业主管机构）	已经下放审批权到省级盐业主管机构
4	定价审批权	发改委（国务院盐业主管机构）	国家发展改革委正向社会公开征求意见，明确食盐价格将视盐业体制改革"进程及市场竞争程度适时放开"。①
5	指令性生产计划	发改委（国务院盐业主管机构）	已经取消该非行政许可审批
6	新建制盐项目核准	省级盐业行政主管部门审查、省级人民政府批准	2013年11月8日国发〔2013〕44号文已取消该行政审批事项

---

① 国家发展改革委关于向社会公开征求对修订中央定价目录意见的公告［EB/OL］.（2015-05-06）［2015-08-18］. http://www.gov.cn/xinwen/2015-05/06/content. 2857824. htm.

如表 3-2 所示①，我国盐业行政管理体系不仅存在横向的政出多门、职责不清的问题，还存在纵向管理权限界限不明和变动不清的问题。从法律视角看，首先，无论国家还是地方盐业法律在主管机构方面都明确规定"盐业行政主管机构"，很明显其性质应为政府机关。而事实上从中央到地方大部分日常盐业行政管理职能都由各级盐业公司负责实施。按照行政法之职权法定原则，这种情况显属非法。即使以法律授权论，盐业公司也是非法行政。我国现行法律中涉及行政授权的规定主要有：①"法律、法规、规章授权的组织作出的行政产业。"（《行政诉讼法》第二十五条）；②"法律、法规授权的具有管理公共事务职能的组织可以在法定授权范围内实施行政处罚。"（《行政处罚法》第十七条）；③"对法律、法规授权的组织的具体行政行为不服的，分别向直接管理该组织的地方人民政府、地方人民政府工作部门或者国务院部门申请行政复议"（《行政复议法》第十五条）；④"法律、法规授权的具有管理公共事务职能的组织，在法定授权范围内，以自己的名义实施行政许可。被授权的组织适用本法有关行政机关的规定。"（《行政许可法》第二十三条）。由此可见，盐业行政授权至少应符合如下几个法定要件：授权依据为狭义法律或法规；授权范围法定；授权对象为具有管理公共事务职能的组织；授权后果归属于被授权组织。据此标准，作为管理公共事务职能组织的中国轻工总会有理由名正言顺地被授权为盐业主管机构②。就 28 件盐业法律而言，明确授权盐业公司的规定有：《盐业管理条例》授权"盐的批发业务，由各级盐业公司统一经营。未设盐业公司的地方，由县级以上人民政府授权的单位统一组织经营"（第二十条）；《贵州省实施〈盐业管理条例〉办法》授权"全省食用盐、国家储备盐和国家指令性计划的纯碱、烧碱用盐实行指令性计划管理，由省盐业公司负责组织实施。"（第五条）；《江苏省〈盐业管理条例〉实施办法》授权"省盐业公司负责直属盐业企业的生产经营管理和省际盐产品的调进调出；协调各市、县、乡办的全民、集体盐场（厂、矿）和部队系统、农垦系统、劳

---

① 产业信息网整理［EB/OL］.（2014-04-25）［2014-10-08］.http://www.chyxx.com/industry/201404/240242.html.

② 之所以有理由而非依法被授予，因为 1990 年《关于抓紧贯彻〈盐业管理条例〉的通知》中关于"轻工业部授权中国盐业总公司行使盐业行政管理职能，负责组织贯彻实施《盐业管理条例》及有关盐政管理工作"之规定和 1996 年《中国轻工总会关于贯彻实施〈食盐专营办法〉若干规定的意见》中有关"根据《国务院关于进一步依法加强盐业管理问题的批复》（国函〔1994〕13 号）规定，《办法》所称'国务院授权的盐业主管机构'为中国轻工总会"之规定均为自我确认，不具合法性；二则两文件及提及的《国务院关于进一步依法加强盐业管理问题的批复》本身只是部门规章和法规性文件，不符合行政授权有关法律依据之效力等级要求。

改系统等盐场（厂、矿）的盐产品销售。"（第七条）以及诸如此类的事关盐业批发、经营方面的授权。很明显，这与行政主管机构的职能概括授予不是一回事。可见，盐业公司与盐务局政企合一的"一套人马、两块牌子"及其拥有的广泛的盐业行政执法权力明显违法，不仅没有1件狭义法律、法规——包括地方性法规①——明确授权，而且众所周知，盐业公司绝非"具有管理公共事务职能的组织"，授权范围及法律责任更是无从谈起。正因如此，《整顿和规范盐业市场秩序工作方案》才明确要求"盐政部门要加强产盐区内的盐业管理，规范盐业公司和盐业生产企业行为，监督指导盐业企业自查自纠，查禁加工贩运私盐的违法行为。"同理，《国家储备食盐管理办法》关于"轻工业部是国家储备食盐（以下简称储备盐）的主管部门，具体工作授权中国盐业总公司办理。各地的管理工作在省、自治区、直辖市人民政府的领导下，由主管盐业的厅、局（社）、盐业公司（盐务局）或兼营公司及所属的保管单位逐级负责"之规定（第二条）中对各地盐业主管部门的列举和《国家工商行政管理局关于盐业公司在销售无碘盐时强制用户购买碘盐行为定性处理问题的答复》关于"盐业公司具有盐业主管机构和食盐专营企业的双重身份，作为食盐专营企业的盐业公司属于《反不正当竞争法》第六条规定的其他依法具有独占地位的经营者"之规定中对盐业公司双重身份的表述都是完全错误的。

其次是盐业主管机构与其他相关职能部门的权限规范问题。应该说，政出多门和多头管理导致的争权与诿过问题在我国所有行业中都不同程度普遍存在，而盐行业特殊的管理体制则使问题更为显著和特别。虽然盐业法律大都规定了各级政府的领导责任、盐业主管机构的主要管理责任是计划、卫生、工商、价格、质监、公安、矿产、资源、交通、农牧渔等相关职能部门的分工与合作责任，但除《上海市盐业管理若干规定》明确上海市经济和信息化委员会"是本市盐业行政主管部门、负责管理本市盐业及食盐专营工作，实施本市食盐定点生产企业审批"，上海市盐务管理局"承担本市食盐批发许可、盐业稽查、行政处罚等执法工作，并接受市场经济委的领导"和"本市各级经济、工商、公安、卫生、质量技监、价格等行政管理部门"，按照各自职责，协同实施本规定外，其余27件盐业法律中均设有这些政府及其部门职责的明确划分，也无合作的具体机制安排。同时，食盐专营体制的特殊性还导致：一方面，其他相关机构除了运动式执法和象征性宣传外大都或者置身事外，或者

---

① 这里需要特别指出的是，出台于1996年的《辽宁省盐业管理条例》第5条规定："省、市、县人民政府应按照盐业行政管理与盐业经营分开、盐的批发经营与其他商品批发经营分开的原则，明确盐业主管机构和申报食盐专营单位。"

消极应付，很难在盐业法律实施上有效协同；另一方面，盐业公司的行政执法往往缺乏应有的竞争与制约，这不能不说是盐业垄断问题的一个重要成因。典型如1994年《国务院办公厅对国家工商行政管理局关于贯彻〈食盐加碘消除碘缺乏危害管理条例〉有关问题请示的复函》已经明示的问题在5年后还有下级工商部门向国家工商行政管理局提起《关于工商行政管理机关对盐业公司在缺碘地区违法经营非碘盐是否有权查处的请示》。

最后是盐业主管机构的确定性问题。《盐业管理条例》第四条规定："轻工业部是国务院盐业行政主管部门，主管全国盐业工作"，而《食盐专营办法》第四条却变成"国务院授权的盐业主管机构（以下简称国务院盐业主管机构）负责管理全国食盐专营工作"。立法的不确定性也使被授权主体即国务院盐业主管机构"盐业管理办公室"的隶属部门先后经历了1990年轻工业部（中国盐业总公司）——1994年中国轻工总会——1998年国家轻工业局——2001年国家经贸委——2003年国家发改委的嬗变，2008年国家盐业行政管理由工业和信息化部消费品工业司负责，"盐业管理办公室"不复存在。

（四）分类模式

虽然以实施《盐业管理条例》为目的，但出台于《食盐加碘消除碘缺乏危害管理条例》《食盐专营办法》之后的25件地方性盐业法律却不能不体现以食盐加碘国策和食盐专营制度为主题的上位法要求。有鉴于此，这些立法基本上采取了一种计划经济框架下的盐业分类管理模式，这在相当程度上成为盐业管理体制诸多积弊的重要诱因。25件地方盐业法律中，明确提出盐业管理原则的有12件，它们大致可分为3类：一是重庆、山东、湖北、广东、黑龙江、四川①明确对食盐和工业用盐进行分类管理，即对食盐实行专营管理，对两碱工业用盐实行监督管理，对两碱工业用盐以外的其他工业用盐实行统一经营管理；二是只针对食盐明确提出管理原则，如云南、新疆、宁夏、内蒙古、辽宁；三是《甘肃省实施盐业管理条例办法》第三条规定："对盐的生产经营实行计划管理，坚持有效保护、统筹安排、合理利用、划区供应"，是《盐业管理条例》的沿袭和翻版。

这里主要有两个问题：一是对两碱工业用盐以外的其他工业用盐（即小工业盐）实行统一经营管理是否合法，即与上位法是否抵触。1990年《盐业

---

① 《四川省盐业管理条例》的分类管理较为特别，在规定"食盐实行专营管理，实施向全民供应加碘食盐（以下简称碘盐）。两碱工业用盐实行合同订货管理，一般工业用盐实行统一经营管理"后紧接着又要求"两碱生产单位生产加工所需的一般工业用盐，按两碱工业用盐管理"（第四条），这是典型的"对人不对事"，是立法不科学、不规范的体现。

管理条例》的规定是："其他用盐，制盐企业在完成国家分配调拨计划和按规定确保合理库存的基础上，可在盐业行政主管部门的指导下进行自销"（第十九条）。1995年《国家计委、国家经贸委关于改进工业盐供销和价格管理办法的通知》在"将现行工业盐的计划分配改为在国家总量计划指导下的合同订货"的同时要求"在国务院批准《食盐专营办法》出台前，由中国轻工总会按现行办法管好管住食盐市场，防止劣质盐和工业盐冲击食盐市场。"而2013年《食盐专营办法》完全没有工业盐管制条款。可见，无论以"完成国家分配调拨计划"还是"防止劣质盐和工业盐冲击食盐市场"为理由对两碱工业用盐以外的其他工业用盐实行统一经营管理都于法无据。在2014年6月13日国家发展改革委发出通知①，要求地方放开种子、桑蚕茧和小工业盐（即纯碱、烧碱这两碱外工业用盐）价格，对这三种生产资料实行政府指导价的地方，要按照有关程序尽快放开价格，由市场进行调节。至此，答案不言自明。二是各地盐业法律对盐产品管理的不同规定，虽然在很大程度上可被视为地方立法自主性与创造性的体现，但实践中地方行政职能部门的选择性执法往往使其成为市场割据和地方保护主义的规范基础。

（五）生产管理

盐业法律的生产管理规范主要体现在3个方面：一是准入管理；二是计划控制；三是标准要求。与前面分类管理体制相应，食盐与工业盐的生产管理也不相同。就3部行政法规而言，《盐业管理条例》规定："开发盐资源，开办制盐企业（含非制盐企业开发盐资源，下同），必须经省级盐业行政主管部门审查同意，报省、自治区、直辖市人民政府批准，并按规定向企业所在地工商行政管理机关申请，领取营业执照。私营企业和个人不得开发盐资源"（第八条），"制盐企业必须按照国家计划组织生产，加强企业管理，提高技术水平，降低消耗，增加效益"（第十四条），"制盐企业必须严格按照国家有关规定，加强质量监督检测工作，不符合质量和卫生标准的产品不准出企业"（第十五条），"在食盐中添加任何营养强化剂或药物，须经省级卫生行政主管部门和同级盐业行政主管部门批准。"《食盐加碘消除碘缺乏危害管理条例》规定："从事碘盐加工的盐业企业，应当由省、自治区、直辖市人民政府盐业主管机构指定，并取得同级人民政府卫生行政部门卫生许可后，报国务院盐业主管机构批准"（第十六条）。《食盐专营办法》规定："国家对食盐实行定点生产制

---

① 作者不详. 国家发展改革委部署全面放开种子、桑蚕茧和小工业盐价格［EB/OL］. (2014 -06-13)［2014-10-03］. http://xwzx.ndrc.gov.cn/xwfb/201406/t20140613_615131.html.

度。非食盐定点生产企业不得生产食盐。食盐定点生产企业由省、自治区、直辖市人民政府盐业主管机构审批"（第五条），"省、自治区、直辖市人民政府盐业主管机构根据食盐资源状况和国家核定的食盐产量，按照合理布局、保证质量的要求，确定食盐定点生产企业"（第六条），"国家对食盐生产实行指令性计划管理。食盐年度生产计划由国务院计划行政主管部门下达，国务院盐业主管机构组织实施"（第七条）。可见，《盐业管理条例》在生产准入方面不仅要求省级政府审批，而且限于公有制生产主体；在生产管理方面，通过计划组织生产；在标准要求方面，主要针对质量和卫生进行控制。在工业用盐计划管理早已取消、1988年《标准化法》和1993年《产品质量法》有效实施的情况下，《盐业管理条例》对所有盐产品进行统一生产管理已无实际意义，真正需要特别规范的是食盐的质量和卫生问题——这也是《食盐加碘消除碘缺乏危害管理条例》《食盐专营办法》设置审批环节、实行食盐定点生产制度的针对性所在。指令性计划管理无疑是定点生产的配套措施，二者共同构成碘盐国家专营在质量、数量两个方面的生产管理制度。同时，在准入管理机构方面，按照《盐业管理条例》和《食盐专营办法》的规定，制盐企业的审批机关为省级盐业行政主管部门，但《食盐加碘消除碘缺乏危害管理条例》规定的却是食盐生产企业由国务院盐业主管机构审批。

1996年以后出台的有关食盐生产管理的部门规章、规章性文件包括：①1996年11月5日《中国轻工总会关于贯彻实施〈食盐专营办法〉若干规定的意见》要求："定点生产企业必须具备生产以下食盐品种之一的能力：精制盐；粉洗盐；日晒细盐"；②2002年6月2日颁布同年7月1日实施的《淘汰落后生产能力、工艺和产品的目录》（第三批）包括"年生产能力小于5万吨的真空制盐、湖盐和北方海盐的生产装置（淘汰期限为2003年）；利用矿盐卤水、油气田水且采用平锅、滩晒制盐的生产装置（淘汰期限为2002年7月1日）；年生产能力小于1万吨的南方海盐生产装置（淘汰期限为2002年）"；③2006年4月28日颁行至2014年4月12日的《食盐专营许可证管理办法》列明国家发改委审批发放食盐定点生产企业证书的必备条件："（一）依法登记注册成立的公司。（二）遵守国家的食盐法规、法令，按照国家计划组织生产和销售。（三）结合行业结构调整需要，具备合理的生产规模。（四）达到《食盐定点生产企业质量管理技术规范》国家标准要求。（五）食用盐质量达到GB5461国家标准；调味盐、强化营养盐等多品种食盐达到行业质量标准；其他食盐品种质量应符合国家有关规定。并提请国家盐行业产品专业检测机构对产品进行抽样、检测，出具当年的检验报告。（六）符合食盐生产合理布局和产销基本平衡的原则。（七）按规定报送食盐生产、销售统计报表。国家发展改革委每年组织对食盐定点生产企业的产品质量、计划执行、经营管理和遵守国家法律、法规等情况进行检查。"① 可以看出，它们对工业盐的生产管理主要着眼点在于产业政策，食盐方面则是对质量和产业的全面强调。

25 件地方性盐业法律关于盐业生产管理的规定基本上大同小异：大同主要体现在准入管理和标准要求的条文内容方面，小异主要体现在计划控制的规范要求方面——计划控制方面存在着两个主要问题：一是不少规范缺乏针对性；二是作为 3 部行政法规的"综合版"和"地方版"，大部分地方立法不可避免地存在"兼容"与"走样"问题。前者如"制盐企业必须严格按省盐业行政主管部门和有关部门下达的计划组织生产"（《甘肃省实施盐业管理条例办法》第十条）、"自治区盐业主管机构在国家下达的年度生产总量计划指导下组织盐产品生产"（《内蒙古自治区盐业管理条例》第十条）、"盐业生产和碘盐加工企业按照省盐业行政主管部门下达的生产计划组织生产或加工"（《广东省盐业管理条例》第十二条）就明显缺乏针对性。关于后者，相关分类管理规范包括三种情形：新疆、浙江有关非食用盐按照盐业主管机构的计划组织生产就明显违反《国家计委、国家经贸委关于改进工业盐供销和价格管理办法的通知》，也完全脱节于工业盐的生产现状；湖南、四川则规定两碱工业用盐按盐、碱企业的订货合同组织生产，其他工业用盐则"由制盐企业根据计划组织生产"（《湖南省盐业管理条例》第八条）或者"由省盐业主管机构根据市场需要组织生产"（《四川省盐业管理条例》第十条）；《山东省盐业管理条例》关于"食盐定点生产企业必须按照国家和省下达的指令性计划组织生产；供应纯碱、烧碱工业用盐和其他用盐的生产企业根据市场需求组织生产"（第十四条）之规定应该说是 24 件地方盐业法律中对 3 部行政法规"综合"水平较高的条文，异曲同工的还有《辽宁省盐业管理条例》第十四条只有关于食盐的规范要求："盐产品生产单位，必须保证食盐的指令性计划和在国家总量计划指导下合同订货任务的完成。"

（六）销售管理

盐业法律在盐产品销售管理方面存在 3 个主要问题：一是食盐分配调拨指令性计划的编制和实施；二是非食用盐的销售管理；三是食盐批发企业许可制度。

---

① 根据国家发展和改革委员会第 10 号令，《食盐专营许可证管理办法》（2006 年 4 月 28 日国家发展和改革委员会令第 45 号发布），自 2014 年 4 月 12 日起废止。

第一，食盐分配调拨指令性计划。中央层面的规定主要有："食用盐、国家储备盐和国家指令性计划的纯碱、烧碱用盐，由国家实行统一分配调拨。盐的具体分配和调拨，由轻工业部按照国家计划进行管理。"（《盐业管理条例》第十九条）、"国家对食盐的分配调拨实行指令性计划管理。食盐年度分配调拨计划，由国务院计划行政主管部门下达，国务院盐业主管机构组织实施。"（《食盐专营办法》第九条）。可见，行政法规要求我国食盐指令性计划由国家计划委员会等政府职能部门负责下达、盐业主管机构组织实施。但1990年7月13日《轻工业部关于抓紧贯彻〈盐业管理条例〉的通知》《国家计委关于进一步加强食盐计划管理严格执行专营政策的通知》《国家发展改革委关于下达2004年盐分配调拨计划和食盐干线运输计划的通知》《工业和信息化部消费品工业司关于启用新版食盐准运证的通知》《工业和信息化部消费品工业司关于换发2009年度食盐批发许可证的通知》《国家发展改革委关于编制2011年国民经济和社会发展计划（草案）的通知》《国家发展改革委关于下达2011年食盐分配调拨计划和干线运输计划的通知》等国家涉盐行政职能部门都将计划的具体组织实施授权给中国盐业总公司，由此才有了《中国盐业总公司关于填报2011年食盐分配调拨计划（草案）的通知》的出台①。如前所述，这样的授权既非法定，也有违公平。最新进展是，2015年5月10日出台的《国务院关于取消非行政许可审批事项的决定》（国发〔2015〕27号，明确取消食盐生产限额年度计划审批和食盐分配调拨计划和干线运输计划审批。但是，中国盐业协会与中国盐业总公司关于2015年5月21日联合发布《关于食盐计划审批有关事项的函》，认定"《关于印发2015年全国食盐产销衔接结果的通知》中盐协〔2014〕36号）文件仍然有效"。而该文件其实质是实盐计划生产和分配调拨的"另一幅马甲"。

在地方盐业法律中，除《上海市盐业管理若干规定》关于"市盐业公司负责全市食盐的统一供应"（第八条）、《甘肃省实施盐业管理条例办法》关于"盐的收购、分配和调拨，由省盐业公司按照国家计划统一组织实施"（第十

----

① "目前，食盐计划管理的基本流程是：第一步，国家发改委每年向省市区下达编制下一年度国民经济和社会发展计划草案的通知，其中包括食盐计划。第二步，各省市区盐务管理部门和盐业公司首先负责提出本地方的需求量，产区省份提出食盐的可供量。第三步，国家发改委委托中盐总公司对各省市区上报的计划草案进行平衡和协调，提出全国年度食盐调拨计划建议草案。第四步，上述草案上报国家发改委审批下达，由国家发改委向各省市区盐务管理部门、盐业公司和中国盐业总公司下达年度食盐分配调拨指标计划和食盐干线运输计划。第五步，各食盐定点企业按照计划生产，各级盐业公司按计划收购、调运和销售。"见张有义. 盐业政企分离：第一步打破专营？[N]. 第一财经日报，2013-03-28（A06）.

八条)、《北京市盐业管理若干规定》"北京市盐业公司依照国家计划，负责本市盐的统一购进、调运和批发业务"（第六条）和《河北省盐业管理实施办法》指定"县级以上供销社所属的盐业公司"为盐批发业务的唯一经营主体（第十八条）外，其余21件地方性盐业法律文件或者规定盐业行政主管部门（重庆、天津、山东、湖南、湖北、广东、山西、黑龙江、云南、宁夏、河南、四川、内蒙古）或者规定盐业行政主管部门会同计划行政主管部门（江苏、辽宁）按照国家下达的指令性计划分配调拨食盐，由当地盐业公司（江苏、广东、河南）或盐业批发企业（山东、山西、黑龙江、云南）组织实施、供应。另外，《新疆维吾尔自治区盐业管理条例》所谓"食盐由自治区食盐专营机构按照国家计划分配调拨，由当地食盐专营机构统一组织供应"（第十四条）的"自治区食盐专营机构"实际上就是中盐新疆维吾尔自治区盐业有限公司①。总之，除了北京、天津、山西、辽宁、湖南、云南、青海、西藏，其余23个省（直辖市、自治区）盐业行政管理部门和盐业公司是"一套班子，两块牌子"②。因此，大部分地方负责食盐指令性计划的分配调拨与实施的实际上都是同一主体——省级盐业公司。

第二，非食用盐的销售管理。行政法规的主要依据为《盐业管理条例》第十九条："食用盐、国家储备盐和国家指令性计划的纯碱、烧碱用盐，由国家实行统一分配调拨。其他用盐，制盐企业在完成国家分配调拨计划和按规定确保合理库存的基础上，可在盐业行政主管部门的指导下进行自销。盐的具体分配和调拨，由轻工业部按照国家计划进行管理。"而国家经贸委和国家计委《关于改进工业盐供销和价格管理办法的通知》却规定："将现行工业盐的计划分配改为在国家总量计划指导下的合同订货。"各地相关规范大致可分为3类：一是进行批发、零售的许可证管理并指定进货渠道、划区销售（《甘肃省实施盐业管理条例办法》第十八、二十一条；《贵州省实施〈盐业管理条例〉办法》第六、七、九条）；二是两碱工业用盐实行合同订货，对其他工业用盐由盐业公司组织供应，如上海、无锡、重庆、天津、山东、湖南、湖北、广东、山西、黑龙江、云南、新疆、河南、四川、内蒙古；三是规定根据年用盐量确定两碱用盐和其他工业用盐是否由盐业公司组织供应（《宁夏回族自治区盐业管理条例》第十四条）。较为特殊的是《浙江盐

① 参见中盐新疆维吾尔自治区盐业有限公司［EB/OL］. (2013-05-27)［2014-10-07］. http://www.chinasalt.Com.cn/gyzy/zsqy/402880f814a5c0810114a64e3911004f.html.
② 资料来源于2009年版《中国盐业年鉴》，另据时任中国盐业协会宋占金副秘书长调研结果为25家。见盐政网：中盐协会宋占金副秘书长关于全国盐政管理调研情况的汇报［EB/OL］(2007-07-23)［2015-08-13］. http://www.yanzheng.com/shownews.asp? newsid：8112.

业管理条例》第二十条在规定"制盐企业生产的盐产品由产区盐业公司统一收购,不得擅自销售。产区盐业公司对制盐企业生产的盐产品应当予以收购,不得拒收"的同时要求"两碱工业用盐按国家有关规定实行合同订货。用盐企业应当将订立的合同及其执行情况,报送省和当地盐业主管机构备案。其他用盐由省盐业主管机构统一管理,由当地盐业公司统一组织供应,保证用盐企业的需要。"

在出口盐方面,《浙江省盐业管理条例》规定:"进出口业务,由省盐业主管机构统一管理"(第二十三条);《广东省盐业管理条例》规定:"盐的进出口业务由国家指定的进出口企业统一经营"(第二十四条);《四川省盐业管理条例》规定:"调供省外和出口的食盐、一般工业用盐,由省盐业主管机构根据国家有关规定,组织食盐批发企业和符合条件的食盐定点生产企业供应"(第二十三条)。各地对非食用盐销售管理的相关规范,不仅严重侵害工业盐生产企业和用盐企业的经营自主权,也严重妨碍国家工业盐产业政策的有效实施。

第三,食盐批发企业许可制度。食盐批发企业许可的主要法律依据为2013年的《食盐专营办法》和2003年的《行政许可法》。《食盐专营办法》规定,"经营食盐批发业务的企业,由省、自治区、直辖市人民政府盐业主管机构审查批准,颁发食盐批发许可证,并报国务院盐业主管机构备案"(第十一条)、"取得食盐批发许可证,应当具备下列条件:(一)有与其经营规模相适应的注册资本;(二)有固定的经营场所;(三)有符合国家规定的仓储设施;(四)符合本地区食盐批发企业合理布局的要求"(第十二条)。可以肯定的是,两者的许可都是一种针对不特定对象的准入许可。但是,1996年《中国轻工总会关于贯彻实施〈食盐专营办法〉若干规定的意见》却明确提出:"省、自治区、直辖市盐业主管机构应当根据保障食盐市场有效供应和有利于健全食盐专营体系的实际需要,合理划分本地区不同层次食盐批发业务的经营区域,同一经营区域只能颁发一个《食盐批发许可证》。"与此相应的是《河南省盐业管理条例》明文规定:"盐的批发业务由各级盐业公司统一经营。各级盐业批发机构由省盐业行政主管部门审批,并领取食盐批发许可证。同城一地不得重叠设置盐业批发机构"(第二十二条)、《贵州省食盐管理条例》同样规定:"同一供应区域只能颁发一个'食盐批发许可证'。"(第十一条)。其他类似直接指定盐业公司为唯一食盐批发主体的还有甘肃、四川、宁夏、新疆、广东、江苏、重庆、无锡、贵州、浙江的《盐业管理条例》。其中,后5件出台于《行政许可法》之后。

(七)运输管理

盐业运输管理主要采取准运证管理:食盐准运证和其他工业用盐准运证。

食盐准运证方面。按照《食盐专营办法》,"托运或者自运食盐的单位和个人,应当持有国务院盐业主管机构或者其授权的省、自治区、直辖市人民政府盐业主管机构核发的食盐准运证"(第十八条)。更具体且更具针对性的规定是已经废止的 2006 年国家发改委《食盐专营许可证管理办法》第二十条:"食盐准运证由国家发展改革委按照国家食盐计划统一发放至各有关省级盐业主管机构。'签证单位'是国家发展改革委,'开证单位'是各有关省级盐业主管机构"和2008 年工业和信息化部消费品工业司《关于启用新版食盐准运证的通知》:"日常发证工作委托中国盐业总公司办理。中国盐业总公司要严格按照国家食盐计划发放。各省级盐业主管部门接到通知后,请与中国盐业总公司联系领取新版食盐准运证有关事宜。"但在国家发展和改革委员会根据《国务院关于第六批取消和调整行政审批项目的决定》(国发〔2012〕52 号)和《国务院关于取消和下放一批行政审批项目的决定》(国发〔2013〕44 号),于 2014 年 4 月 12 日以第 10 号令正式废止《食盐专营许可证管理办法》后,中国盐业总公司受托办理发证工作则更是无法可依。很明显,按照《食盐专营办法》之要求,食盐准运证审批权限应顺理成章地下放到省级盐业行政主管部门。

其他工业用盐准运证国家层面的法律依据是 1995 年《国家计委、国家经贸委关于改进工业盐供销和价格管理办法的通知》明确要求"取消现行的工业盐准运证和准运章制度"。但各地盐业法律的规定不尽相同:或者对所有盐产品统一适用准运证管理(《江苏省〈盐业管理条例〉实施办法》第二十四条);或者只对其他工业用盐进行准运证、准运章等准运证明管理,如辽宁、四川、广东、湖南、山东①、天津、重庆、无锡、浙江;或者以是否跨区为标准的准运证及相关运输证明管理(《宁夏回族自治区盐业管理条例》第十六条);或者根据产地进行准运证管理(《湖北省盐业管理条例》第二十八条;《河南省盐业管理条例》第三十四条)。

相对于国家食盐准运证,所有关于工业盐(包括两碱工业用盐和其他工业用盐)的准运证法律规范都明显违反《行政许可法》《行政处罚法》有关许可及处罚权限的规定,也与《反垄断法》中有关反对滥用行政权力和滥用市场支配地位排除、限制竞争的条款和精神直接抵触。与此相应的划区供应、指定区域购买和销售②同样是一种市场割据,是地方保护主义的表现。

---

① 《山东省盐业管理条例》对食盐、其他工业用盐与两碱用盐分别采取准运证和随车货运单管理。

② 这方面较为明确提出的有贵州、甘肃、山东。当然,正如事实表明的那样,其他地区没有规定并不等于实践中不存在这些制度。

(八) 加碘管理

除了前面有关食盐在生产、销售、运输等环节进行专营管理和对特需人群投服碘油丸等补碘工作(主要在食盐加碘措施尚未落实的地区)外,食盐加碘管理规范主要包括如下 5 个方面:碘酸钾质量及供应;碘盐质量及监测;碘盐基金;加碘量;无碘盐供应。这里需要特别指出的是,这 5 类规范全部为全国性规范性文件。

第一,碘酸钾质量及供应。这方面的全国性规范主要包括:①1989 年《卫生部、轻工部、国家医药管理局、商业部等七部门关于碘酸钾代替碘化钾加工碘盐的联合通知》有关"对食盐加碘工作进行卫生监督检查和技术指导"和"外汇进口,财政补贴"的规定;②1994 年《中国 2000 年消除碘缺乏病规划纲要》提出的"在'八五'期间后两年,碘盐价格提高以前,中央财政继续对生产供应碘化物给予财政补贴;碘盐提价以后及'九五'期间开始实行全民食盐加碘的费用,根据谁受益谁负担的原则,将碘化物等加碘费用计入碘盐价格,由消费者个人负担。碘油按《关于在缺碘地区开展新婚育龄妇女、孕妇、婴幼儿补用碘油工作的安排意见》及有关规定执行。国家及地方各级财政要为全国实现 2000 年消除碘缺乏病安排一定的专项经费,用于开展实施《中国 2000 年消除碘缺乏病规划纲要》的组织管理、宣传教育、人员培训和监督监测等工作";③1996 年《关于加强全国食盐加碘用碘酸钾产销管理的通知》设立的碘酸钾国家定点生产制度;④1998 年《财政部、国家税务总局对农业部关于继续扶持我国制碘业发展意见的函》提出"从 1998—2000 年对制碘企业的碘产品实行增值税返还办法";⑤2005 年《卫生部疾病控制司、国家发展和改革委员会盐业管理办公室关于为实现持续消除碘缺乏病目标加强对食盐加碘工作管理的函》有关坚持"原碘由国药集团统一采购供应,财政适当补贴,碘酸钾须定点生产、定向供应碘盐生产企业的机制"的规定。这里的主要问题在于既然政府采购,何必定点生产,更无须定向供应,补贴亦属多余。

第二,碘盐质量及监测。这方面的规定主要有:1994 年《国家工商行政管理局、中国轻工总会、国内贸易部、卫生部、国家技术监督局关于加强食盐市场管理坚决杜绝非碘盐进入缺碘地区的通知》有关"从事食盐生产(含加工)和销售的单位,必须按照《产品质量法》的规定承担相应的产品质量责任"之规定以及1994 年《中国 2000 年消除碘缺乏病规划纲要》、1999 年《卫生部、国家轻工局、教育部、国家工商局、国家质量技监局关于下发〈实现消除碘缺乏病阶段目标评估方案〉的通知》、2001 年《关于进一步加强消除碘缺乏病工作的意见》、一些部委联合下发的关于开展防治碘缺乏病日活动的通知、卫生部办公厅历次关于开展全国碘缺乏病监测的通知、2006 年《实现 2010 年消除碘缺乏病目标行动方案》、2007 年《卫生部办公厅关于开展我国碘缺乏病高危地区重点调查的通知》等文件的相关要求。从这些规范可得出一个基本结论,即碘盐质量应主要由质量技术监督部门负责,监测工作主要由卫生疾控部门负责。

第三,碘盐基金。首先需要强调的是下列相关规范均已失效,但有关问题及影响延续至今——此类基金取消后,并未对盐价进行相应调整:①1987 年《财政部关于重申从盐税收入中提取 1% 缉私费问题的通知》允许从盐税收入中各提取 1% 用以发展地方小盐场和缉私。②1990 年《国家盐业生产发展基金使用管理暂行办法》规定:自 1989 年 11 月 25 日起从盐的出场(厂)价外、分配价内按实际销盐量(含液体盐,不含用作制盐原料的卤水)定额提取,由盐的放销单位及就场放销盐场代收,并由各省、自治区、直辖市和计划单列市盐务局、盐业公司集中按季上缴轻工业部统一管理使用,主要用于商品盐基地建设项目、盐业扩大再生产项目、补贴重点科研开发项目。③根据 1997 年《国家碘盐基金征收使用管理办法》,国家碘盐基金自 1996 年 1 月 20 日起,在食盐的出场(厂)价外,产区批发价内,按计划销盐量每吨 25 元(不含税)的标准征收。中国盐业总公司负责碘盐基金收缴的组织和协调工作,原"国家盐业生产发展基金"已收尚存的或应缴未缴的,经认真清理并报盐业基金领导小组审查批准后,全部转为国家碘盐基金。中国盐业总公司应按照规定的使用范围和办法以及碘盐基金的收缴情况,提出下一年度碘盐基金的使用计划,经中国轻工总会审查批准后,报财政部审批。国家碘盐基金的使用范围为新建、改扩建食盐加碘项目;食盐加碘的科研、质量保证和宣传教育;食盐加碘项目贷款的贴息;碘盐仓储设施的改善;经财政部核定的与碘盐基金征缴工作直接相关的费用支出。国家碘盐基金征收期限暂定为 5 年,期满后,如确有必要继续征收,报财政部审定。④2001 年《财政部、国家发展计划委员会关于延长国家碘盐基金征收期限等有关问题的通知》关于"国家碘盐基金征收期限从 2001 年 1 月 20 日起,再延长 3 年,执行到 2004 年 1 月 20 日止"和"国家碘盐基金停止征收后,有关食盐加碘项目建设和改造所需资金,由盐业企业从其他正常资金渠道解决"之规定。⑤2002 年《财政部关于公布取消部分政府性基金项目的通知》将浙江省食盐调节基金、福建省盐业发展基金、贵州省盐业调节基金、安徽六安食盐价格调节基金、广东省碘盐价格调节基金列入取消目录。⑥2008 年《财政部关于生产经营性项目碘盐基金转为中盐总公司国家资本金的批复》同意将 1997—2000 年国家累计安排用于生产经营性项目的国家碘盐基金共计 38 358.40 万元全部转为中国盐业总公司的国家资本金。

第四,加碘量。加碘量方面的规定主要包括:①最早规定于 1989 年《卫生部、轻工部、国家医药管理局、商业部等七部门关于碘酸钾代替碘化钾加工碘盐的联合通知》的标准为 1/5 万~1/2 万,并要求卫生部门"负责确定碘缺乏病区;对食盐加碘工作进行卫生监督检查和技术指导;通过防治效果的观察,修订碘在食盐中的加入量"。②1994 年《中国 2000 年消除碘缺乏病规划纲要》的标准为"碘盐含碘浓度(以碘离子计)是:加工为 50mg/kg,出厂不低于 40mg/kg,销售不低于 30 mg/kg,用户不低于 20 mg/kg"。③根据《食品营养强化剂使用卫生标准》(GB14880-94),食盐碘强化量为 20~60mg/kg,这也是《食用盐卫生标准》(GB2721—2003)的规定值。此后,进行了两次盐碘含量标准的调整。第一次调整在 1996 年。1995 年,全国碘缺乏病监测显示,由于食盐碘含量没有规定上限值,结果导致部分地区盐碘含量过高。为此,1996 年,我国政府规定盐碘含量不得超过 60 mg/kg 的上限值。第二次调整在 2000 年。1999 年,全国碘缺乏病监测显示,由于碘盐中碘含量过高导致儿童尿碘水平偏高。为此,2000 年,我国政府将盐碘含量标准调整为加工 35mg/kg,碘含量的允许波动范围为±15mg/kg(20~50mg/kg)①。④根据《食用盐》标准(GB5461-2000),食盐中碘含量应为 35±15mg/kg(20~50mg/kg),这也是 2004 年 1 月卫生部《全国碘盐监测方案(修订)》的实施标准。⑤卫生部 2011 年 9 月 15 日发布、2012 年 3 月 15 日实施的《食用盐碘含量》标准(GB26878-2011),将 20~60mg/kg 的食盐碘强化量修改为 20~30mg/kg 的食用盐碘含量平均水平(以碘元素计),这与世界卫生组织推荐的 20~40mg/kg 的食盐碘添加量相当;各省、自治区、直辖市根据人群实际碘营养水平,选定适合本地的食用盐碘含量平均水平;食用盐中碘含量的允许范围为碘含量平均水平±30%②。

虽然国家标准会根据食盐加碘进程进行相应修订,但实施全国统一加碘标准的合理性问题不容忽视:一是反应较慢,效率太低。我国先后于 1995 年、1997 年、1999 年作过 3 次碘盐中碘含量调整,也就是说,这次调整与最近一次调整之间已相距 11 年。同时,我国仅在 2002 年和 2005 年作过全国碘营养监测,这次调整即以 5 年前的全国碘营养监测数据为依据③,其时效性也不尽

---

① 实施食用盐碘含量标准知识问答[EB/OL].(2013-06-05)[2014-10-07].http://www.moh.gov.cn/zwgkzt/zswdx/201306/371562ad47f1475ab949f30d53729de5.shtml.

② 这是即将取代《食品营养强化剂使用卫生标准》(GB14880-94)的《食品安全国家标准 食用盐碘含量》国家强制标准(征求意见稿)对碘强化剂浓度的要求。见卫生部监督局关于公开征求食品安全国家标准《食用盐碘含量》和《食品添加剂碘酸钾》意见的函。

③ 见卫监督食便函〔2010〕236 号《食用盐碘含量》(征求意见稿)编制说明。

如人意。二是对于各地千差万别的碘营养水平和因人而异的尿碘含量，全国统一补碘无论如何调整总显得捉襟见肘，无法做到个体差异基础上的真正科学化①。

第五，无碘盐、低碘盐供应。这方面的规范主要包括：①1994年《食盐加碘消除碘缺乏危害管理条例》规定，"因治疗疾病，不宜食用碘盐的，应当持当地县级人民政府卫生行政部门指定的医疗机构出具的证明，到当地人民政府盐业主管机构指定的单位购买非碘盐"。②根据2000年《食用盐》国家强制标准（GB5461-2000），对高碘地区居民和不宜食用碘盐人群专供的未加碘食用盐，其碘含量应小于5mg/kg。③在2000年《国家工商行政管理局关于盐业公司在销售无碘盐时强制用户购买碘盐行为定性处理问题的答复》中的禁止性规定。④2006年《实现2010年消除碘缺乏病目标行动方案》中要求"盐业主管部门要合理布设无碘食盐专卖点，保证对不宜食用碘盐的特殊疾病人群，供应无碘食盐。在已明确取消碘盐供应的高碘地区，有序组织无碘食盐供应，并确保无碘食盐不销往缺碘地区。"⑤2009年工业和信息化部《关于做好无碘食盐市场供应工作的通知》要求："一、增加销售点。各地盐业主管部门须本着以人为本，方便购买的原则，责成各级盐业公司在现有无碘食盐销售点的基础上增加供应点。特别是应在医院附近增加无碘食盐销售点，或直接委托医院内小卖部增加销售无碘食盐，便于需要者购买。二、提高知晓率。各级盐业主管部门须将本行政区域内无碘食盐销售点信息通过当地报纸、地方政务网及盐业公司网等进行公布，同时在医院、社区张贴宣传海报，提高群众知晓率，以方便购买。"⑥2012年卫生部等15部门联合制定的《中国慢性病防治工作规划（2012—2015年）》（卫疾控发〔2012〕34号）将"全国人均每日食盐摄入量下降到9克以下"作为2015年慢性病防治目标之一，为此采取"科学指导合理膳食，积极开发推广低盐、低脂、低糖、低热量的健康食品"等策略和措施。但实践中有关无碘盐、低碘盐购买的相关规范往往缺乏合理性

① 虽然新标准（GB26878-2011）中规定食用盐碘含量可以选择20mg/kg、25mg/kg和30mg/kg三种加碘水平，明确各省（区、市）可结合病区类型、居民饮用水碘含量、饮食习惯，以及孕妇、哺乳期妇女等特需人群的碘营养状况，以省（区、市）为单位供应一种、两种或三种碘含量的食盐。但据卫生部自己的科普，不同人群碘的推荐摄入量是各不相同的：0~3岁为每人每日50微克；4~10岁为每人每日90微克；11~13岁为每人每日120微克；14岁以上为每人每日150微克；孕妇和哺乳期妇女为每人每日250微克。很明显，"以省（区、市）为单位供应一种、两种或三种碘含量的食盐"仍然无法满足不同人群的不同碘摄入量需要。见实施食用盐碘含量标准知识问答[EB/OL].（2013-06-05）[2014-10-07]. http://www.moh.gov.cn/zwgkzt/zswdx/201306/371562ad47f1475ab949f30d53729de5.shtml.

和现实性，不仅因为医疗机构出具证明的对象基本上都是既成事实的碘性甲亢或自身免疫性甲状腺疾病等碘过量患者，而且由盐业公司负责无碘盐、低碘盐的供应和宣传无异于与虎谋皮——其间的利益冲突显而易见。

（九）价格管理

如前所述，盐产品的定价问题是盐业垄断的关键。鉴于政府定价的统一领导、分级管理原则，下面从国家和地方两个层面分析盐产品的现行价格管理规范。

全国性的盐价规范包括：①1995 年《国家计委、国家经贸委关于改进工业盐供销和价格管理办法的通知》要求"盐碱双方在不低于保护价的基础上，协商确定成交价格。任何地方、部门或单位不得在双方确定的成交价之外加价或加收任何费用。"②2013 年《食盐专营办法》第十五条要求"食盐定点生产企业、食盐批发企业、食盐零售单位和受委托代销食盐的个体工商户、代购代销店，应当执行国家规定的食盐价格。"③1996 年《中国轻工总会关于贯彻实施〈食盐专营办法〉若干规定的意见》重申："食盐是国家指令性计划管理的产品，其价格由国家价格主管部门统一管理、制定和调整。食盐定点生产企业、批发企业、食盐零售单位和受委托代销食盐的个体工商户、代购代销店必须严格执行国家规定的价格，任何地区、任何单位或个人都无权擅自变动。"④1997 年《国家计委关于整顿食盐价格有关问题的通知》指出食盐价格在执行中存在 5 种严重不合法、不合理的定价行为。⑤2000 年《国家计委办公厅关于工业盐价格管理有关问题的通知》规定："两碱工业用盐价格由供需双方根据市场供求情况自主确定。两碱以外的其他工业用盐（以下简称其他工业用盐）实行政府指导价，由省级价格主管部门制定中准供应价格和浮动幅度。对用盐量较大的其他工业用盐用户实行优惠的价格政策，具体由各省级价格主管部门和盐业公司确定。"需要指出的是，该文件制定主体早已变更为国家发展和改革委员会，按照同一主体 2014 年 6 月 13 日发布的关于放开种子、桑蚕茧和小工业盐（即纯碱、烧碱这两碱外工业用盐）价格的通知中，明确要求对这三种生产资料实行政府指导价的地方，要按照有关程序尽快放开价格，由市场进行调节。按照新法优于旧法原则，前者与此相冲突的内容自然失效。⑥2001 年《国家计委和国务院有关部门定价目录》第 11 号规定盐产品的定价范围限于食盐定点生产企业（食盐出厂价格）和批发企业（批发价格）。⑦2003 年国家发展计划委员会制定的《食盐价格管理办法》（以下简称《办法》）作为食盐定价的专门规范主要包括三方面规定：一是分级定价权。该《办法》第五条规定："食盐价格实行统一领导、分级管理。国务院价格主管部门负责制定或调整食盐的出厂价格、批发价格；省、自治区、直辖市价格主管部门制定或调整食盐零售价格和小包装费用标准。"二是定价方法。该《办法》第六条和第十条分别规定："制定或调整食盐价格应以生产经营食盐的社会平均成本费用为基础并考虑生产经营条件差别、食盐品种等级差别、消费者特别是边远地区居民承受能力、毗邻地区价格衔接等因素。"和"食盐生产、批发环节的成本费用利润率，根据社会平均利润率水平、盐行业发展的需要和居民承受能力等情况，由国务院价格主管部门另行确定"。三是定价责任。该《办法》第二十一条规定："各级价格主管部门或其有关部门违反本办法的规定，超越定价权限或范围制定、调整食盐价格，不执行、提前或推迟执行政府定价的，责令改正，并给予通报批评；对直接责任人和其他负责人员，提请有关部门给予行政处分。"而紧接着出台的《食盐计价公式表》制定的食盐生产、流通环节的计价公式更具操作性。但是，具有操作性并非规范操作本身，实践中这些规范性文件的效果不尽如人意。一个最近的例证是2009年《国家发展改革委关于提高食盐出厂（场）价格的通知》，不仅该次价格调整出台于上一次食盐定价13年之后，而且相对于其他用盐的市场价格，这种变动对于畸高的食盐定价而言无异于杯水车薪，也与1997年《价格法》规定的国家定价程序相去甚远。

25件地方性盐业法律文件中的盐价规范，除了存在上述国家定价的共性问题外，更为严重的问题在于与现实严重脱节，严重滞后于全国性盐价规范。早在2001年《国家计委和国务院有关部门定价目录》就取消了工业盐的政府定价，但其后湖南、山东、贵州、浙江等地制定的盐业法律文件中却还有关于工业盐价格执行国家或省物价部门规定的条文，先于该目录出台的辽宁、河南、宁夏的《盐业管理条例》也未作相应修改，与国家发展和改革委员会2014年6月13日通知的直接抵触。另外，上海、贵州、新疆和重庆的盐业立法虽然只规定了食盐价格，但关于执行国家零售价格的条文却是无中生有——因为在《国家计委和国务院有关部门定价目录》中，国家食盐定价范围只有出厂价和批发价。

（十）违法责任

这里主要分析盐产品在质量、销售、运输、管理4个主要方面的盐业违法责任规范。

第一，质量违法责任。狭义法律层面的相关规范主要有：①《标准化法》第二十条："生产、销售、进口不符合强制性标准的产品的，由法律、行政法规规定的行政主管部门依法处理，法律、行政法规未作规定的，由工商行政管理部门没收产品和违法所得，并处以罚款；造成严重后果构成犯罪的，对直接责任人员依法追究刑事责任。"②《产品质量法》第四十九条："生产、销售不符合保障人体健康和人身、财产安全的国家标准、行业标准的产品的，责令停止生产、销售，没收违法生产、销售的产品，并处违法生产、销售产品（包括已售出和未售出的产品，下同）货值金额等值以上三倍以下的罚款；有违法所得的，并处没收违法所得；情节严重的，吊销营业执照；构成犯罪的，依法追究刑事责任。"③《产品质量法》第五十条："在产品中掺杂、掺假，以假充真，以次充好，或者以不合格产品冒充合格产品的，责令停止生产、销售，没收违法生产、销售的产品，并处违法生产、销售产品货值金额百分之五十以上三倍以下的罚款；有违法所得的，并处没收违法所得；情节严重的，吊销营业执照；构成犯罪的，依法追究刑事责任。"④《食品安全法》第一百四十八条："生产不符合食品安全标准的食品或者经营明知是不符合食品安全标准的食品，消费者除要求赔偿损失外，还可以向生产者或者经营者要求支付价款十倍或者损失三倍的赔偿金。"

需要强调的是这3部基本法律有关质量违法责任的规范对于食盐的适用性。国家对食用盐实行强制性质量标准，所以食用盐质量违法责任自然适用1988年的《标准化法》；2000年《产品质量法》明确排除适用的只有建筑工程和军工产品，也就是说盐产品不得例外，况且1994年《国家工商行政管理局、中国轻工总会、国内贸易部、卫生部、国家技术监督局关于加强食盐市场管理坚决杜绝非碘盐进入缺碘地区的通知》明确规定"从事食盐生产（含加工）和销售的单位，必须按照《产品质量法》的规定承担相应的产品质量责任"；而2015年修订的《食品安全法》第一百五十一条专门规定："食盐的食品安全管理，本法未作规定的，适用其他法律、行政法规的规定。"

全国性盐业专门法律的质量违法责任规定有：①《盐业管理条例》第二十九条："违反本条例第十五条、第十六条、第十七条、第二十二条、第二十三条规定的，盐业行政主管部门、工商行政管理机关和食品卫生监督机构按照他们的职责分工，有权予以制止，责令其停止销售，没收其非法所得，并可处以不超过非法所得额五倍的罚款；情节严重的，工商行政管理机关有权吊销其营业执照。造成严重食物中毒、构成犯罪的，对直接责任人员依法追究刑事责任。"②《食盐加碘消除碘缺乏危害管理条例》第二十五条："碘盐的加工企业、批发企业违反本条例的规定，加工、批发不合格碘盐的，由县级以上人民政府盐业主管机构责令停止出售、并责令责任者按照国家规定标准对食盐补碘，没收违法所得，可以并处该盐产品价值3倍以下的罚款。情节严重的，对加工企业，由省、自治区、直辖市人民政府盐业主管机构报请国务院盐业主管机构批准后，取消其碘盐加工资格；对批发企业，由省、自治区、直辖市人民政府盐业主管机构取消其碘盐批发资格。"③《食盐专营办法》第二十四条："违反本办法第十六条第（四）项的规定，将不符合食盐标准的盐产品当作食盐销售的，依照《中华人民共和国产品质量法》《中华人民共和国标准化法》的有关规定处罚。"④《食盐专营许可证管理办法》第13条："食盐定点生产企业在生产经营中，由于各种原因达不到本规定第八条的，国家发展改革委给予警告或处以3万元以下经济处罚；情节严重者，取消定点资格。"

比较上述3部狭义法律的质量违法责任条文，按照2009年《行政处罚法》关于行政处罚种类和设定权限的相关规定，上述盐业行政法规及部门规章存在的问题主要有：一是与上位法抵触。《盐业管理条例》第二十九条对制盐企业"不符合质量和卫生标准的产品"实行按非法所得的倍数处罚，这明显区别于《标准化法》《产品质量法》的按产品货值的倍数处罚；《食盐专营办法》第二十三条"将非食用盐作为食盐销售"规定的其实也是一种不符合国家质量标准的商品销售行为。因此处以"违法所得5倍以下的罚款"也有同样问题；2006年《食盐专营许可证管理办法》第十三条对达不到国家质量标准的食用盐处以3万元以下经济处罚则明显与狭义法律及盐业行政法规的相关规范抵触。二是相对于《食品安全法》，盐业专门法律关于食盐质量违法责任的规定均未涉及与其最有利害关系主体的食盐消费者的赔偿问题。这两个问题在地方立法中也较为普遍。

第二，销售违法责任。这里主要指食盐销售领域违反食盐指令性计划和许可证管理的法律责任，大致包括两类责任：行政责任和刑事责任。前者主要见：①《食盐加碘消除碘缺乏危害管理条例》第二十四条："违反本条例的规定，擅自开办碘盐加工企业或者未经批准从事碘盐批发业务的，由县级以上人民政府盐业主管机构责令停止加工或者批发碘盐，没收全部碘盐和违法所得，可以并处该盐产品价值3倍以下的罚款。"②《食盐专营办法》第二十一条："违反本办法第十条的规定，未取得食盐批发许可证经营食盐批发业务的，由盐业主管机构责令停止批发活动，没收违法经营的食盐和违法所得，可以并处违法经营的食盐价值3倍以下的罚款。"③《食盐专营办法》第二十二条："违反本办法第十四条的规定，食盐零售单位和受委托代销食盐的个体工商户、代购代销店以及食品加工用盐的单位，从未取得食盐批发许可证的企业、单位或者个人购进食盐的，由盐业主管机构责令改正，没收违法购进的食盐，可以并处违法购进的食盐价值3倍以下的罚款。"

关于食盐销售中的刑事责任主要见 2002 年 7 月 8 日《最高人民检察院关于办理非法经营食盐刑事案件具体应用法律若干问题的解释》关于食盐"非法经营罪"的规定："非法经营食盐，具有下列情形之一的，应当依法追究刑事责任：（一）非法经营食盐数量在二十吨以上的；（二）曾因非法经营食盐行为受过二次以上行政处罚又非法经营食盐，数量在十吨以上的。"这里值得警惕的是经济管制刑事化问题。作为最严厉的责任形式应该对应最严重的社会危害性。因此，以纯粹的食盐经营数量而非品质更非后果作为定罪标准，其正当性不言而喻。同样值得注意的是作为司法解释对特殊违法行为罪行化处理本身的合法性问题。与此直接相关的法律规范为 1981 年五届全国人大常委会第十九次会议通过的《关于加强法律解释工作的决议》："一、凡关于法律、法令条文本身需要进一步明确界限或作补充规定的，由全国人民代表大会常务委员会进行解释或用法令加以规定。二、凡属于法院审判工作中具体应用法律、法令的问题，由最高人民法院进行解释。凡属于检察院检察工作中具体应用法律、法令的问题，由最高人民检察院进行解释。最高人民法院和最高人民检察院的解释如果有原则性的分歧，报请全国人民代表大会常务委员会解释或决定。"虽然这里明确授予最高人民检察院对"检察工作中具体应用法律、法令的问题"的解释权，但相对于全国人大常委会之"凡关于法律、法令条文本身需要进一步明确界限或作补充规定"的解释权，也相对于 1983 年对同样位阶的最高人民法院司法解释权的正式立法确认——"最高人民法院对于在审判过程中如何具体应用法律、法令的问题，进行解释"（《人民法院组织法》第三十三条），更鉴于《中华人民共和国立法》第五十条关于"全国人民代表大会常务委员会的法律解释同法律具有同等效力"之解释效力规定以及检察解释在实践中相当程度上的定罪效果，最高人民检察院出台此解释颇有越位之嫌。

第三，运输违法责任。关于盐产品特别是食盐的运输违法责任问题集中围绕准运证展开。国家层面的相关规范主要有：①2013 年《食盐专营办法》第二十五条："违反本办法第十八条的规定，无食盐准运证托运或者自运食盐的，由盐业主管机构没收违法运输的食盐，对货主处以违法运输的食盐价值 3 倍以下的罚款，对承运人处以违法所得 3 倍以下的罚款。"②2001 年《国家经济贸易委员会关于开展打击非法加工经营食盐专项行动的紧急通知》规定："对非法从事食盐生产、加工、储运、经营的企业一律坚决依法予以取缔。要严格检查食盐批发许可证、食盐运输准运证的发放和使用情况，对违规发证和无证运输的行为依法予以查扣处罚。"③2006 年《食盐专营许可证管理办法》

规定："存在下列情况之一者，视为无准运证运输，由有关省级盐业主管机构按照《食盐专营办法》第二十五条予以处罚：（一）重复使用食盐准运证；（二）超出准运证规定数量部分；（三）使用过期、涂改、复印、伪造的食盐准运证；（四）销售地不是准运证所规定的到货地等票证不符的；（五）无食盐准运证运输食盐的其他行为。"④2012 年《关于下放食盐准运许可审批权限工作的通知》明确"将食盐准运许可审批项目从国务院盐业主管部门下放到省级人民政府盐业主管机构"。

地方盐业立法在这方面存在的主要问题是下位法与上位法相抵触，典型如2003 年《最高人民法院对人民法院在审理盐业行政案件中如何适用国务院〈食盐专营办法〉第二十五条规定与〈河南省盐业管理条例〉第三十条第一款规定问题的答复》指出的问题："根据《中华人民共和国行政处罚法》第十一条第二款关于'法律、行政法规对违法行为已经做出行政处罚规定，地方性法规需要做出具体规定的，必须在法律、行政法规规定的给予行政处罚的行为、种类和幅度的范围内规定'的规定，《河南省盐业管理条例》第三十条第一款关于对承运人罚款基准为'盐产品价值'及对货主及承运人罚款幅度为'1 倍以上 3 倍以下'的规定，与国务院《食盐专营办法》第二十五条规定不一致。人民法院在审理有关行政案件时，应根据《中华人民共和国立法法》第六十四条第二款、第七十九条第二款规定的精神进行选择适用。"《河南省盐业管理条例》并非个例，作类似规定的还有甘肃、新疆、江苏和天津的《盐业管理条例》。

第四，管理违法责任。关于盐业行政执法主体（包括独立的盐务主管机构和政企不分的各级盐业公司）的履职违法责任，3 部行政法规中只有《食盐专营办法》有相应条款（第二十六条），地方盐业立法大都照搬其规定——"盐业主管机构的工作人员玩忽职守、徇私舞弊，构成犯罪的，依法追究刑事责任；尚不构成犯罪的，依法给予行政处分"。甚至专门规范盐业行政执法的部门规章《盐业行政执法办法》也语焉不详——"盐政执法人员玩忽职守、徇私枉法，致使违法行为得不到及时、准确的纠正、查处而造成国家、集体重大经济损失或侵犯公民合法权益的，应当依照国家有关法律、法规处理。"（第三十五条），这与这些盐业法律对行政执法相对人违法责任的重视程度大相径庭。

这方面值得注意的是浙江、重庆、湖北、黑龙江、云南、新疆、宁夏、河南、四川等地方盐业立法规定了盐业行政执法人员的损害赔偿责任；《山西省盐业管理条例》第四十一条则对盐业批发企业参与贩私行为规定了相应的经济、行政和刑事法律责任；《浙江省盐业管理条例》第三十三条、《宁夏回族自治区盐业管理条例》第三十七条还规定了盐业公司（食盐批发企业）的食盐市场供应责任。《浙江省盐业管理条例》第二十条甚至规定"产区盐业公司对制盐企业生产的盐产品应当予以收购，不得拒收"，否则，"由盐业主管机构责令限期改正，并可对主要负责人员处以五千元以下的罚款"（第三十三条）。鉴于浙江省盐务管理局与浙江省盐业集团有限公司实行"两块牌子，一套班子，合署办公"①，也因为浙江以至全国性的产能过剩，该规范很难具有现实性、可行性。

通过盐业违法责任规范的比较分析不难看出，我国盐业违法责任，一方面责任分配不合理，普遍存在盐业主管机构及其授权组织权责不统一和盐业行政相对人权义失衡问题；另一方面，就大多数盐业违法责任的实质而言，是"政府生病，市场吃药"，是落后和低效的盐业管理体制和运行机制本身的问题，是法律为垄断埋单。

小结

综上所述，就盐业法律规范本身而言，除了我国立法普遍存在的科学性、民主性和技术性方面的共性问题外，盐业立法特有的问题集中体现在：

（1）三部行政法规之间不统一、不协调，作为现行最高层级的盐法规范起不到对下位法应有的统领和规范作用。1990年《盐业管理条例》采取的是典型的计划经济管理模式，对几乎所有盐业活动均进行指令性计划管理，而1994年《食盐加碘消除碘缺乏危害管理条例》、2013年《食盐专营办法》的主要内容是实施食盐加碘政策的食盐专营制度。更为重要的是，三者即使对同一调整对象，在具体规范要求方面都存在许多明显的不一致。虽然如前所述，这可以适用《立法法》第九十二条有关"新法优于旧法""特别法优于一般法"原则予以解决，但新法、特别法较为严重的规范性问题与旧法、一般法的滞后并存，这不能不说是盐政执法机构在利益导向下对盐业法律进行选择性实施的一个重要成因。

（2）不同性质、种类和部门的盐业法律并存，规范之间协调、配套较差，

---

① 作者不详. 浙江省盐业集团有限公司企业概况［EB/OL］.［2011-03-21］. http://www.zj-salt.com/zjsaltcompany/groups.aspx？Category-yname=%e9%9b%86e5%9b%a2%e4%bb%8b%e7%bb%8d.

脱节、冲突及争议较为普遍。这主要表现为：一方面，下位法抵触上位法。这方面的问题特别严重。典型如《国家发展改革委关于印发促进食盐流通现代化的若干意见的通知》和《国家发展改革委关于印发全国制盐工业结构调整指导意见的通知》的主体内容与浓厚计划管理色彩的《盐业管理条例》明显存在冲突，而二者的法律位阶及效力均在《盐业管理条例》之下。另一方面，不同部门规范之间的冲突。这方面的实质问题在于管理权限及其背后的部门利益之争。如2002年国家经贸委在《关于国家经贸委盐业管理职能有关问题的通知》与国家计委《关于进一步加强食盐计划管理，严格执行专营政策的通知》在职能分工方面的分歧。虽然分歧因为国家机构改革而产生并同样因此而消除，但法律层面的职能重叠问题仍然没有得到根本解决①。另外，地方盐业法律规范性文件的保护主义也不容小觑。地方盐业法律规范性文件在整个盐法规范系统中无论数量还是作用都举足轻重，而各地在制定盐业法律规范方面的自行其是已经成为我国盐业垄断地方化的重要法律成因。

（3）专门盐业法律规范与其他涉盐法律规范的冲突问题。专门的盐业法律规范除了与狭义法律、其他行政法规的抵触外，更为常见的是普遍存在与其他部门规章、部门规范性文件、地方性法规、地方规范性文件、地方政府规章以及不计其数的其他抽象行政行为的冲突、脱节与失衡。

由此可见，我国盐业法律规范在很大程度上成了我国盐业垄断的"护身符"。我国现行盐业管理体制和运行机制依据的绝大部分是行政法规、规章等规范性文件，这导致我国盐业领域的依法行政基本上成为一种依"规"行政，或者说，盐业法制实际上成了一种盐业"规"制。这种"规"制在条块分割的行政体制下，往往成为实践中较为普遍的以政策代替法律、以下位法代替上位法和以地方性立法代替全国性立法基础上的选择性执法的法律诱因。

---

① 张立伟. 盐业黑幕［N］. 财经时报，2003-02-22（004）.

第四章 盐业法律实施问题

"徒法不足以自行"。虽然"中国特色社会主义法律体系已经形成",但远不能说我们已经是一个法治国家,因为法律的科学性、规范性和实效性尚待提高,有法不依、执法不严、违法不究现象在我国较为普遍。同样,盐业行政垄断也并非法律规范本身使然,对比盐业立法目的与执法行为及其结果,我们不难看出,尽管盐业法律本身存在诸多问题,但盐业法律实施过程中的不规范、不严格、不公正为害更甚,是盐业行政垄断的主要成因。

第一节 盐业守法问题

区别于人们习以为常的普通公民遵纪守法,区别于与立法、执法、司法泾渭分明的狭义的法律遵守,这里的守法是一个现代化意义上的守法范畴。有学者认为,"守法"现代化必须实现5个转变:从"消极守法"(不犯法)到"积极守法"(用法、护法)的转变;从只强调"公民守法"到优先强调"政府守法"的转变;从守法义务观到守法权利观的转变;从强调和探讨外在的强制力、威慑力(外在保障)转变为强调和探讨守法者的自觉接受、维护、甚至信仰(内在保障);解决社会、政治问题的希望从道德、品质转向法律、制度①。笔者认为,只有这样的守法概念,才符合法治社会的内在要求;也只有这样的守法行为,才符合习近平在中共中央政治局第四次集体学习时的讲话精神:"任何组织或者个人都必须在宪法和法律范围内活动,任何公民、社会组织和国家机关都要以宪法和法律为行为准则,依照宪法和法律行使权利或权

---

① 胡旭晟. "守法"现代化是中国法制现代化的一个关键 [J]. 南京社会科学, 1994 (4):17-18;刘武俊. 大守法观 [N]. 北京日报, 2002-02-04 (013).

力、履行义务或职责。"① 更为重要的是，只有执政者、立法者、执法者、司法者一视同仁地遵守法律的精神、原则和规范，公民、法人及其他组织对法律的遵守才不致沦为传统法制的对象和工具。就此而言，盐业守法现状堪忧。

一、规则制定者的守法问题

首先，上文盐业法律规范分析已经表明，我国盐业在立法指导思想上普遍存在头痛医头、脚痛医脚的问题，没有把盐业管理与市场化改革和依法行政有机结合起来，缺乏科学性、前瞻性；其次，在立法技术上，不仅因缺乏盐业立法整体规划导致法出多门，而且许多规范过于抽象、分散和无制裁或救济条文而缺乏操作性；再次，在立法责任上，我国立法体制不健全、程序不规范、监督不严格等弊端致使与上位法抵触、与立法目标冲突、与法治原则违背和自相矛盾的盐业法律规范广泛存在；最后，在部门利益、地方利益以及行业利益的推动下，有关政府机构和授权组织滥设行政许可、擅定权利义务规范，严重影响盐业法制统一。

按照现代守法理念，公民对法律不应盲从或者"上有政策下有对策"式的应付，而应主动参与立法，在法律制定过程中发出自己的声音，使自己的意志和利益在作为国家意志的法律中也有一席之地。很明显，这对立法的科学性、民主化提出了较高要求。就其实践而言，这不完全是纸上谈兵，也有成功先例可援。姑且不论引人注目的《城市生活无着的流浪乞讨人员救助管理办法》《物权法》《国有土地上房屋征收与补偿条例（征求意见稿）》，仅《国家计委、国家经贸委关于改进工业盐供销和价格管理办法的通知》的出台过程就是一个以两碱用盐企业及其行业协会和化工主管部门、制盐企业从各自利益出发，主动出击争取国务院及有关部门理解和支持，从而推动工业盐管理体制改革及其法律确认的成功尝试②。不过，相对于前述普遍而严重的盐业立法问题，盐业公司以外的制盐企业、用盐企业、食盐零售商、普通食盐消费者在争取立法话语权和参与盐业立法方面总的说来乏善可陈，这不仅直接涉及自身守法的理性与效果，而且间接影响到国家机关对法律的遵守态度和作为。

---

① 习近平. 依法治国、依法执政、依法行政共同推进 [EB/OL]. (2013-02-24) [2014-10-07]. http://www.gov.cn/ldhd/2013-02/24/content_2338937.htm.

② 卢希. 如何处理政府部门企业之间的利益关系——工业盐管理体制改革步履维艰 [J]. 中国经贸导刊，1999（7）：12-13；卢希. 如何处理政府部门企业之间的利益关系——工业盐管理体制改革步履维艰 [J]. 中国经贸导刊，1999（8）：13-14.

二、行政相对人的守法问题

对这些法出多门、各自为政的盐业立法积弊，民众往往形成两个极端，或者表现为逆来顺受照单全收的消极盲从，或者转入"地下"与执法部门玩起猫捉老鼠的游戏。消极守法典型和普遍地体现在人们对食盐价格的反应上，典型如全国各地此起彼伏的零售食盐换包装涨价引发的旧包装食盐抢购风潮①。相对于近年来全国各地在电信、铁路、公交、银行、保险、水电气等资费方面如火如荼的诉讼维权，食盐价格问题上则显得波澜不惊。从普通消费者角度看，最引人注目的问题是食盐零售价格畸高的问题。全国各地食盐零售价格不一，但普遍高于国家发改委公布的食盐出厂（场）和产区批发价格2~3倍不等。这种严重损害消费者合法权益的现象明显违反前述价格管理方面的法律规范。虽然也有顾志华为江苏高盐价较真江苏省物价局、北京市东方公益法律援助律师事务所向国家发改委、北京市发改委申请政府信息公开等维权守法案例，但对盐价影响甚微，远未形成其他垄断行业消费者那样足够强大的社会压力。

盐产品经营者、消费者对高盐价另一种极端反应就是购销"私盐"。如前所述，私盐包括两类：一是符合国家标准但擅自购销的食用盐，二是质量不合格的土盐、粗盐。如果说前者还只涉及市场秩序问题，后者则直接影响到人民群众的身体健康。这两类私盐的相关生产者、销售者和用户随时面临被打击、取缔的危险，从而采取一种"地下"经营方式。从历年全国碘盐监测报告不难看出，凡是碘盐合格率、碘盐覆盖率、居民户合格碘盐食用率未达标的地区都是私盐泛滥地区。与参与立法对于守法的正面意义一样，在食盐价格问题上通过法律维权无论对"私盐贩子"还是普通食盐消费者都既利害攸关又责无旁贷。

三、行政执法者的守法问题

国家机关及其工作人员的守法问题。国家机关及其工作人员的守法义务不

---

① 零售食盐换包装涨价典型如2004年烟台500克装食盐从0.85元上调为1.50元、2006年海南省500克装食盐从1元上调到1.5元、2008年长春市500克装1.3元改为350克装1元。以至于有评论（东山. 食盐缺货只是为换包装？［N/OL］. 广州日报，2009-04-05.（2009-04-05）［2011-03-21］. http://news.sina.com.cn/o/2009-04-05/040915420183s.shtml.）总结食盐涨价"三部曲"：推出新包装——暂停老包装——只卖新包装，换包装意味着涨价已经成为民众的经验判断。

仅仅是法治建设，重在依法执政、依法治国，重在依法治官的理论要求和现实需要，而且是一项庄严的宪法义务——不仅《宪法》序言明确规定："本宪法以法律的形式确认了中国各族人民奋斗的成果，规定了国家的根本制度和根本任务，是国家的根本法，具有最高的法律效力。全国各族人民、一切国家机关和武装力量、各政党和各社会团体、各企业事业组织，都必须以宪法为根本的活动准则，并且负有维护宪法尊严、保证宪法实施的职责。"而且《宪法》第五条直接要求："一切国家机关和武装力量、各政党和各社会团体、各企业事业组织都必须遵守宪法和法律。一切违反宪法和法律的行为，必须予以追究。任何组织或者个人都不得有超越宪法和法律的特权。"可见，"一切国家机关"具有毫无疑义的包括宪法在内的守法义务。这里的"守法"自然是指履行法定职责。

就此而言，普通民众无论参与盐业立法还是运用法律武器维护自己涉盐合法权益的举步维艰，在很大程度上都是由于维权成本过大和效果过差造成的。其中的根本原因即在于国家相关职能部门的玩忽职守，这即是这些国家机关及其工作人员的守法问题。从这个意义上看，我国盐业行政主管机构及其工作人员的守法问题也是我国盐业垄断诸多积弊的一个重要成因。

综上所述，盐业守法问题是一个系统工程，不仅需要"良法"前提，科学设置守法成本与违法代价，而且需要"善治"环境，使守法者获得公平待遇与正面激励，并以看得见的方式实现。正如"排队或者不排队，考验的往往不是什么教育问题素质问题，而是管理和技术的水平"[1]，我们同样可以这样讲，守法还是违法，关键不是普通民众的知识、观念、能力问题，而是法律本身的正当性及其行政和司法实施的规范与效率问题。

第二节　盐业执法问题

行政执法本身就极其复杂，不仅因为内容上包括行政许可、行政确认、行政计划、行政指导、行政合同、行政奖励、行政给付、行政处罚、行政裁决以及行政强制执行和行政强制措施等各种具体行政行为和抽象行政行为即行政立法，而且与法律自身的规范性、社会法律文化和个人法律意识、法律运行配套机制等因素密不可分，还往往因为时过境迁致使行政执法昨是今非。另外，在

---

[1] 梁文道. 中国人排队的素质与技术 [N]. 南方周末，2010-05-20（F30）.

我国国情中，许多产业政策、行业内部措施的实施往往也成为"执法"内容，甚至在大多数场合，这些"执法"的强度和效果远远高于名正言顺的国家法律的执行。因此，为实事求是和问题分析的针对性，在此也将其纳入盐业执法范畴，亦即这里是一个颇具中国特色的广义的"执法"范畴。

对行政执法的分析评价往往是一个见仁见智的问题。这里主要针对上文探讨的我国盐业法律规范问题，研究具体盐业行政行为作用于现实盐业关系的方式及效力，目的在于：一则通过现行盐业法律执行的特点、程度、效率研究，探索盐业法律立法的科学性、针对性和权威性；二则总结现行盐业法律执行的经验教训，为后面将要进行的与盐业体制改革相应的盐业法律规制重构服务。下面即对几个主要盐政争议问题展开分析：

一、食盐加碘执法

从有关食盐加碘政策的法律规范看，其主要内容一是确保碘盐质量；二是实施碘盐普遍服务。

（一）碘盐质量控制

实施我国碘盐质量控制法律规范的主要行政措施包括食盐定点生产企业许可证管理、食盐定点分装与加碘和查缉私盐制度。

第一，定点生产。国家通过行政许可制度确保食盐质量，其具体方式为实施食盐定点生产企业证书管理，即每 2 年（2006 年起为 3 年）按照相关标准对食盐定点生产企业进行评审验收，合格者发放食盐定点生产企业证书，食盐定点生产企业据此办理相关工商登记手续。按照原《食盐专营许可证管理办法》之规定，国家发改委不仅负责食盐定点生产企业证书的审批发放（第六条），而且每年必须组织对食盐定点生产企业的产品质量、计划执行、经营管理和遵守国家法律、法规等情况进行检查（第十二条）——此职能 2008 年 7 月后划归工业和信息化部，截至 2014 年 4 月 12 日该规章废止，尽管食盐定点生产行政许可有法可依、行之有年，但我国食盐质量源头控制方面的成效与此却没有直接和必然的联系。其关键因素在于该行政许可主要条件与食盐质量控制之间缺乏因果联系。无论《食盐专营许可证管理办法》还是《关于组织核发 2010—2012 年度食盐定点生产许可证有关问题的通知》都规定为：遵守规定（包括法律、法令和计划）；符合标准；生产规模及布局要求。第一个条件也就是通常讲的依法经营，是企业存在和发展的前提与保障。其中按计划组织生产、销售和按规定报送食盐生产、销售统计报表诸如此类的条件纯属方便管理而制订，应该说与食盐质量控制没有直接和必然的联系。第二个条件的理由也不充分，因为《食用盐国家标准》（GB5461-2011）、《食用盐卫生标准》（GB2721-2003）、多品种食盐《食品添加剂使用标准》（GB2760-2011）都是国家强制标准，毋须行政许可管理企业也必须遵守，否则会受到相应的法律制裁。因此，食盐定点生产的真正出发点在于确保食用盐产业政策的贯彻实施。

第二，分装与加碘。目前许多地方食盐加碘工作由盐业公司专门负责——其实质为垄断经营，具体内容包括小包装分装加工及加碘（包括碘含量不足的补碘）两项。实际上，这种质量保障措施既不规范，亦非必需。因为食盐加碘在性质上属于食盐生产环节，应为食盐生产企业业务范畴。就此而言，盐业公司加碘直接违反《食品安全法》的食品生产许可制度和《食盐专营办法》的食盐定点生产制度。严格地讲，这是一种无证经营行为。同时，从经济效率和监管效果上看，更应坚持食盐生产的成品化原则，鼓励食盐在生产环节直接分装和加碘。这一方面可以降低产销间运输成本和节约碘盐轮换资源，另一方面也有利于确保碘盐质量。相对于其他食品安全的检测，碘盐质量检测无论在技术、时间还是成本方面都没有特殊要求，我国质检、卫生、工商等部门甚至普通消费者都能掌握，在生产、运输、储存、批发、零售等环节均可有效监督①。因此，在生产环节集中加碘和分装是生产企业的合理和合法要求。这也逐渐为盐业公司所认同②。

第三，缉私。据现行盐业法律，在食盐专营制度下，凡是非专营食盐均为私盐。实践中的问题主要在于如何界定专营的范围、方式特别是专营的标准及其合理性。按照《食盐专营办法》的立法精神和社会共识，也是盐政执法名正言顺的理由，私盐应该是假冒伪劣食盐、非碘盐或者不合格碘盐的别称，缉私是为了保障合格碘盐的供应。但事实上，一方面，前面关于盐业法律适用对象的分析已经表明，许多地方盐业立法将畜牧盐、肠衣盐、渔盐、出口盐与食盐相提并论，盐务行政执法机构得以"依法"——准确地讲，是选择性执法——将其列入专营范围③，相应地将这些盐品种的非盐业公司渠道经营作为缉私对象；另一方面，不仅"在盐业公司看来，只要不是通过他们进货的盐就是

① 毛晓飞. 食盐加碘 不必专营——根除盐铁思维下的"榷盐"制度 [J]. 中国发展观察，2009（7）：53.

② 中盐食盐专营部. 关于填报 2011 年食盐分配调拨计划（草案）的通知 [EB/OL].（2010-10-14）[2011-03-16]. http://www.chinasalt.com.cn/xwzx/zytz/5ea3c8662ba42760012ba97cd0a2000e.html.

③ 中盐食盐专营部. 关于填报 2011 年食盐分配调拨计划（草案）的通知 [EB/OL].（2010-10-14）[2011-03-16]. http://www.chinasalt.com.cn/xwzx/zytz/5ea3c8662ba42760012ba97cd0a2000e.html.

私盐，而通过他们转手的盐就是'公盐'"①，各地盐业公司擅自跨区域销售也不例外②，而且制盐企业不能直接用自己的盐，必须从当地盐业公司买回使用，否则即以私盐论处③。其成因不难理解，在很大程度上源于畸高的食盐价格。正是高额的垄断利润催生了私盐泛滥，而为了防治私盐对食盐市场的冲击，又需要强化盐政执法，后者的成本却基本来自盐业公司，于是我国食盐专营形成了"垄断——高价——私盐泛滥——加强垄断"的恶性循环。很明显，如此缉私严重偏离了保障碘盐质量的初衷，甚至异化为执法部门的牟利工具，而在最需要严格执法的老少边穷地区，假冒伪劣食盐泛滥成灾④。最近的案例是"两万吨假盐流入七个省市农村市场时间长达7年"。⑤

(二)碘盐普遍服务

这里首先需要明确普遍服务的概念。王俊豪教授界定其含义包括：可获得性，即只要消费者需要，垄断性产业的经营者都应该高效率地向消费者提供有关服务；非歧视性，即对所有消费者一视同仁，在服务价格、质量等上不因地理位置、种族、宗教信仰等方面的差别而存在歧视；可承受性，即服务价格应该合理，使大多数消费者都能承受⑥。鉴于碘缺乏病对人民身体健康的严重危害性，也基于我国大部分生活在碘缺乏地区人群经济贫困和文化落后的现实，我国碘盐普遍服务的针对性在于如何确保这部分人群的碘盐消费。就其实质而言，这种普遍服务在很大程度上是一种扶贫措施，甚至涉及生存权问题。就此而论，这不仅是相关企业的一种社会责任，更应该成为政府义务，这也是我国实施食盐专营的初衷所在。

我国碘盐普遍服务主要通过指令性计划以及政策优惠、财政补贴等方式实施。客观地看，一方面，我国食盐加碘防治碘缺乏病取得了举世瞩目的成绩；另一方面，其存在的问题不容忽视：

一是普遍服务缺乏针对性。食盐作为人类生存的必需品，具有无与伦比的

---

① 张向东. 发改委研讨盐业体改 生产者管理者各自说话 [N]. 经济观察报，2007-04-28 (004).

② 贾华杰. 盐业专营：不确定时间的改革 [N/OL]. 时代周报，2010-01-27. (2010-01-27) [2011-03-21]. http://www.time-weekly.com/story/2010-01-27/105531.html.

③ 郭高中. 打破食盐批发和零售环节的垄断 艰难的盐业改革 [J/OL]. 瞭望东方周刊. (2005-05-25) [2011-03-16]. http://politics.people.com.cn/GB/1026/3415984.html.

④ 李晓宏. 十年补碘路漫漫 [N]. 人民日报，2005-05-26 (011).

⑤ 新华社. 两万吨假盐流入七个省市农村市场时间长达七年 [EB/OL]. (2015-07-04) [2015-08-13]. http://www.fj.xinhanet.com/2015-07-04c_1115816234.htm.

⑥ 王俊豪. 中国垄断性产业普遍服务政策探讨[J]. 财贸经济，2009(10)：120.

刚性需求，具有准公共品性质，以至于专营所致的垄断利润被认为具有税收性质①。顺理成章的是，普遍服务在可获得性、非歧视性和可承受性原则方面的正当要求自然应该成为国家为经济、教育落后的碘缺乏病弱势群体提供便捷、廉价甚至免费碘盐的应尽义务。而实际上，我国在这方面任重道远②，至少目前还没有具有较强针对性和可行性的普遍服务政策体系及其配套机制。

二是普遍服务缺乏效率。我国大多数地区通过省、市、县三级盐业公司"统一计划、统一调运、统一价格、统一结算、统一供应"实施食盐普遍服务政策。据悉，我国盐政执法人员的规模为2.5万人左右，仅海南省盐业公司每年支出的盐政费用（包括检测、稽查和宣传等事项）就有1千多万元，而山东省甚至高达2亿元③。据官方人士披露，四川省盐业总公司对甘孜州盐业公司的结算价（在天全配送中心交货）为每吨798.79元，四川省物价部门核定给四川省盐业总公司1千克装加碘食盐的批发价是每吨1 577元，零售价每吨1 900元，而"四川省盐业总公司为甘孜州的食盐配送供应不分摊一分钱的自身管理成本，也不要一分钱的报酬，每吨还要净亏（1 003.40-798.79）201.61元"④。四川省盐业总公司与甘孜州盐业公司的结算关系在全国较为特殊，但二者之间的价格链条却颇具代表性，仅以"成本结算价"（1 003.40元）与核定"批发价"（1 577元）的差额亦即四川省盐业总公司"管理成本"与"报酬"之和来看——这与2005年河南省每吨食盐的"利润与经营费用"⑤大致相当——我们大致可以估算2005年全国770万吨食盐销量的垄断利润概貌。另外，国家为加碘盐工程投资近10亿元，以及仅1990年以来全国各地先后收取的国家碘盐生产发展基金、国家碘盐基金、各盐业公司、盐务局的管理费、服务费就以数亿元计，其他名目繁多的基金、

---

① 许安拓."私盐"和垄断谁更可怕[N].中国财经报,2005-01-18(03).

② 刘芳归结西藏、新疆、青海碘盐普及进展缓慢的主要原因在于:高盐价与低收入之间的矛盾、健康知识与传统生活习惯之间的矛盾、获得土盐的方便与购买碘盐的不便之间的矛盾。见刘芳.中国西部三省消除碘缺乏病需求评估及障碍分析[D].北京:中国疾病预防控制中心传染病预防控制所,2009:44-46.

③ 毛晓飞.食盐加碘 不必专营——根除盐铁思维下的"榷盐"制度[J].中国发展观察,2009(7):53.

④ 陈逸根.食盐加碘专营关系民族团结国家稳定——对四川甘孜州食盐经营的调研报告[J].上海商业,2006(6):36.

⑤ 据国家审计署太原特派办2006年5月初对河南省盐业总公司的审计报告,2005年河南省每吨食盐的市场零售价、出厂价(成本价)、"包装和分装"费用、流通环节的"利润与经营费用"分别为1 600元、435.25元、430元、533.74元。见常红晓.河南食盐专营暴利多多[J/OL].财经,(2006-06-14)[2011-03-21].http://www.caijing.com.cn/2006-06-14/10008778.html.

规费，更是不计其数①。而据测算，向未达标地区全部贫困人口和低收入人口免费供应食盐的资金每年仅需 3 亿元；即使面向全国的贫困和低收入人口免费供盐，每年也仅需 7 亿元②。2004 年诺贝尔经济学奖得主芬恩·基德兰德教授甚至认为，在世界范围内，"只需花费 2.86 亿美元我们就可以在 80% 受影响最重的地区实现食盐加碘和基本食品铁强化"③——很明显，这些支出与各级盐业公司获得的独占式垄断利润、各种政府补贴、税费完全不成比例。

二、产业政策执法

（一）产业政策内容及成效

针对"行业中存在的企业经济规模小、技术装备落后、资源利用率低、市场竞争力弱、经济效益差等结构性矛盾和问题仍然比较突出"的产业现状，2006 年《全国制盐工业结构调整指导意见》提出了"全面贯彻落实科学发展观，加快转变经济增长方式，推进产业结构优化升级，建设资源节约型、环境友好型社会，更好地发挥政府宏观调控和企业的市场主体作用，引导和促进制盐工业健康发展"的发展战略，由此制定了"转变经济增长方式，调整优化产业结构、产品结构和产业布局，全面提高行业核心竞争力"的产业政策，将"加强宏观调控，保持总量平衡"和"促进企业组织结构调整，培育和发展大型盐业企业集团"作为结构调整的两大重要举措④。但是，该产业政策的效果却不尽如人意。据中国盐业协会副秘书长朱国梁透露，一方面，产能严重过剩，2006 年过剩 1 471 万吨，2007 年过剩 1 518 万吨，2008 年过剩 1 385 万吨，2013 年我国生产原盐 8 600 万吨，原盐产能为 10 620 万吨，产销失调致使制盐企业开工率严重不

---

① 据报道："1 吨工业盐出厂价多为 150 元左右，但是一经各级盐业公司专营后，盐价马上上升到五六百元，甚至高达 800 多元。全国小工业盐用量每年大约是 1 000 万吨，仅此一项，各级盐业公司每年就能获取三四十亿元的垄断收入。"见郭高中. 打破食盐批发和零售环节的垄断 艰难的盐业改革 [EB/OL]. 瞭望东方周刊. (2005-05-25) [2011-03-21]. http://politics.people.com.cn/GB/1026/3415984.html.关于各级盐业公司通过食盐专营获取的年度垄断利润，目前较有共识的数字是 130 亿元。见杜晓，任雪. 盐业体制改革能否"毕其功于一役" [N]. 法制日报，2010-02-11 (004); 毛晓飞. 食盐加碘 不必专营——根除盐铁思维下的"榷盐"制度 [J]. 中国发展观察，2009 (7)：51; 陈建芬. 盐改的最后博弈 [J]. 中国企业家，2010 (Z1)：56.

② 《我国盐业体制改革研究》课题组. 明确方向稳步推进——关于食盐专营体制改革的几点建议 [EB/OL]. [2011-03-21]. http://china-reform.org/article.asp? id=1944&class_id=992.

③ FINNE KYDLAND. Doing Good Efficiently [EB/OL]. (2008-06-30) [2011-03-21]. http://www.project-syndicate.org/commentary/kydland1/English.

④ 《国家发展改革委关于印发全国制盐工业结构调整指导意见的通知》发改工业〔2006〕605 号，2005 年 11 月 18 日印发.

足；另一方面，我国许多地区仍在不断计划新建或者扩建原盐及配套氯碱、纯碱装置，2013 年我国产能增加 695 万吨，且全都是井矿盐①。这些超过 1 000 万吨的产能大部分是食盐产能，因为生产工业盐的企业大都具备生产食盐的能力，"由于生产食盐利润更高，都想生产食盐，而食盐的需求量是相对固定的，产销矛盾实在难以协调。"② 一个更具说服力的例子是，2005 年 11 月 18 日《国家发展改革委关于印发全国制盐工业结构调整指导意见的通知》为 2010 年设定的"食盐定点企业由现在的 121 家调整到 50 家以内"的指标完全落空——2009 年12 月 18 日工业和信息化部为 100 家食盐定点生产企业和 15 家多品种盐生产企业核发了 2010—2012 年度食盐定点生产许可证③。

（二）产业政策执法及积弊

我国盐业产业政策效果不佳的各种主客观因素中，盐业管理体制至关重要。我国盐业管理半个多世纪以来几经变更，错综复杂，不过其基本特征较为显著，集中体现为盐产品产运销一条龙的计划管理模式。

改革开放以来，两碱工业用盐和部分地方的其他工业用盐逐步放开，但食盐专营制度下整个盐行业仍深受计划经济影响，管理落后而低效。我国现行食盐专营制度主要包括生产、销售、储存、运输四个环节的严格管控。在生产环节上，国家对食盐实行定点生产制度；在销售环节上，各级盐业主管部门通过指令性计划对食盐进行分配调拨；在储存环节上，由省级盐业主管机构确定本地区食盐合理库存量并组织实施；在运输环节上，省级盐业主管机构实行食盐准运证制度。实践中，这些专营措施往往事倍功半甚至沦为部门利益乃至个人利益的工具，其积弊主要表现在：政企不分、产销分立、市场割据、管理混乱④。下面主要从中央和地方两个层面分析我国盐业产业政策执法的影响。

---

① 安超. 中国原盐市场格局分析及展望 [J]. 中国氯碱，2014 (4)：43. 中盐协会秘书处. 中盐协会 2014 年全国盐业产销座谈会近在北京召开 [EB/OL]. (2014-04-11) [2014-10-08]. http://www.cnsalt.cn/d.asp？id＝20076.

② 何宗渝，马姝瑞，樊曦. 食盐专营体制改革应稳妥推进 [N]. 中国食品质量报，2010-02-03 (003).

③《工业和信息化部关于印发 2010—2012 年度食盐定点生产企业名单的通知》工信部消费〔2009〕668 号.

④ 2001 年，国家经贸委经济运行局盐业管理办公室组织调查团到山东、江苏、青海、四川等 8 个重点地区进行调查，调查团认为盐业管理体制存在很多问题，其中就包括：政企不分，垄断经营，利用"政"为"企"谋利；各级盐业公司以加强食盐市场管理为名，超越权限，以地方立法的形式把盐管死，实行事实上的地区封锁，食盐专营已经成了盐业部门垄断经营的护身符；流通环节食盐定价过高，生产企业利益分配极其不合理。见郭高中. 打破食盐批发和零售环节的垄断 艰难的盐业改革 [EB/OL]. 瞭望东方周刊（2005-05-25）[2011-03-21]. http://politics.people.com.cn/GB/1026/3415984.html.

中央产业政策执法方面。国家盐业行政层面的问题主要体现在相关职能部门政出多门、中国盐业总公司政企不分、假公济私。

政企不分往往意味着相关行政管理越位、错位与缺位并存。一方面，我国盐税——古代通称盐课——对财政贡献曾经达到"天下之赋盐利居半"的高峰，但近现代特别是中华人民共和国成立以来，盐税的财政占比日益萎缩：盐税 1950 年占国家税收 5.49%，2006 年已降至 0.04%，盐税的作用已经微乎其微①。盐行业在国家经济总量、财政贡献中比重过小，加上盐产品本身低值、笨重，以至于中国盐业总公司能够长期越俎代庖行使相关行政权力，而本应负责的行政主体却怠于职守、放任自流；另一方面，现行食盐专营体制的多头监管很不规范，工商、质监、卫生、物价、财政等机构的部门管理职能、国家发改委、国资委、工信部等机构的宏观调控职能与中国盐业总公司的经营职能、中国盐业协会的行业管理职能界限不清、权责不明。

以事关食盐专营关键环节和制盐企业核心利益的食盐生产许可证发放和年度计划编制为例。

表 4-1

步骤	简介
第一步	国家发改委向省市区下达编制下一年度国民经济和社会发展计划草案的通知，其中包括食盐计划。
第二步	各省市区盐务管理部门和盐业公司负责提出本地方的需求量，产区省份提出食盐的可供量。
第三步	国家发改委托中盐总公司对各省市区上报的计划草案进行平衡和协调，提出全国年度食盐调拨计划建议草案。
第四步	上述草案上报国家发改委审批下达，由国家发改委向各省市区盐务管理部门、盐业公司和中国盐业总公司下达年度食盐分配调拨指标计划和食盐干线运输计划。
第五步	各食盐定点企业按照计划生产，各级盐业公司按计划收购、调运和销售。

如表 4-1 所示②，国务院盐业主管机构，无论是原来的"盐业管理办公室"还是现在的工业和信息化部消费品工业司，食盐专营管理始终为其法定职能。其中，食盐定点生产许可证的审核、发放和食盐年度生产计划的编制、

---

① 李英锋. 食盐专营是越来越苦涩的"政策调味品"[N]. 大河报，2014-04-23（04）.

② 资料来源：产业信息网整理 [EB/OL]. （2014-04-25）[2014-10-08]. http://www.chyxx.com/industry/201404/240242. html.

下达及组织实施从来都是该盐业主管机构法定职责的重头戏①。但实践中，该机构及其上级职能部门往往授权给中国盐业总公司行使。1990年轻工业部明文规定："轻工业部授权中国盐业总公司行使盐业行政管理职能，负责组织贯彻实施《盐业管理条例》及有关盐政管理工作。"并赋予中国盐业总公司12项行政职能②。"1994年实施食盐专营政策后，成立了中国轻工总会盐业管理办公室。由于盐的特殊性，当时总会党组决定，将盐管办的政府职能也授权总公司执行，总会改为国家轻工业局后，也是这样做的。1998年，中央要求政府与企业脱钩，考虑到食盐专营的特殊性和中盐总公司几十年来特别是实施食盐专营政策以来发挥的重要作用，经中央脱钩小组反复研究并报国务院领导同意，决定授予中盐公司承担全国食盐的生产经营等八项职能。"③ 2003年国家发改委行文要求："中国盐业总公司要认真组织落实并督促各产销企业严格执行国家计划。"④ 至2008年新版"食盐准运证"、2009年"食盐批发许可证""食盐转（代）批许可证"、2013年食盐分配调拨计划（草案）等事项，工业和信息化部仍授权中国盐业总公司办理⑤。虽然国务院2011年以来相继取消、下放了食盐准运证、年度生产调拨计划、准运证、生产许可证等审批项目，但中国盐业总公司在"食盐产销衔接"的组织协调工作使其在国家盐产业政策执行中仍有较大发言权。

政企不分无疑为中国盐业总公司利用在位者的特权进行食盐市场的不公平竞争大开方便之门。2006年、2007年、2008年中国盐业总公司食盐产量分别占全国食盐产量的25.50%、35.44%、29.20%，产销率分别为97.22%、88.80%、85.60%⑥；在工业和信息化部核发的2010—2012年度食盐定点生产许可证中，中国盐业总公司就分别占了100家食盐定点生产企业的18家和15

---

① 见《关于国家经贸委盐业管理职能有关问题的通知》（国经贸运行〔2002〕288号）；《国家发展改革委员会办公厅关于盐业管理职能有关问题的通知》（发改办工业〔2003〕712号）；《国务院办公厅关于印发工业和信息化部主要职责内设机构和人员编制规定的通知》（国办发〔2008〕72号）。

② 《轻工业部关于抓紧贯彻〈盐业管理条例〉的通知》，1990年7月13日。

③ 黄静，柴桂凤. 食盐专营 健康防线 福泽万代 [N]. 人民政协报，2002-08-07 (B02).

④ 《国家发展改革委关于下达2004年盐分配调拨计划和食盐干线运输计划的通知》（发改经贸〔2003〕2312号）。

⑤ 中盐食盐专营部. 关于填报2011年食盐分配调拨计划（草案）的通知 [EB/OL]. (2010-10-14) [2011-03-16]. http://www.chinasalt.com.cn/xwzx/zytz/5ea3c8662ba42760012ba97cd0a2000e.html.

⑥ 中国盐业总公司. 2010年中国盐业总公司企业债券募集说明书摘要 [N]. 上海证券报，2010-02-03 (A12).

家多品种盐生产企业的 3 家。国家审计署在 2006 年 11 月完成的"关于我国食盐专营体制的审计调查报告"中披露的信息更是令人触目惊心：2004 年、2005 年中盐总公司利用协调生产和销售计划的权力，在编制计划时预留 4 万吨，分配给本公司投资的生产企业。有鉴于此，2006 年 7 月国家发改委经济体制与管理研究所完成的《我国盐业体制改革研究》报告主张：食盐产能明显供大于求——当时中国食盐生产能力约 1 700 万吨，而每年的计划指标仅为 700 万~800 万吨的局面下，食盐计划管理体制没有完全起到优化资源配置的作用，因此，为了防止盐业公司利用计划编制权，不合理扩张形成市场垄断格局，应尽早调整计划编制单位。同时，应逐步剥离仍由中盐总公司履行的各项行政职能，使其成为真正意义上的企业，促进市场的公平竞争①。大量事实表明，中国盐业总公司令人刮目相看的规模和效益，在很大程度上源自食盐产销分立的政策壁垒，得益于其绝无仅有的既是裁判员又是运动员的特殊身份。一言以蔽之，中国盐业总公司的行政受权与其经营业绩之间存在着必然和直接的因果关系②——这自然是就其食盐业务而言。从中国盐业总公司整体经营水平和业绩看，可以说"成也专营，败也专营"，专营的政策红利和垄断体制在很大程度上制约了中国盐业总公司可持续发展的内生动力，限制其作为一个真正市场主体的生存能力③。

---

① 与国家发改委研究部门的意见一样，审计署在改革建议中第一条便提到，实行政企分开、盐业生产和商业分开，强化盐行业监管力度。具体是盐业公司不再行使盐行业行政管理职能。罗晟. 垄断者中盐总公司的沉重扩张：千亿元资产目标依赖食盐专营 [N]. 东方早报，2010-12-22（A32）.

② 时任国家发改委经济运行局副局长的陈国卫认为，中国盐业总公司本身就是经营性企业，有自身利益，却代表政府行使行政职能，以致"中国盐业总公司在安排计划时，逐年向自己的企业倾斜，极不公平"（陈国卫. 盐业体制非改不可 [EB/OL]. (2003-06-05) [2011-03-21]. http://archive.caing.com/2003-06-05/100080850.html.）。据悉，这在中盐内部的要求是"我们要内部循环"（陈建芬. 盐改的最后博弈 [J]. 中国企业家，2010（Z1）：58.）。

③ 典型如中盐总公司总经理助理、企业发展部部长胡红江在 2009 年年底表示，"近年来总公司实现了快速扩张，产品趋同化、同质化、市场同业竞争、大而全、小而全等问题开始显现，集团内不能实现资源共享，未能实现专业化分工，仍然处于无序竞争状态。"胡红江表示，中盐总公司在快速发展中无暇顾及内部重组，致使三级以下公司繁衍发展到近 300 家，形成母公司的巨大拖累。除了少数公司确有效益，有存在理由外，多数公司都是寄生在主业上，消耗资源、分流利润、养懒人养闲人的安置机构；有的公司股本结构复杂，靠关联交易生存；个别公司实际上是亏损的黑洞，腐败的温床。胡红江称，"中盐近四年来，改造、建设年产 60 万吨以上制盐项目 7 个，购置 75 吨以上锅炉及 6 000 千瓦以上发电机组共 9 套，建设、引进化工、人造板生产线 10 条，总投资近 100 亿元，但全由企业自行招标采购，没有与供应商统一谈判，同样的设备材料没有一个同价。"罗晟. 垄断者中盐总公司的沉重扩张：千亿元资产目标依赖食盐专营 [N]. 东方早报，2010-12-22（A32）.

地方产业政策执法方面。地方盐业管理体制中政企不分、利益执法、管理混乱更为突出，同时还普遍存在严重的市场割据、扩大专营等问题。

第一，地方盐业体制的政企不分与管理混乱相辅相成。一方面，各地盐业管理体制千差万别。如前所述，我国25个省（直辖市、自治区）的盐业行政管理部门和盐业公司都是"一套班子，两块牌子"的政企合一格局。具体到各地，盐业体制形成时间、方式和程度又各有不同，如广东的盐务局和盐业公司就经历了合——分——合三部曲；又如河北省盐务管理局（省盐业公司）负责生产企业和市场管理，而河北省盐业专营总公司由河北省供销合作总社主管，负责盐的储存、运输、销售及防治碘缺乏病的具体实施；再如重庆市，虽然2006年将重庆市盐业总公司整体划转给重庆化医集团作为其全资子公司，由重庆化医集团对重庆市盐业总公司履行出资人职责，2008年重庆市盐业总公司整体改制为重庆市盐业（集团）有限公司，成为加碘食盐专营经济实体，但盐务局与盐业公司始终合二为一；还如青海省盐务管理局由省经委主管，负责盐的生产企业、省内盐的生产、销售计划和盐政市场管理，青海省盐业股份公司则由西部矿业集团控股，负责部分盐的生产和全省盐的调运、销售①。

另一方面，山东、江西、广东、广西、湖北、安徽、河南、甘肃、吉林、辽宁、黑龙江、贵州、四川、江苏、浙江、福建、上海、北京、内蒙古、新疆、宁夏、海南等地均实行省、市、县盐业公司"一条鞭"垂直管理。该管理体制下，上下级管理方式落后、权责不符。以食盐调拨计划为例，据业内人士披露，在食盐计划编报的实际运行过程中，自上而下的分配往往使得市、县两级盐业部门没有发言权，计划编报基本上是走形式；而计划的实施实际上成为以"把盐放下去，把钱收回来"为起点和终点的工作过程②。

第二，大部分盐业行政执法机构与盐业公司之间存在着千丝万缕的利益关系，二者已经成为利益共同体。在许多地方，盐务局虽然是执法主体，但没有行政编制，没有财政经费，甚至工资都成问题，或者通过执法自收自支或者靠盐业公司承担。据调研，全国32家省级盐业管理机构中，只有8家有财政拨款，其余24家中，自收自支和盐业公司承担盐政经费的分别是8家和16家。③

① 谷安武. 湖南盐业体制改革的路径探讨［EB/OL］. （2008-10-19）［2011-03-21］. http://www.hnsalt.com.cn/Article.aspx? id=10877.

② 雷学峰，李晓霞. 我国食盐计划管理的问题及其对策［J］. 市场研究，2004，（9）：20-21.

③ 盐政网. 中盐协会宋占金融秘书长关于全国盐政管理调研情况的汇报［EB/OL］.（2007-07-23）［2015-08-13］. http://www.yanzheng.com/shownews.asp? newsid=8112.

盐务局"实际上就是一个经济实体,是自负盈亏的公司",郑州市盐业局一位领导直言:"都来经营的话,我的 3 000 口人吃什么?"①。据商丘市盐业局执法大队负责人郭振华透露,他们执法大队的工资由该市盐业公司承担,但办公费用却由自己来筹集。筹集办法是将没收的私盐由该市盐业公司以成本价回收,然后再卖到市场上②。总之,两块牌子,一套人马,不仅管盐,还要卖盐,已经成为许多地方盐政管理的常态。这直接导致了各地盐业公司通过盐政部门的选择性执法进行市场垄断,食盐专营蜕变为他们的牟利工具。

第三,盐业市场的地方割据。这也是食盐专营制度在实践中走样的一个典型。前面有关食盐批发许可法律规范的分析已经表明,《食盐专营办法》关于竞争性的行政许可要求在行政规章和地方性法规中被异化为垄断性直接指定,而且是"只此一家,别无分店"。很明显,食盐这种大吨位商品,其生产的地域性特点和运输成本对盐价的影响程度决定了行政区域的市场割据严重违背经济规律。于是,发生这样的现象就不足为奇了:北京盐业公司抓私盐,抓到的是河北省盐业公司,最后打官司打到最高人民法院,虽然河北省盐业公司胜诉,但跨指定区域销售食盐、非指定盐业公司渠道购销食盐在全国各地都以私盐论处,即使盐业公司同行之间也不例外③。

第四,专营扩大化。这主要表现在:一是正如前面规范分析已经详列的那样,许多地方性法律文件规定由盐业公司垄断小工业盐经营或者通过设置许可证、准运证甚至增设行政处罚等方式将小工业用盐实质上纳入到专营管理范围。实践中地方盐业公司往往以"防止冲击食盐市场"为由,违反《食盐专营办法》擅自扩大专营范围,对纯碱和烧碱工业用盐之外用于印染、皮革、玻璃、医疗、制冷等工业用盐实行专营管理。二是对《食盐专营办法》进行扩张解释,违反商品自然属性和行业生产规律,将碘盐强行销售给不宜加碘的调味品生产企业。据专家介绍,碘在高温下极易挥发,而生产酱油和腌菜都需要经过高温灭菌工序,碘盐根本起不到应有的补碘作用,这不仅加重了企业的

---

① 郭高中.打破食盐批发和零售环节的垄断 艰难的盐业改革[EB/OL].瞭望东方周刊(2005-05-25)[2011-03-16].http://politics.people.com.cn/GB/1026/3415984.html.类似的说法还有出自苏州盐务官员的"都卖盐,盐务局吃什么?"见高杨.垄断经营:工业盐拖累苏州化工业 [N].人民政协报,2008-08-08 (C03).

② 李钧德,谭野."私盐流行"拷问盐业管理机制 [N].中国改革报,2004-09-24 (001).

③ 傅刚义.论中国盐业管理体制 [D].北京:清华大学,2005.

成本负担，而且影响相关商品的品质①。

三、食盐价格执法

食盐专营的关键在于食盐政府定价。食盐从生产到消费的整个链条中，价格无疑是一个指挥棒，所有相关主体都围绕价格进行博弈；价格也是一个晴雨表，如表4-2所示②，各主体的成本—收益都在价格上表露无遗。

表4-2

食盐定价环节	单价（单位：元/吨）	备注
车间价	120~220	
出厂价	400~500	
批发价	1 200	加碘成本 20~25 元/吨
二级批发价	1 500~1 600	
超市售价	2 600	未折算零售价为 1.3 元/500 克

（一）价格构成法律规范

以广东省盐产品价格构成为例，根据现行有效的《关于调整食盐价格的通知》《关于食盐价格问题的通知》《转发关于国家碘盐基金停止征收后有关价格政策的通知》和《转发关于提高食盐出厂（场）价格的通知》，广东食盐价格的出场（厂）价、批发价、零售价三大部分具体构成为：

第一，食盐出场（厂）价由裸盐价格、包装费、加碘费用、资源税和增值税构成。对集体盐场食盐的收购价，在调整后的当地出场价内提取盐田建设费、盐民福利费、平衡差及集体盐场改造费四项费用后予以核定，四项费用由广东省、市盐业主管部门掌握使用。2005 年国家碘盐基金停止征收后，广东省各盐场的食盐出厂（场）价以及集体盐场的原盐收购价格，在《关于调

---

① 四川省质监局质量监督处副处长李敏在 2006 年 7 月 3 日"我国盐业体制改革研究"课题组成都座谈会上指出：一些企业反映酱油属于高温酿制，碘盐的碘在高温下分解，加碘盐作用不大，而且碘盐影响酱腌菜、泡菜的脆性。因此建议"该使用非碘盐的特殊品种也要按需供应，不然导致食品品质的影响和不必要的浪费"。见"我国盐业体制改革研究"课题组在四川开展调研 [EB/OL].（2006-07-06）[2002-04-15]. http://www.yanzheng.com/shownews.asp? newsid = 6575.

② 这是笔者根据国家发改委有关调研资料所制作的不同环节食盐价格一览表。资料来源：李凌. 食盐专营许可证管理办法废止 盐业行政审批权限下放 [EB/OL]（2014-4-22）[2014-10-09] http://www.jinbw.com.cn/jinbw/xwzx/zzsx/201404225214. htm.

整食盐价格的通知》规定价格的基础上，每吨均相应上调 25 元（不含税）。2009 年不含碘的日晒盐出厂（场）价格由原来的 412 元/吨（含资源税），提高到 434 元/吨。

第二，食盐的批发价按产、销地分为产区批发价和销区批发价。产区批发价由出场价、筑装管理费、集运费、省内平衡差、中央碘盐基金、广东省碘盐价格调节基金、中盐总管理费、增值税构成。调整后的销区批发价由产区批发价、商品流通费、中盐总管理费、利润和增值税构成。在产、销区批发价内，分别按批发价的 0.25% 在产销两个环节缴纳中盐总管理费。省内平衡差、中央碘盐基金、广东省碘盐价格调节基金、中盐总管理费由销区盐业公司与产区盐业公司（盐场）结算盐款时代扣，由省盐业总公司集中统一上缴。2009 年筑装管理费和集运费改为原盐生产企业（盐场）所得；广东省平均产区批发价格由原来的 600.50 元/吨，提高到 625.36 元/吨。

第三，食盐零售价为加碘散装食盐零售价。非碘盐的价格以各盐种加碘盐价格为基础，减去加碘费用（加碘加价）和相应的增值税。渔业、农业、牧业用盐按当地食盐批发价执行。通过水产部门供应的食盐，其调拨结算价享受当地食盐批发价倒扣 9% 供应。

县城以下的乡镇农村市场零售价格，具体由各县物价局会同盐业、供销部门以县城中心价为基础，按照路程远近和运输条件合理安排城乡差价。2001 年取消城乡差价，广东全省复合膜包装袋加碘食盐统一零售价为洁白海盐、日晒盐 1.8 元/千克、精制盐、海精盐 1.9 元/千克。

按照《国家计委办公厅关于工业盐价格管理有关问题的通知》，放开两碱工业盐价格；对两碱以外的其他工业用盐实行指导价，广东省其他工业盐中准供应价格统一调整为 715 元/吨，各盐业公司可根据实际经销成本和市场供求状况，在上下浮动 10% 幅度内确定具体供应价格。

这就是广东省 4 份盐产品价格文件的主要内容。联系前述 2006 年陈逸根透露的四川省盐业总公司一级食盐批发价"实实在在的成本费用"和 2006 年国家审计署太原特派办对河南省盐业总公司不同环节食盐价格的审计结果，无论从正式公布的信息还是笔者调研获得的第一手资料均表明，广东食盐的价格构成极具代表性，亦即这是一个全国性的问题。

（二）价格执法积弊

食盐价格执法的积弊集中表现在两方面：食盐定价机制不合理和食盐与其他用盐的"双轨制"。

从广东省这 4 份食盐价格规范性文件我们可以看出食盐定价机制存在的这

3 个主要问题：

一是广东物价部门在价格行政执法过程中存在较为严重的滥权与失职，管得过多、过细的同时该管的没有管好。如《转发关于提高食盐出厂（场）价格的通知》置国家发改委《关于提高食盐出厂（场）价格的通知》有关"食盐出厂（场）价格（含税）每吨提高80元"之规定于不顾，仅提高无碘日晒盐的出场（厂）价和产区批发价，且幅度也与国家发改委的要求相距甚远；又如1996年规定的集体盐场食盐出场价内提取的四项费用"由省、市盐业主管部门掌握使用"之概括性授权规定既于法无据，又很难监管；相对于其他食盐价格变化的附表明列，2009年关于筑装管理费和集运费只是一笔带过，未对其实施方式作出具体安排，在产销双方地位悬殊的情况下，其效果可想而知。另外，1996年关于城乡差价具体由各县物价局会同盐业、供销部门"合理安排"之规定虽然在2001年废止，但其定价权的倾向性却有目共睹。

二是名目繁多的规费全部纳入批发价，实践中往往视作盐业公司的成本，这反过来又成为定价基础，加之缺乏配套措施和有效监管，不仅导致定价基本上是盐业公司说了算，缺乏起码的制约机制，而且难以分清其政策性与经营性收支界限，其成本与收益也往往成为一笔糊涂账。这无疑是包括价格主管部门在内的政府职能部门不正确履行职责的表现，也是其他利益相对方处于信息和话语弱势地位、无法有效主张自己合法权益的一个重要原因。

三是广东现行食盐价格的基础性规范《关于调整食盐价格的通知》被规定为执行日期前"秘密"，并特别强调"本通知不宣传、不广播、不登报"。这无疑是对制盐企业、盐业下游企业、普通消费者的定价知情权、参与权、建议权、监督权及其可得利益的漠视、侵犯、剥夺。由此反映的是食盐价格关系相关主体明显的地位不平等和权利（责）不对应，这也导致他们之间不正常的利益格局和福利水平。

如果说"私盐"在很大程度上是食盐专营的"副产品"，那么腐败就是以垄断为基础的一种"权力租"①。食盐产销近千元的价差，无疑是私盐和腐败的共同基础，以至于2009年由国家发改委、工业和信息化部相关人员组成的盐业体制改革调研组在成都座谈会上提出的首要问题就是："针对'私盐贩子提出食盐卖到900元一吨就没有私盐了'，如何在工业盐和食盐管理形式上和价格形成关系上解决，能否不增加专营的成本来解决？"② 这个问题的核心就

---

① 薛兆丰. 永远从租的角度看垄断（上）[N]. 经济观察报，2007-04-23（055）.

② 盐业体制改革调研组在蓉召开省盐务局座谈会 [EB/OL]. （2009-06-17）[2002-04-15]. http://www.gzsalt.com/zixun/ShowArticle.asp? ArticleID=4471.

在于盐业价格特有的"双轨制"。

我国现行盐业管理体制下的价格"双轨制"是指：一方面，以是否纳入食盐生产和调拨计划或者以是否被认定为食盐产销衔接为标准，生产成本、质量要求相差无几的盐产品出场（厂）价格迥异，在批发价、零售价上的相应价差更是几何级递增——相对于工业盐的市场价格，食盐的政府定价畸高；另一方面，食盐价格不仅构成极不合理，产销倒挂严重，而且计划性、指令性的政府定价在实践中往往异化为盐业公司的企业定价。此外，"食盐销区的盐业公司表面上执行国家定价，却以'运费补贴''回款奖励'等名目少付款，或者要求生产企业多发货，实际降低了食盐价格。为了对付盐价'到位'情况的检查，销区要求供货方按国家定价开票，食盐生产企业还要负担这部分'补贴''奖励'的增值税。产区对销区的'补贴'逐年提高，每吨平均已达百元左右。"①

盐价"双轨制"，既是行政垄断特有的权力寻租的反映，也是改革不配套、不彻底的结果，更突出的问题在于由此导致的私盐泛滥和盐业系统性腐败——二者往往相辅相成甚至互为因果。以广东为例，广东作为食盐主销区，私盐对食盐专营市场的冲击更为强烈，而这些私盐的相当部分即前述非盐业公司经销的合格食盐。广东"私盐"有2/3来自正规企业，这是因为"现行的体制堵住了'正门'，制盐、用盐企业为了生存和竞争，只得采取不正当途径，使符合国家质量标准的产品成了'私盐'"②。与此相应，2009年5月21日，原东莞市盐业总公司副总经理夏广海因涉嫌受贿出庭受审，揭开了广东省盐业总公司腐败窝案的冰山一角。该窝案涉及广东盐业系统的主要领导包括：原广东省盐务局局长、广东省盐业总公司董事长兼总经理沈志强，原广东省盐务局副局长、广东省盐业总公司副总经理陈琼福，原广东省盐业运销集团副总经理、中山盐务局局长、中山盐业总公司总经理董建生，原深圳盐务局局长、深圳盐业总公司总经理甘伟国等人。该案涉及盐务人员之多、层级之高、影响之广，前所未有，成为盐业系统最大窝案。其他省级盐务系统窝案还有2011年的安徽、海南、湖北，2014年的西藏，2015年的江苏，均发生了以时任省（区）盐务局局长或盐业公司总经理为首的重大腐败窝案。

（三）价格执法影响

这里的价格影响主要指食盐定价方式和内容方面的盐政执法对盐行业几个

---

① 陈国卫. 盐业管理体制 究竟如何改革 [N]. 经济日报，2003-06-09（008）.

② 赵东辉，黄玫."体制暴利"下的盐业鸿沟 [J]. 瞭望新闻周刊，2007（33）：12-13.

主要利益相关者的经营行为及绩效的影响。

一是盐业公司。在当前食盐政府定价形成的利益链条上，盐业公司无疑是最大赢家。

盐业公司作为我国食盐专营的唯一经营主体，基本上由中国盐业总公司、各省（自治区、直辖市）盐业公司、市（地、州、盟）盐业公司以及县（旗、市辖区）盐业公司四级盐业公司构成。盐业公司作为一个系统，总体而言，在盐行业各相关主体之间的关系中事实上处于核心地位，起关键作用，对整个盐业及其上下游产业的经营、发展具有决定性的影响力。鉴于我国大部分地方盐业公司实行"一条鞭"垂直管理模式，下面主要对中国盐业总公司和省级盐业公司进行针对性分析。

中国盐业总公司是我国最大的食盐销售企业、亚洲最大的制盐企业，也是我国盐行业中唯一一家中央企业，同时还代行或协办大部分涉盐行政管理工作。

中国盐业总公司，顾名思义，是一家企业。但据前述《国家发展改革委关于编制 2011 年国民经济和社会发展计划（草案）的通知》要求，中国盐业总公司负责填报 2011 年食盐分配调拨计划（草案），这当然不属于企业的业务范围和经营活动。而在中国盐业总公司下发的草案编报文件中①，通知对象除了各省、自治区、直辖市及计划单列市的盐业公司，还包括相应省市的盐务局（盐管办）——这里需要注意的是，省和单列市盐业公司，大多由省政府直管，与中国盐业总公司并不存在直接隶属关系，也没有什么资本纽带②，但中国盐业总公司要求他们报送计划申报文件；对地方盐业公司同级的发改委，中国盐业总公司对各省、自治区、直辖市及计划单列市盐务局（盐管办）、盐业公司的要求则是"抄报"——中国盐业总公司俨然以盐业行政主体身份发号施令。即使在国务院明令取消食盐食盐分配调拨计划的行政许可后，中国盐业总公司仍会同中国盐业协会要求"各食盐产销企业"编报"产销情况统计表"。

作为制、售盐企业的中国盐业总公司，虽然在原盐、食盐、工业盐产量均保持国内领先地位——2009 年，原盐、食盐、工业盐产量分别为 1 161、245、

---

① 中盐食盐专营部. 关于填报 2011 年食盐分配调拨计划（草案）的通知 [EB/OL]. （2010 -10-14）[2011-03-21]. http://www.chinasalt.com.cn/xwzx/zytz/5ea3c8662ba42760012ba97cd0a2000 e.html.

② 骆毅，王娜. 中盐打通食盐供应链之困：业务扩张受阻市场分割 [N]. 21 世纪经济报道，2007-12-12 (017).

878万吨，分别占全国总产量16.27%、33.38%、18.59%①——但仍将"50%以上的市场份额，成为行业真正的主导者"作为主要业务目标，为此制定的增长策略为"把握各种可能机会进行并购"②。为此，中国盐业总公司近年来在内蒙古、河北、河南、江苏、湖北、安徽、江西等地进行了一系列企业并购和资本经营。针对中国盐业总公司咄咄逼人的持续扩张，一些制盐企业负责人认为："中盐总公司是食盐计划的实际执行者，又把其专营触角伸向生产领域，到处跑马圈地，既管经营又管生产，这是借专营来扩充自己的实力，一旦旧体制终结，就可以从行政垄断转为市场垄断，对于其他企业来说太不公平。"③

不难看出，中国盐业总公司的企业行为与行政事务含混不清。这种政企不分，一方面是盐业价格"双轨制"的体制成因；另一方面，正是凭借这种垄断定价，中国盐业总公司得以滥用其市场支配地位进行经营者集中，以便从行政垄断向经济垄断转变④。

各地盐业公司的情况与中国盐业总公司类似。云南盐业公司在国内颇为特别，不仅因为云南盐化（002053）是目前A股市场上仅有的两家生产食盐的上市公司之一——另一家为中国盐业总公司控制的兰太实业（600328），而且在于云南是全国率先实现盐业产销一体化经营模式的地区。另外，云南盐化是云南省唯一具有食盐生产、批发许可证的盐业企业，在云南食盐和工业盐市场的垄断率高达96%左右⑤。这自然成为其他盐业公司艳羡的目标，其采用的产销联合模式也被其他盐业公司视作盐业体制改革的首选。其他如湖南、江西、

---

① 中诚信国际信用评级有限责任公司. 中国盐业总公司企业债券2010年度跟踪评级报告 [R]. 2010: 2.

② 中国盐业总公司. 2010年中国盐业总公司企业债券募集说明书摘要 [N]. 上海证券报, 2010-02-03（A12）.

③ 姜在忠, 殷耀, 柴海亮. 高额回扣昭然若揭 现行盐业体制"病得不轻" [EB/OL]. 经济参考. (2004-09-13) [2011-03-21]. http://business.sohu.com/20040913/n222010729.shtml.

④ 尽管如此，中国盐业总公司却事与愿违："截至去年9月底，中盐的合并营业总收入达到204.07亿元，比上年同期的194.28亿元增加9.79亿元，但营业利润、利润总额和净利润均为亏损，其中，归属母公司所有者的净利润亏损额为4.28亿元，而去年同期亏损1.51亿元。""在中盐同期获得的营业外收入中，政府补助额虽然较去年同期4.58亿元下滑很多，但依旧达到了2.36亿元。这一数额是2010年全年补助金额的近两倍。"见张国栋. 寻找消失的暴利：垄断者中盐为何巨亏 [N]. 第一财经日报, 2014-04-23（A13）. 可见，政企不分、官办一体的行政垄断模式，即使对中国盐业总公司自身也是一柄双刃剑，随着日益激烈的全球化竞争，甚至无异于饮鸩止渴。对全社会而言，更是纯粹的不经济和福利损失。

⑤ 周婷, 王锦. 盐业改革或让上市公司走上前台 [N/OL]. 中国证券, 2010-03-18. (2010-03-18) [2011-03-21]. http://www.cs.com.cn/ssgs/04/201003/t20100318_2370742.htm.

江苏、重庆等省市也组建了类似产销一体化的盐业集团，贵州、吉林、黑龙江、内蒙古、山西、甘肃、广东、广西等省、区还组建了盐业运销集团①。很明显，如果没有行政权力的强势介入和专营体制的政策庇护，这些集团很难如此顺利而迅速地"组建"②。

总之，无论是各级盐业公司普遍存在的政企不分、政策性职能与经营性职能不分、混业经营、交叉补贴等积弊，还是盐业公司利益部门化、部门利益法律化导致的整个行业不经济和社会福利损失，其中的关键因素都在于盐业价格"双轨制"。

二是盐业主管部门。作为专营体制的实施者和维护者，盐业主管部门在实践中广泛存在有权无责、利益驱动的选择性执法、以罚代法的同时却对市场秩序和合法经营保护不力等问题。这里仍以广东为例，不仅因为广东盐政改革与广东碘盐普及率引人注目，也由于广东海盐在全国食盐中成本最高而广东省用盐量全国最大——事实表明这两个因素之间及其与盐业主管当局的执法表现之间不无关系③。2004年，广东省将盐业行政管理职能由省盐业总公司划入省经贸委，撤销省食盐专卖局牌子，市、县盐业公司也改为经济实体，不再挂政府行政机构牌子。作为第一个真正做到政企分开的省份，广东的碘盐覆盖率却从2002年的92.4%降至2005年的79.9%，居全国倒数第四；合格碘盐食用率从2002年的88.6%降至2005年的75.1%，居全国倒数第五④。这固然有改革不配套、不彻底的问题，也有工业盐、劣质食盐冲击以及全国范围的政企不分等成因，但广东盐政部门自身的角色混乱也难辞其咎。我们看到，一方面，正如人们质疑的那样，广东各级盐业公司2005年推行了零售环节统一配送、统一价格、统一管理的食盐连锁经营计划，食盐专卖机构和相关职能部门对此踌躇

① 贺燕丽. 加快结构调整，坚持依法专营，促进盐业经济健康有序发展 [EB/OL]. (2006-06-07) [2011-03-21]. http://www.yanzheng.com/shownews.asp? newsid=6441.

② 这方面，四川省盐业结构调整颇具代表性。2001年开始的5年之内，四川省政府办公厅发文，强制关闭一批小盐厂，非国家食盐定点生产企业全部淘汰，使原有20多个企业减少到10个；同时四川省盐业总公司联合10家生产企业牵头组建了实大股份公司统一工业盐的对外销售，并通过省盐务管理局组织各地盐政执法人员全面进驻全省所有制盐企业，实行严格的有证放运盐产品出厂制度，严格规范各企业的经营行为，从而形成了川盐总公司、久大制盐有限公司、和邦集团四川三大核心企业。见中国盐业总公司调研组. 盐业经济需要政府的适度干预——"川盐新政"的经济学认识 [EB/OL]. (2006-05-11) [2011-03-21]. http://www.yanzheng.com/shownews.asp? newsid=6224.

③ 晨路. 广东盐业调查：暴利与贫困共存中的体制改革 [N]. 第一财经日报，2005-02-28 (A05).

④ 杨霞，李星，赵颖全. 碘盐覆盖：广东重新沦为不达标地区 [N]. 新华每日电讯，2006-05-16 (002).

满志的同时却对挂牌零售商、经销商的售假行为无所作为①；另一方面，对查扣"私盐"不遗余力②。如此反差的表现，究其根源，即在于盐业价格"双轨制"基础上的利益执法。

三是其他利益攸关者。作为食盐价格利益链条的另一端，无食盐定点生产许可证的企业、下游用盐企业和个人消费者则处于弱势地位，为盐业的资源配置效率低下和部门利益买单。

①两碱工业用盐企业。虽然基本放开，两碱工业用盐初步形成了完全竞争的市场格局。但在食盐专营体制下，一方面，一些地方盐业公司（盐务局）以防止工业盐冲击食盐市场的名义通过备案、定点监控等管理手段进行不合理收费③；另一方面，正如湖北应城某制盐公司负责人所言，"一些食盐计划比较多的生产厂家，借食盐计划赢利的支撑，低价倾销工业盐，以挤垮其他企业，这其实是垄断导致的不平等竞争。"④

②小工业盐生产企业。盐价"双轨制"严重压缩小工业盐生产企业的发展空间。在轰动一时的河南省商丘市盐业分公司原经理王喜书特大贩卖私盐案中，王喜书倒卖的小工业用盐进价每吨不到90元，销售价接近600元⑤。与此形成鲜明对照的是小工业盐生产企业的举步维艰。典型如世界最大的氯化钙生产企业山东海化股份公司氯化钙厂，该厂生产的精制工业盐因为没有盐业主管部门的许可，不能作为腌制盐出口，只能作为原盐用于纯碱生产，两者价差300元，该企业只能对3 000多万元的年可得收入望洋兴叹⑥。

③下游用盐企业。下游用盐企业对垄断定价同样深受其害。中国最大的酱油调味品生产企业佛山海天公司就是这样的"受害者"。按照规定，海天酱油调味品的主要原材料海盐只能由盐业公司独家供应，这与盐场海盐的收购价相差近450元，海天公司全年为此增加成本约为2 700万元。类似的"受害者"还有焦作宏丰有限公司——1996年以前一些盐贩子直接把工业盐送货上门，每吨大约230～280元，而1997年市场被盐业局完全控制后盐价一路飞涨，

① 宗文. 广东盐业新政：专卖模式三年内铺开 [N]. 21世纪经济报道，2006-07-18（008）.
② 晨路. 广东盐业调查：暴利与贫困共存中的体制改革 [N]. 第一财经日报，2005-02-28（A05）.
③ 《我国盐业体制改革研究》课题组. 明确方向稳步推进——关于食盐专营体制改革的几点建议 [EB/OL]. [2011-03-21]. http://china-reform.org/article.asp？id=1944&class_id=992.
④ 赵东辉，黄玫. "体制暴利"下的盐业鸿沟 [J]. 瞭望新闻周刊，2007（33）：12-13.
⑤ 许安拓. "私盐"和垄断谁更可怕 [N]. 中国财经报，2005-01-18（003）.
⑥ 张勤业. 放开才是硬道理 [N]. 中国化工报，2010-01-20（007）.

2004年下半年直到现在一直高到750元1吨①。在完全竞争的下游市场中的小工业盐用户对盐业公司的垄断价格极其敏感，以致被视为最佳助染剂的工业氯化钠就因价格过高而被部分印染企业用元明粉取而代之②。

④食盐普通消费者。现行食盐定价机制对普通消费者的影响主要体现在：首先是所有食盐消费者的直接经济损失。据测算，因为专营，北京市民为加碘食盐多支付0.85元/500克，北京市消费者整体每年多支付2亿多元，全国人民碘盐消费年均损失130多亿元③。按照胡鞍钢提供的垄断租金简单计算公式：消费量×（垄断价格－竞争价格）+消费者的净福利损失④，在不考虑消费者净福利损失的情况下，我国2008年食盐垄断定价产生的垄断租金约为：886.98万吨×27×0.85元/500克＝150.79亿元。其次是特殊地区和人群的身体健康。如前所述，许多经济欠发达地区的贫困人口因为无法承受碘盐价格而转向真正的私盐——土盐、粗盐、工业盐、未加碘盐等伪劣食盐。最后，因为食盐专营价格因素导致部分消费者无从或者很难选择具有针对性特别是具有特殊适应性的食盐产品。如果前述许多地方借换食盐新包装同时减少普通包装供应以达到变相提价的目的还只是费用的增加，那么因为利润的原因不为碘过量人群积极提供无碘盐则直接和根本违背食盐专营制度的宗旨，危及这部分群众的身体健康⑤。

⑤国家食盐定点生产企业。这类主体对食盐垄断价格的态度颇为复杂：一方面，较诸其他制盐企业，他们是既得利益者，至少在与其他制盐企业同样或者类似成本的情况下分享了一部分专营收益，以至于他们对获得食盐定点生产许可证和年度生产指标趋之若鹜。"同样是氯化钠，争取到食盐计划就能'变身'，卖出每吨350元左右的价格。而作为工业盐出售，仅为每吨170元到200元。价格相差100多元，而计划指标由盐业公司'说了算'，生产企业获取计划指标并不完全靠产品的质量、成本，关键点在'跑计划、跑关系'。"⑥ 另一

① 郭高中. 打破食盐批发和零售环节的垄断 艰难的盐业改革［EB/OL］. 瞭望东方周刊（2005-05-25）［2011-03-16］. http://politics.people.com.cn/GB/1026/3415984.html.

② 晨路. 广东盐业调查：暴利与贫困共存中的体制改革［N］. 第一财经日报，2005-02-28（A05）.

③ 杜晓，任雪. 盐业体制改革能否"毕其功于一役"［N］. 法制日报，2010-02-11（004）；毛晓飞. 食盐加碘 不必专营——根除盐铁思维下的"榷盐"制度［J］. 中国发展观察，2009（7）：51；陈建芬. 盐改的最后博弈［J］. 中国企业家，2010（Z1）：56.

④ 胡鞍钢. 影响国情的决策报告［M］. 北京：清华大学出版社，2002：208.

⑤ 刘昕. 碘盐是不是科学问题 该不该由公众决定［N/OL］. 新文化报.（2010-03-12）［2011-03-21］.. http://news.xwhb.com/news/system/2010/03/12/010100412.shtml.

⑥ 赵东辉，黄玫."体制暴利"下的盐业鸿沟［J］. 瞭望新闻周刊，2007（33）：12-13.

方面，他们对盐业公司 10 倍于自己的垄断利润耿耿于怀①，"食盐实行专营，我们只相当于他们的一个生产车间。"某定点制盐企业负责人如是说②。

四、盐业市场执法

（一）国内市场执法

包括投资、生产、销售等环节在内的国内盐业市场总体上是一个结构畸形、管理混乱和低度发育的市场，条块分割体制下的地方和部门保护主义决定了这与相关行政职能部门的宏观调控执法息息相关。

以盐业产能宏观调控为例。2006 年 6 月 6 日，贺燕丽代表国家发改委盐业管理办公室认为③，我国盐业市场，一方面，盐的总产量已从 2000 年的 3 518 万吨增加到 2005 年的 4 850 万吨，同时国家投资近 10 亿元的加碘盐工程，建成了年产 818 万吨的加碘食盐生产和加工能力，保证了加碘食盐的生产和质量。另一方面，企业组织结构不合理，产业集中度低，总体上存在小、散、弱、乱的落后状态；技术创新能力不足，制盐工艺技术及装备水平相对落后，产品的综合能耗较高；产品结构单一，市场空间狭窄；盐化工发展缓慢，资源利用水平低；产业布局不合理；大多数制盐企业的资本结构仍是单一的国有投资主体，缺乏体制和机制的创新。这种生产格局及其市场结构在 2008 年全球金融危机背景下更凸显其非理性：一方面，由于纯碱行业需求萎缩，致使全国原盐库存较 2007 年增加 12.01%，达到 1 130 万吨。其中，井矿盐库存量较 2007 年增加 52.63%。而在全国原盐生产能力高达 8 195 万吨的同时，扩能仍然按部就班地进行。其中，井矿盐扩能 190 万吨，占 2008 年扩能总量 435 万吨的 43.68%④。

这种非理性的市场行为在很大程度上应归因于现行盐业管理体制，特别是缺乏硬约束的国有投资体制使这种重规模轻效益的非理性竞争成为可能。同时，因条块分割的部门和地方保护主义，盐业生产的"小、散、弱、乱"在所难免。这种计划经济惯性下的发展模式直接导致我国盐业低下的国际竞争力；反之，缺乏国际市场洗礼，在一定程度上也使国内市场得以低水平存续。

---

① 许安拓. 盐业专营 百弊丛生 [J]. 中国改革, 2006 (5): 49; 张勤业. 放开才是硬道理 [N]. 中国化工, 2010-01-20 (007).

② 谭丽莎. 四川盐厂亟盼"松绑" [N]. 中华工商时报, 2002-04-26 (009).

③ 贺燕丽. 加快结构调整, 坚持依法专营, 促进盐业经济健康有序发展 [EB/OL]. (2006-06-07) [2011-03-21]. http://www.yanzheng.com/shownews.asp? newsid=6441.

④ 朱国梁. 2008 全球金融危机下的中国盐业市场 [M] //中国盐业协会. 中国盐业年鉴, 2009: 437-439.

（二）对外贸易执法

国内盐业市场基本上处于封闭运行状态，独立于国际盐业市场。这主要表现在两个方面：一是现行盐业体制下的盐产品出口管制，使绝大部分盐业企业没有外贸出口机会；二是总体上我国盐业缺乏国际竞争力，在国际市场上难有作为。正如国内盐业市场与相关盐政执法之间的关系一样，我国盐业的国际市场竞争力与外贸管制也呈现一种恶性循环态势。

国家出口盐执法的主要问题包括：一方面，在国家发改委近年来下达的年度食盐分配调拨计划中，有关出口盐的规定反复无常。2007年规定食盐（包括食品加工用盐、多品种食盐、肠衣用盐）、畜牧盐、渔盐、出口盐分配调拨计划为国家指令性计划后，2008年、2009年均未将出口盐纳入食盐分配调拨计划，但2010年、2011年又对出口盐进行指令性计划管理。另一方面，我国对出口盐实行专营化管理，主要通过中国盐业总公司进出口部（即中盐进出口有限公司）和各地盐业公司或其控制的盐业进出口公司垄断进出口业务。

与此相应，不仅我国盐产品出口与我国盐生产总量不成比例，在国际盐业市场中所占份额也与我国"盐业大国"的身份极不相称。一方面，我国原盐产能从2004年4 740万吨飙升到2008年8 195万吨的同时，我国原盐从2006年到2008年连续3年存在1 300万吨以上的产能过剩①，特别是2009年1~11月原盐库存高达1 800万吨——约占同期全国6 456万吨产量的1/3②。另一方面，2009年我国进口原盐145.23万吨，同期出口量为99.86万吨③——这样的出口量相对于我国原盐可观的过剩产能和库存无异于杯水车薪，进出口总量在约2 000万吨的国际贸易中也无足轻重。但2011—2013年我国对盐的进口量分别为4 995吨、3 193吨、8 623吨，除了2012年同比下降之外，其他年份都同比增长，尤其是2014年增速相当明显，1~8月份的进口量已经比2013年全年增长195.5%。据了解，目前进口的主要是工业用盐，食用盐受到长期的专营制度影响，进口量还很少，但是随着食用盐市场的进一步放开，中高端食盐将存在很大的市场空间，进口量也将快速增长，这也吸引了莫顿等世界盐业巨

---

① 张兴刚，周春花，唐绍红，等. 工业盐：两碱用不完怎么办？[N]. 中国化工报，2009-08-12（007）.

② 中盐协会秘书处. 2009年11月全国原盐产量情况及近期市场分析 [EB/OL]. （2009-12-23）[2011-03-21]. http://www.cnsalt.cn/eco_info_d.asp？id=15563.

③ 2010年1月原盐进出口数据表 [EB/OL]. （2010-03-18）[2011-03-21]. http://www.custeel.com/Scripts/viewArticle.jsp？articleID=2219964. 2010-03-18.

头加速布局中国中高端食盐市场①。澳大利亚、墨西哥、意大利、德国、加拿大、荷兰是世界六大盐出口国，出口量占全世界的85%。其中，澳大利亚是世界上重要海盐生产国和出口国之一，其海盐年产量800万吨，出口高达700万吨。相对而言，我国海盐产量2006年以来年均在3 000万吨以上——占全球海盐产量1/3、国别产量世界第一，出口份额却乏善可陈②。

总之，政策的不确定性对制盐企业发展战略和经营活动具有不可忽视的影响，这在一定程度上导致了我国盐业屡弱的国际竞争力：我国盐田单产仅为每公顷50吨，而国际先进水平达到200~400吨/公顷，相差4~8倍；国外大型海盐厂引入生物技术净化卤水、藻垫防渗措施，通过全部机械化生产，实行先进工艺技术，年全员劳动生产率高达10 000吨/人，为我国最好海盐场的10倍；我国产盐能耗高，大型井矿盐企业的综合能耗为180~200千克标准煤/吨，而国外为80~120千克标准煤/吨；与国外先进制盐企业相比，我国制盐企业总体上卤水资源综合利用率低，以单一制盐为主，卤水化工、水产养殖、盐田生物开发不充分③。此外据统计，目前全世界的品种盐有14 500多种，发达国家品种盐的消费通常占盐产量的10%左右，而我国品种盐经过二十几年的发展才有100多个品种10多万吨的规模④，这也严重制约了我国盐业参与国际盐业市场特别是高附加值盐产品市场竞争的机会与水平。

五、盐业执法绩效

我国盐业在食盐加碘、产业政策、食盐定价、盐业市场等方面均存在严重的行政执法问题：一方面，整个产业没有如其他同类食品、轻工业那样得到应有的发展，不能融入"中国制造"这个国际市场新格局，反而与两碱、盐化工、调味品等下游产业进行针锋相对、两败俱伤的内耗。无论是抱残守缺式的食盐专营还是饮鸩止渴式的工业盐恶性竞争，都不仅与我国日益完善的社会主义市场经济背道而驰，而且也将自绝于即将到来的世界贸易组织（WTO）食盐"解禁"。

另一方面，我们在看到全国碘盐合格率、碘盐覆盖率、居民户合格碘盐食

---

① 政府不管"咸事"：2600年食盐专营谢幕 [EB/OL]．(2014-12-01) [2014-12-01]．finance. qq. com/a/20141201/002898. htm.

② 中国跃升为世界最大产盐国 [EB/OL]．http://www. mofcom. gov. cn/aarticle/resume/n/200909/20090906505785.html.

③ 燕丽. 加快结构调整，坚持依法专营，促进盐业经济健康有序发展 [EB/OL]．(2006-06-07) [2011-03-21]．http://www. yanzheng. com/shownews.asp？newsid=6441.

④ 邹阳. 我国多品种盐的发展对策研究 [D]．重庆：重庆大学，2008：14-15.

用率成绩的同时，也必须注意我国碘盐普及在科学性、公平性和效率性方面的问题。以卫生部等五部委关于 2011 年全国碘缺乏病监测情况通报的情况为例：一是非碘盐冲销现象依然存在。全国尚有 13 个省份的 42 个县居民户碘盐覆盖率低于 90%，其中 18 个县碘盐覆盖率低于 80%；仍有 20 个省份的 83 个县居民户合格碘盐食用率低于 90%，未达到县级消除碘缺乏病目标的指标要求。二是局部地区碘盐推广普及任务仍然艰巨。海南省、西藏自治区、青海省、新疆维吾尔自治区等省份局部地区土盐资源丰富，当地群众自行采挖和购买土盐的现象依旧存在。西藏自治区、新疆维吾尔自治区政府通过实施碘盐价格补贴政策，碘盐覆盖率有了大幅提高，但部分边远、贫困地区尚未实现碘盐的普遍供应。海南省绝大部分集体盐田已转产，但部分私有小盐田关停并转工作尚未完成，还需进一步落实。三是碘盐在生产消费环节的质量监管有待加强。全国共检出 14 296 份不合格碘盐，占检测碘盐数的 2.0%，其中有 16.7% 的盐样碘含量高于 50 毫克/千克。全国盐碘变异系数为 21.2%，有 20 个省份变异系数高于 20%。四是高危监测发现，广东省、广西壮族自治区、海南省、新疆维吾尔自治区等省份部分地区家庭主妇尿碘水平偏低，应关注这些地区的孕妇和哺乳妇女碘营养水平，及时采取应急补碘措施，以免影响胎儿和新生儿发育。五是部分水源性高碘地区不加碘食盐率较低。水源性高碘地区不加碘食盐率整体上较 2010 年有大幅提高，但仍有 19 个县不加碘食盐率低于 90%，其中 8 个县不加碘食盐率低于 50%，这些地区应当尽快普及不加碘食盐①。由此不难发现，我国食盐普遍服务执法任重道远。

综上所述，我国盐业产业和公共政策两方面的主要困境归根到底在于与我国盐业目前所处的市场环境不相适应的计划体制特别是盐产品价格“双轨制”，在于以我国食盐专营为核心的整个盐业行政管理体制的混乱和低效。之所以形成如此局面，在很大程度上应归因于现行盐业法律的遮蔽和强化，即盐业行政执法部门对先天不足的盐业法律进行利益导向下的选择性执法的结果，亦即盐业垄断在位者利用、操纵垄断优势和法律特权的产物。

---

① 卫办疾控发〔2012〕99 号，卫生部等五部委《关于 2011 年全国碘缺乏病监测情况的通报》。

第三节　盐业司法问题

一、研究方法

因为司法是社会公平正义的最后一道防线，同时也因为司法活动在制约行政权力方面的应有功能和法定义务，所以其在法制系统中的影响更为深远，责任更为重大。鉴于盐业法律体系本身存在缺陷，也由于盐业执法过程中的行政主导和利益色彩，因此，如何观察盐业法律的司法过程、如何确定盐业法律的司法效力、如何评价盐业司法的法律效果、政治效果和社会效果就成了一个值得认真对待的现实问题。如果说前面关于盐业法律的遵守和行政执法，受制于研究对象的透明度和资料来源的有限性，而不得不较多地进行定性分析，很多时候不可避免地存在客观性、全面性问题，那么在盐业司法问题上，这种倾向就更为突出。因为相对于经济数据和技术标准，从对盐业法律的选择、解释到审理、判决和执行的整个过程中，各相关主体小到特定盐政执法主体及执法相对人，大到盐业主管机构及其执法对象的行业从业者群体，都充满了利益权衡、意志较量。有鉴于此，必须对盐业司法问题采取尽量客观可靠同时又充分有效的考察和研究方式。

无论从法律自身特点看还是立足于社会对法律的认知角度，案例法都是研究司法问题的基本方法。鉴于我国盐业行政执法主体普遍存在的"一套人马，两块牌子"问题，使得一般的行政执法案例方法不具有分析盐业法律实施所需要的特殊针对性，或者说，盐业执法特殊的部门利益化使得常规的法律实施研究难以奏效。因此，通过司法案例进行盐业法律实施的实证研究显得尤为重要。虽然众所周知，法律的司法实施只是法律运行的方式之一，在法律实施系统中的比重也远逊于法律遵守和行政执法，但司法作为检验、平衡和制约其他几种法律实施方式的重要机制往往起着"关键性少数"的作用。就考察盐业法律实施而言，法庭上行政执法主体与相对人、国家公诉机关与被告人、辩护人各自就事实与法律的理解、利益与意志的博弈而进行的主张、辩论，无疑是对盐业法律遵守、执行进行的各自立场的充分展示，同时也是一个难得的客观观察视角，司法裁判更是一个三方互动基础上的法律实施的总结与评判。

不过，我们必须清醒地意识到，将案例作为盐业司法实施研究对象也存在突出的困难：一是案例来源不同，格式体例不一，相关文献资料对不同个案中相关法律关系主体的盐业法律适用解释、论证的取舍与详略各异，很多时候比较分析很难展开；二是这些案例并不能涵盖盐业法律规范遵守、执行的各个方面，即并不能通过司法案例认识盐业法律适用的全貌。即便如此，案例研究也是司法研究最具针对性和说服力的分析途径。如果我们换一个角度看，盐业案例的这两大缺陷又何尝不是盐业法律司法实施的另一面的真实写照——通过对司法机关在盐业案件的选择性受理和相关资料的倾向性公布的分析，也许比就案谈案更有助于我们认识和理解盐业法律司法实施的特点和规律。

下面即以司法部门公开发布的 68 件盐业诉讼案件材料①为对象进行盐业司法问题研究。具体案例信息见表 4-3。

表 4-3

案例要点 案例名称	编号	生效判决日期	生效判决法院	主要法律争议点	判决意见
刘和平诉娄底地区盐务管理局行政处罚行政诉讼监督抗诉案	〔1994〕湘行再终字第 16 号	1994 年 6 月 10 日	湖南省高级人民法院	私运私销工业盐中盐务局的共同过错及其责任分担	原一、二审法院以刘和平实施购买工业盐的行为是凭市盐务局开具的证明实现的，从而认为市盐务局亦应负有责任，判决市盐务局查扣的 880 吨工业盐按每吨 307.1 元的价格予以收购并不予罚款以及对刘和平等人擅自销售的工业盐将原贷款总额的百分之三十的罚款变更为处货款总额百分之十的罚款没有法律依据，变更不当。
东阳市盐政检查站诉何福浩违法购盐案	〔1998〕金中法行终字第 4 号	1998 年 3 月 27 日	浙江省金华市中级人民法院	盐业行政执法程序	上诉人东阳市盐政检查站对被上诉人何福浩从邻县磐安县购进食盐 15 吨的行为，连续作出三个内容不同的行政处罚决定，未经听证程序，且系一事再罚的具体行政行为，违反了法定程序，依法应予撤销。

---

① 这里选取的盐业司法案例主要来自中国法院网、中国裁判文书网、北大法宝、北大法意网、中国法律资源网、法律快车网、法律教育网、法律搜索网、找法网 1990 年以来公开的案例、裁判文书、最高人民法院公报、最高人民检察院公报和中国法院网 2006 年以来发布的裁判文书。虽然中国盐业协会网公布了自 2008 年 8 月 15 日以来的 435 条盐政执法新闻报道，其中相当大比例涉及食盐非法经营案和盐业主管机构涉诉的行政处罚、行政强制措施案，地方盐业网站刊载的类似案例更是不可胜数，仅颇具代表性的盐政网就列出了 16 件行政诉讼和 201 件涉盐犯罪方面的"典型案例"，但是，鉴于这些材料基本上是事实方面的新闻报道，缺乏法律适用过程和解释论证信息，选材具有明显的倾向性——行政诉讼是一边倒的盐业主管机构胜诉，涉盐刑事诉讼均以定罪审结。因此未将其作为研究对象。

表4-3(续)

案例要点 案例名称	编号	生效判决日期	生效判决法院	主要法律争议点	判决意见
临澧县盐业公司诉临澧县工商行政管理局封存财物及工商行政处罚决定案	〔1999〕常行终字第28号	1999年12月6日	湖南省常德市中级人民法院	1. 工商行政管理机构对不合格碘盐有无权力查处； 2. 非碘盐销售的合法性要求； 3. 盐产品购销差价。	1. 不合格碘盐的行政处罚权只能由盐业行政管理法规、规章规定的机关行使； 2. 依据《食盐加碘消除碘缺乏危害管理条例》第十六条第三款，对季节性家庭、工业、农业、副业和建筑业所需的非碘盐，由县级以上盐业主管机构统一组织供应。 3. 国家工商行政管理局只规定不正当竞争行为违法所得计算方法可参照投机倒把违法违章案件非法所得计算方法，并未规定其他违法行为可参照此计算方法。
罗仁刚诉玉溪市盐务管理局盐业管理处罚案	〔2000〕玉中行终字第1号	2000年1月25日	云南省玉溪市中级人民法院	《盐业管理条例》与《食盐专营办法》关于行政复议规定的适用	《盐业管理条例》是对盐业管理的一般规定，《食盐专营办法》是对食盐管理的特别规定。上诉人罗仁刚是以"无证批发食盐"被处罚，因此本案应适用《食盐专营办法》，而《食盐专营办法》并无复议前置的规定。因此，上诉人罗仁刚依法可以直接向人民法院提起行政诉讼。
厦门市同安汀溪银鹭饲料厂诉福建省厦门盐务局行政处罚案	〔2000〕思行初字第4号	2000年3月3日	福建省厦门市思明区人民法院	盐业行政执法的听证程序	被告所依据的事实清楚，证据确凿，适用法律正确，但程序不合法，撤销被告福建厦门盐务局作出的行政处罚决定。
王静诉绵阳市盐政市场稽查处三台盐政稽查所盐业管理行政处罚附带行政赔偿案	〔2002〕三台行初字第4号	2002年3月14日	四川省三台县人民法院	无食盐准运证擅自运输食盐的认定	原告擅自贩运盐产品，违反《四川省盐业管理条例》第二十六条的规定，维持被告根据该条例第四十条的规定作出的行政处罚。
南充市卡利达运业有限公司诉南充市盐政市场稽查处行政处罚案	〔2002〕南中法行终字第2号	2002年4月19日	四川省南充市中级人民法院	违法贩运假冒加碘食盐的责任主体的认定	上诉人盐政稽查处依照《四川省盐业管理条例》第二十六条的规定，对被上诉人卡利达公司而非其司机作出的行政处罚合法。
李伏明非法经营罪案	〔2002〕南铁中刑终字第5号	2002年4月25日	江西省南昌铁路运输中级人民法院	工业盐是否非法经营罪的犯罪对象	根据《国家计委、国家经贸委关于改进工业盐供销和价格管理办法的通知》的规定，直供资格授予两碱企业，其余需盐企业仍应由盐业公司组织调拨，但热化厂不属两碱企业。因此，李伏明未经许可经营行政法规规定的限制买卖的工业盐，扰乱市场秩序，情节特别严重，已构成非法经营罪。
上海丰祥贸易有限公司诉上海市盐务管理局行政强制措施案	〔2002〕沪二中行终字第60号	2002年5月24日	上海市第二中级人民法院	1. 盐务局对工业盐经营是否具有执法主体资格； 2. 工业盐是否属于国家实行统一分配调拨的盐类。	1. 工业盐不属由国家实行统一分配调拨的盐类范畴，丰祥公司具有经营工业盐的经营范围，有权经营工业盐； 2. 上海市盐业行政主管部门是上海市商委，盐务局只能负责管理食盐专营工作，并无对本市工业盐的经营、运输进行查处的职权。

表4-3(续)

案例名称	编号	生效判决日期	生效判决法院	主要法律争议点	判决意见
刘世文诉沧州市盐政管理处行政处罚决定请求行政赔偿案		2002年9月11日	河北省沧州市中级人民法院	1. 工业盐准运证的法律适用; 2. 准运证的行政处罚设定权限; 3. 盐政执法程序; 4. 盐政执法取证。	1. 1992年《河北省盐业管理实施办法》与1995年《国家计委、国家经贸委关于改进工业盐供销和价格管理办法的通知》冲突; 2. 《盐业管理条例》第4章运销管理和第5章法律责任并未规定对无准运证和准运章的运输行为可以给予行政处罚,因此,《河北省盐业管理实施办法》无权增设; 3. 尽管行政相对人口头放弃申诉,按《行政处罚法》第四十一条和《最高人民法院关于行政诉讼证据若干问题的规定》,盐政处在陈述申辩期满前作出的处罚只能视为盐政处拒绝听取刘世文的陈述和申辩; 4. 依据《国务院关于禁止在公路上乱设站卡乱罚款乱收费的通知》(国发〔1994〕41号),除非接到举报针对特定车辆进行堵截,则为以违反法律禁止性规定或者侵犯他人合法权益的方法取得的证据,不能作为认定案件事实的依据。
银山公司开封分公司诉开封市盐业管理局行政处罚案		2002年	河南省开封市中级人民法院	1. 开封市盐业管理局职权来源是否合法; 2. 工业盐是否放开经营。	1. 开封市盐业管理局作为本辖区的盐业行政主管部门,有权对本辖区内发生的盐业案件进行查处,其职权来源合法; 2. 银山公司开封分公司既非制盐企业,也非国家确定的目标总量以外的纯碱、烧碱企业,而按照《河南省盐业管理条例》等相关规定,未经盐业行政主管部门审批,任何单位和个人不得进行盐的营销活动。
四川彭州市恒达实业有限公司诉四川省盐业总公司彭州支公司食盐质量案	〔2002〕彭州民初字第1529号	2003年1月1日	四川省彭州市法院	非碘盐(即普盐)的管理问题	根据《四川省盐业管理条例》第十九条及彭州市的相关政策文件规定,原告要使用普盐加工泡菜,必须经所在地地方病防治机构出具同意使用的许可证明,因此,即使被告将自认为碘已挥发的部分碘盐按普盐卖给原告违约,也因原告未取得使用普盐的许可证明而无过错。
云台盐业公司、黄贵凌、盛建华、孙千海、魏加富、蒋中礼、刘全道非法经营案	〔2003〕连刑二终字第11号	2003年4月23日	江苏省连云港市中级人民法院	检察解释和行政解释在审判活动中的适用问题	2001年4月18日《最高人民检察院、公安部关于经济犯罪案件追诉标准的规定》不能作为人民法院的裁判依据。
佛山市城区工联贸易部诉广东省佛山食盐专卖局行政强制措施及行政赔偿案	〔2003〕佛中法行终字第8号	2003年9月18日	广东省佛山市中级人民法院	1. 广东省佛山食盐专卖局是否合法的盐业行政主管部门; 2. 工业盐是否属国家专营范围。	1. 被上诉人(广东省佛山食盐专卖局)是佛山市盐业行政主管部门; 2. 根据国务院《盐业管理条例》第二十条和《广东省盐业管理条例》第四、二十、二十一条的规定,上诉人并非各级盐业公司,也未提供证据证明该批盐产品属于省盐业行政主管部门根据国家下达的计划进行统一调运的盐产品,因此该批盐产品属于违法调运。

表4-3(续)

案例名称 \ 案例要点	编号	生效判决日期	生效判决法院	主要法律争议点	判决意见
四川省盐业总公司彭州支公司诉成都市彭州工商行政管理局行政处罚案	〔2004〕成行终字第25号	2004年2月18日	四川省成都市中级人民法院	1. 工商行政管理部门是否有权查处销售食盐的质量问题；2. 成都市疾病预防控制中心成都市卫生执法监督所是否具有质量鉴定资格。	1. 根据《产品质量法》相关规定，成都市彭州工商行政管理局对销售食盐是否存在质量问题有权进行查处；2. 根据《食品卫生法》相关规定，成都市疾病预防控制中心成都市卫生执法监督所尽管对食盐进行的是卫生学的评估，但参照鉴定的标准是食用盐的国家标准，因此，有对送检食盐进行鉴定的资格。
华润贸易行诉广东省佛山食盐专卖局行政处罚案	〔2003〕佛中法行终字第31号	2004年5月21日	广东省佛山市中级人民法院	1. 广东省佛山食盐专卖局是否是合法的盐业行政主管部门；2. 工业盐是否属于国家专营范围。	1. 被上诉人（广东省佛山食盐专卖局）是佛山市盐业行政主管部门；2. 国家经贸委、国家计委、国家发改委等部门发布的规范性文件，其效力低于《广东省盐业管理条例》。上诉人以上述部委文件来否定该条例的效力，于法无据，法院不予支持。
申诉人城区工联贸易部与被诉人食盐专卖局行政强制措施案	〔2004〕佛中法行再字第2号	2004年8月4日	广东省佛山市中级人民法院	盐政执法的程序问题	适用《最高人民法院关于执行〈中华人民共和国行政诉讼法〉若干问题的解释》之相关规定。
河南省西峡县丹水镇农民养殖城诉西峡县盐业管理局盐业行政强制案		2004年8月11日	河南省西峡县人民法院	跨区域购买食盐自用是否属于"不执行国家盐业计划，擅自购销私盐"	只要无销售经营行为或销售目的的，不属违法。
青岛建新盐化厂与江苏省金桥盐业有限公司徐圩雪花盐厂、江苏省金桥盐业有限公司商标侵权纠纷案	〔2005〕连知初字第15号	2005年2月12日	江苏省连云港市中级人民法院	食盐专营对商标的影响	《中国盐业产品手册》能证明"雪花盐"为现有食用盐的一个品种名称；盐属于国家专控商品，只能在国家有关部门规定的区域内进行销售，因此，普通消费者一般注意即可对产品的来源作出区分，不会导致误认，故被告的行为不构成侵权。
杨顺元诉昆明市盐务管理局行政处罚案		2006年5月17日	云南省昆明市中级人民法院	运输线路与食盐准运证不符的行政处罚	擅自改变路线运输食盐的行为属于无证运输。

表4-3（续）

案例名称	编号	生效判决日期	生效判决法院	主要法律争议点	判决意见
宜兴南盛公司诉宜兴工商局吊销营业执照处罚案		2006年8月25日	江苏省无锡市中级人民法院	超范围经营工业盐的认定	《盐业管理条例》规定"盐的批发业务，由各级盐业公司统一经营"，因此，南盛公司不具有从事盐（含工业盐）的批发经营的资格，其多次将工业盐销售给非终端用户构成批发经营，属于超越其被核准的工业盐零售经营范围的行为。
江苏宜兴缪禄伟非法经营案		2008年12月26日	江苏省高级人民法院	工业盐是否为非法经营罪的犯罪对象	《盐业管理条例》第二十条虽然规定盐的批发业务由各级盐业公司统一经营，但并无相应法律责任的规定，1995年国家计委、国家经贸委下发的《关于改进工业盐供销和价格管理办法的通知》明确取消了工业盐准运证和准运章制度，工业盐不再属于国家限制买卖的物品。因此，被告人缪禄伟经营工业盐的行为不构成非法经营罪。
张爱井非法经营案		2009年7月9日	河南省郑州市二七区人民法院	工业盐是否为非法经营罪的犯罪对象	被告人张爱井违反国家有关盐业管理规定，以工业用盐充当食盐进行非法销售，数量达249吨，其行为已构成非法经营罪。
翟方峰非法经营案		2009年7月9日	河南省郑州市金水区人民法院	以工业用盐充当食盐进行销售的行为定性	被告人翟方峰犯销售伪劣产品罪。
广东省云浮市盐务局被诉不具行政执法主体资格案		2009年7月29日	广东省云浮市云城区人民法院	地方盐业主管机构的设置是否符合组织法的规定	广东省云浮市盐务局是依法成立的盐业主管机构。
李国战非法经营案		2009年8月3日	河南省郑州市二七区人民法院	工业盐是否为非法经营罪的犯罪对象	被告人李国战违反法律、行政法规关于专营、专卖物品或者其他限制买卖物品的相关规定，未经许可，以工业用盐充当食盐进行非法销售，数量达55吨，其行为已构成非法经营罪。
张新国非法经营案		2009年8月3日	河南省郑州市二七区人民法院	工业盐是否为非法经营罪的犯罪对象	被告人张新国违反国家有关盐业管理规定，以工业用盐充当食盐进行非法销售，数量达28.4吨，其行为已构成非法经营罪。
黄随山、梁兵非法经营案		2009年8月19日	河南省郑州市中级人民法院	饲料盐是否属于食盐	国家对食盐实行专营，并规定凡居民直接食用以及用于饮食加工、渔业和畜牧养殖业的盐产品均为食盐。因此，饲料用盐依法属于食盐范畴，其行为构成非法经营罪。
马合芹非法经营案		2009年9月12日	河南省宁陵县人民法院	工业盐是否为非法经营罪的犯罪对象	被告人马合芹、刘中仁、张宾违反国家法规，非法经营食盐，数额较大，其行为构成非法经营罪；根据盐业管理有关规定，工业盐并非专营，不属国家限制买卖的物品，不宜以罪论处；被告人李真学以工业用盐充当食用盐进行销售，其行为已构成销售有毒、有害食品罪。

表4-3(续)

案例名称	编号	生效判决日期	生效判决法院	主要法律争议点	判决意见
陈清玉非法经营案		2009年9月23日	河南省郑州市二七区人民法院	无证零售食盐是否构成非法经营罪	被告人陈清玉违反国家有关盐业管理规定,无《食盐零售许可证》零售食盐,扰乱市场秩序,情节严重,其行为已构成非法经营罪。
上海合轻化工有限公司诉余姚市盐务局行政执法强制措施案		2009年10月10日	浙江省余姚市人民法院	工业盐管理的法律依据	《行政处罚法》《盐业管理条例》《盐政行政执法办法》《浙江省盐业管理条例》《浙江省盐务管理局行政许可事项》系现行有效的法律、法规、部门规章及规范性文件,被告依照该部分法律法规的相关具体条文并参照规范性文件作出相应查封、扣押的强制措施,适用法律正确。
杨进才非法经营案		2009年10月31日	河南省郑州市金水区人民法院	工业盐是否为非法经营罪的犯罪对象	被告人杨进才违反国家有关盐业管理规定,非法销售盐产品,扰乱市场秩序,情节严重,其行为已构成非法经营罪。
生利军、刘天群非法经营案	〔2009〕金刑初字第115号	2009年11月7日	河南省郑州市金水区人民法院	1. 饲料盐是否属于食盐;2. 工业盐是否为非法经营罪的犯罪对象。	被告人生利军、刘天群没有取得《食盐专营许可证》、明知饲料厂应当使用食盐的情况下,以工业盐冒充食盐进行销售,构成非法经营罪。
白景勇非法经营案		2009年11月9日	河南省郑州市金水区人民法院	无证零售食盐是否构成非法经营罪	被告人白景勇在没有办理《食盐专营许可证》的情况下,非法储运、销售食盐,构成非法经营罪。
罗建华等非法经营案		2009年12月7日	河南省郑州市管城回族自治区人民法院	非法购进非食用盐自用炒制瓜子是否构成非法经营罪	违反国家盐业管理规定,非法经营,扰乱市场秩序,情节严重,构成非法经营罪。
刘天芳非法经营案		2009年12月19日	河南省郑州市金水区人民法院	1. 饲料盐是否属于食盐;2. 贩卖不合格食盐、工业盐的定性问题。	被告人刘天芳违反国家有关盐业管理规定,非法销售食盐,扰乱市场秩序,且情节严重,其行为已构成非法经营罪。
朱学华非法经营案		2009年12月21日	河南省郑州市金水区人民法院	1. 饲料盐是否属于食盐;2. 以工业用盐充当食盐进行非法销售的定性。	被告人朱学华违反国家有关盐业管理规定,伙同他人以工业用盐充当食盐进行非法销售,数量达55吨,其行为已构成非法经营罪。

表4-3(续)

案例要点 案例名称	编号	生效判决日期	生效判决法院	主要法律争议点	判决意见
孟胜、黄传彬非法经营案		2010年1月18日	河南省杞县人民法院	工业盐是否为非法经营罪的犯罪对象	被告人孟胜、黄传彬违反国家有关盐业管理规定,未经许可非法储运、销售食盐,扰乱市场秩序,情节严重,二被告人的行为均已构成非法经营罪。
王明林等非法经营案		2010年1月22日	河南省虞城县人民法院	工业盐是否为非法经营罪的犯罪对象	尽管公诉机关未指控被告人陈应祥销售给被告人王明林的37吨盐是"食盐",但是被告人明知购买者购买该批工业盐的用途,事实上购买者也将其作为食盐销售,因此,被告人对该批盐主观具有销售食盐的间接故意,构成非法经营罪。
南化盐业(福州)有限公司安阳分公司诉安阳市盐业管理局行政处罚案		2010年2月23日	河南省安阳市北关区人民法院	经营三无盐产品(工业盐)的合法性	依据《河南省盐业管理条例》第十三、二十条,属于违法经营。
南化盐业(福州)有限公司焦作分公司诉武陟县盐业管理局盐业行政处罚案		2010年3月10日	河南省焦作市中级人民法院	工业盐的法律适用依据及解释	《河南省盐业管理条例》作为地方性法规,与国务院《盐业管理条例》和1995年国家计委、国家经贸委下发的《关于改进工业盐供销和价格管理办法的通知》的规定一致,且从《河南省盐业管理条例》的规定不能得出其排除了对工业盐事项的管理效力;最高人民法院《关于被告人缪绿伟非法经营一案的批复》虽然指出工业盐已不再是国家限制买卖的物品,但限制买卖的物品和经许可经营的物品并非同一概念。
姚洪武诉孟州市盐业管理局行政强制措施案		2010年3月23日	河南省孟州市人民法院	对《河南省盐业管理条例》第十九条第二款"未经批准,任何单位及个人不得进行盐的营销活动"中"营销活动"的界定	"营销活动"是指以营利为目的的从事盐的销售、购进、储存、运输等活动,其中也包括为上述活动提供场地、设备、仓储保管和运输服务等行为。
南化盐业诉山阳工商局工商行政管理案		2010年4月6日	河南省焦作市山阳区人民法院	工业盐营销的工商行政管理权限	工商管理机关因原告未提供盐业行政主管部门的工业盐销售委托证明而变更其经营范围的决定适用法律正确,依法应予维持。
付某、张某、凤某非法经营案		2010年4月	上海市松江区人民法院	工业盐是否为非法经营罪的犯罪对象	被告人违反国家盐业法律规定,非法销售、运输国家法律、行政法规规定的专营、专卖的物品,扰乱市场秩序,情节严重,其行为构成非法经营罪。

表4-3(续)

案例名称 \ 案例要点	编号	生效判决日期	生效判决法院	主要法律争议点	判决意见
李a非法经营案		2010年4月	上海市闵行区人民法院	假冒品牌食盐且无证销售牟利如何定罪	被告人明知他人非法经营食盐,仍帮助将原盐分包制成假冒的加碘精制盐供他人销售,扰乱市场秩序,情节严重,其行为构成非法经营罪。
张亚东销售伪劣产品、销售非法制造的商标标志案		2010年4月9日	河南省郑州市金水区人民法院	以非食用盐充当食盐进行销售如何定罪	被告人违反国家有关盐业管理规定,以非食用盐充当食盐进行销售,其行为构成销售伪劣产品罪。
许继功非法经营案		2010年4月14日	河南省郑州市金水区人民法院	饲料盐是否属于食盐	被告人违反国家有关盐业管理规定,非法储运、销售食盐,扰乱市场秩序,情节特别严重,其行为构成非法经营罪。
南化盐业(福州)有限公司焦作分公司与B单位工商行政登记变更纠纷案	〔2010〕焦行终字第33号	2010年6月29日	河南省焦作市中级人民法院	工业盐是否放开经营	1995年国家计委、国家经贸委下发的《关于改进工业盐供销和价格管理办法的通知》(计价格〔1995〕1872号)主要精神是降低两碱产品成本,促进盐碱两个行业良性循环,对两碱工业企业用盐,供销和价格管理提出了部分改革意见。该办法虽称"国务院已经批准……并要求两委组织落实",但国务院并未直接发文公布,该文件仅仅是以通知的形式出现,因而不属于行政法规范畴。该通知对两碱工业用盐以外的其他工业用盐明确规定由盐业公司经营,与国务院《盐业管理条例》规定内容一致。《河南省盐业管理条例》第二十条、二十二条规定可以看出其完全吸收了国家两委文件的规定,与《通知》规定相一致,且无论是《通知》还是《条例》均未放弃对工业盐的监管工作。国务院法制办2002年11月26日关于对国家经贸委《关于审理行政复议案件中有关法律适用问题的请示》的复函不能约束《河南省盐业管理条例》,该复函称地方政府规章与该通知规定不一致的,应当按照该通知的规定执行,但《河南省盐业管理条例》与《关于改进工业盐供销和价格管理办法的通知》的规定不冲突,是一致的,并且不属于地方政府规章,效力高于地方政府规章,所以,该复函不能约束《河南省盐业管理条例》。最高人民法院(2008)刑他字第86号《关于被告人缪绿伟非法经营一案的批复》虽然指出"1995年国家计委、国家经贸委下发的《关于改进工业盐供销和价格管理办法的通知》明确取消了工业盐准运证和准运章制度,工业盐已不再是国家限制买卖的物品",但是国家限制买卖的物品与经许可或审批经营的物品并非同一概念,该批复并非是说经许可或审批的物品就一定都是国家限制买卖的物品,更不是说工业盐已经放开经营不需要进行任何监督管理。

表4-3(续)

案例要点 案例名称	编号	生效判决日期	生效判决法院	主要法律争议点	判决意见
郑州市盐业管理局与邹某盐业行政处罚纠纷上诉案	〔2010〕郑行终字第178号	2010年10月8日	河南省郑州市中级人民法院	擅自运输根据盐产品的盐政执法权力	根据《河南省盐业管理条例》第十九条第二款"未经批准,任何单位及个人不得进行盐的营销活动"的规定,被上诉人对上诉人运输的盐产品及运输车辆进行扣押符合法律规定的扣押条件。
浏阳市友茂盐化贸易有限公司诉湖南省沅陵县盐务管理局行政处罚案	〔2010〕沅行初字第6号	2010年11月1日	沅陵县人民法院	原告可否不经复议程序直接向法院提起诉讼	根据《盐业管理条例》第三十条,当事人应在经过行政复议程序后,方可向人民法院提起诉讼。原告浏阳市友茂盐化贸易有限公司未经行政复议程序而直接向法院提起诉讼,应裁定驳回起诉。
鲁潍(福建)盐业进出口有限公司苏州分公司 诉江苏省苏州市盐务管理局盐业行政处罚案	〔2009〕金行初字第0027号	2011年4月29日	江苏省苏州市金闾区人民法院	未经批准购买、运输工业盐是否违法,应否进行行政处罚	法律及《盐业管理条例》没有设定工业盐准运证这一行政许可,地方政府规章不能设定工业盐准运证制度。根据《行政处罚法》第十三条的规定,在已经制定行政法规的情况下,地方政府规章只能在行政法规规定的给予行政处罚的行为、种类和幅度内作出具体规定,《盐业管理条例》对盐业公司之外的其他企业经营盐的批发业务没有设定行政处罚,地方政府规章不能对该行为设定行政处罚。
衡丰公司诉盐务局行政处罚纠纷案	〔2012〕东中法行终字第44号	2012年4月25日	广东省东莞市中级人民法院	未经批准,从外省购买、调运盐产品是否合法	衡丰公司主张被盐务局查扣的盐产品为工业盐,但其外包装却为英文标识,不符合国家质量监督检验检疫总局关于工业盐的外包装要求,衡丰公司于本案中提供的证据不足以证明被查扣的盐产品为工业盐,故中华人民共和国最高人民法院(2010)行他字第82号《关于经营工业盐是否需要办理工业盐准运证等请示的答复》于本案中并不适用。衡丰公司运输、储存标志不明的盐产品违反了《广东省盐业管理条例》第二十二条"需从省外购进的盐产品由省盐业行政主管部门根据国家下达的计划进行统一调运,其他单位和个人不得擅自从省外购买、调运"的规定。
上诉人温州某盐业进出口有限公司诉某市盐务管理局盐业行政强制案	〔2011〕浙温行终字第222号	2012年6月19日	浙江省温州市中级人民法院	地方性法规可否设定工业盐准运证	根据《中华人民共和国立法法》第七十九条的规定,法律、行政法规的效力高于地方性法规。法律及《盐业管理条例》没有设定工业盐准运证,某市盐务管理局以上诉人温州某盐业进出口有限公司无准运证运输其他用盐为由,扣押涉案盐产品,违反了《盐业管理条例》的规定。
上诉人重庆×××盐化有限公司与被上诉人广东省汕头市盐务局行政处罚案	〔2012〕汕中法行终字第11号	2012年8月27日	广东省汕头市中级人民法院	未经批准,购进工业用盐是否合法	根据《广东省盐业管理条例》第二十二条"需从省外购进的盐产品由省盐业行政主管部门根据国家下达的计划进行统一调运,其他单位和个人不得擅自从省外购买、调运"的规定,查本案上诉人无法提供该批盐产品系根据广东省盐业行政主管部门根据国家下达计划进行调运的证据。对此,被上诉人的执法行为合法。

表4-3(续)

案例名称 \ 案例要点	编号	生效判决日期	生效判决法院	主要法律争议点	判决意见
上诉人湖州××印染有限公司与被上诉人浙江省××××管理局盐业行政处罚案	〔2013〕浙湖行终字第21号	2013年7月31日	浙江省湖州市中级人民法院	未经批准,购进工业用盐是否合法	根据《浙江省盐业管理条例》第二十二条,工业用盐应到取得盐产品经营许可的单位购买,是行政法规、地方性法规规定的,否则具有违法性。经营工业盐的行为是否构成非法经营罪及《盐业管理条例》是否设定工业盐准运证这一行政许可与本案行政处罚的事由没有关联性。
上诉人上海富仓贸易有限公司与广东省盐业局盐业行政处罚纠纷案	〔2013〕粤高法行终字第226号	2013年8月28日	广东省高级人民法院	工业盐是否属于盐业公司专营范围	根据原国家计委、原国家经贸委《关于改进工业盐供销体制和价格管理办法的通知》(计价格〔1995〕1872号)和《广东省盐业管理条例》第二十条规定之规定,工业盐不属于盐业公司专营范围。被诉处罚决定和原审判决适用《广东省盐业管理条例》第二十二条,属于适用法律错误,本院予以纠正。
上诉人广州市衡丰贸易有限公司与东莞市人民政府行政复议纠纷案	〔2013〕粤高法行终字第392号	2013年9月9日	广东省高级人民法院	东莞市盐务局行政处罚案件中东莞市政府是否具有行政复议主体资格	根据广东省人民政府办公厅于1991年8月26日下发的《关于确定各级盐业行政主管部门的通知》(粤府办〔1991〕54号)以及东莞市机构编制委员会2008年6月23日下发的《关于广东省东莞盐业总公司加挂东莞市盐务局牌子等有关问题的通知》的相关规定,东莞市盐务局属于东莞市机构编制委员会发文成立的东莞市政府的职能部门,东莞市政府依法受理衡丰公司提出的行政复议申请并作出行政复议决定,符合上述规定。
上诉人某甲公司诉某乙盐务管理局盐业行政处罚案	〔2013〕浙温行终字第135号	2013年9月26日	浙江省温州市中级人民法院	未经批准,从省外购进其他用盐(工业盐)是否合法	被上诉人某乙盐务管理局根据《浙江省盐业管理条例》第二十三条、第三十二条作出被诉行政处罚决定,于法有据。原判驳回上诉人的诉讼请求,并无不当。
安阳豫龙氯钠化工有限责任公司与济南市盐务局盐务行政处罚案	〔2013〕济行终字第113号	2013年11月15日	山东省济南市中级人民法院	工业盐是否为盐业行政执法范围	上诉人从莱州XXX公司购进盐产品45吨,运往河南省安阳市,主要用于销往钢厂、洗浴中心、印染厂等,上诉人购、销盐产品的地点均不在济南市区域内。因被上诉人负责济南市区域内的盐业管理工作,故对不在济南市区域内的购、销盐产品行为无管理及执法权。因此,被上诉人对上诉人的上述行为,没有管理及执法权,其作出(济)盐政罚决字(2011)第027-1号《行政处罚决定》,应予撤销。

表4-3(续)

案例要点 案例名称	编号	生效判决日期	生效判决法院	主要法律争议点	判决意见
鲁维盐业（福州）进出口有限公司新乡分公司诉台前县盐业管理局行政处罚案	〔2013〕濮中法行终字第13-1号	2013年11月25日	河南省濮阳市中级人民法院	工业盐是否为盐业行政执法范围	二审中，台前县盐业局已撤销了（濮台）盐罚字〔2011〕第001号行政处罚决定第二项没收违法盐产品39吨的内容。（濮台）盐罚字〔2011〕第001号行政处罚决定第一项和第三项内容是对司机代红勇作出的，不包括对鲁维盐业新乡分公司的处罚内容，未侵害该公司的合法权益，故对鲁维盐业新乡分公司要求撤销（濮台）盐罚字〔2011〕第001号行政处罚决定的诉讼请求不予支持。
上诉人湖州××印染有限公司诉被上诉人浙江省××××管理局盐业行政处罚案	〔2013〕浙湖行终字第30号	2013年12月11日	浙江省湖州市中级人民法院	购买工业盐是否需经盐业主管部门批准、备案	上诉人湖州××印染有限公司未经上诉人浙江省××××管理局批准，于2012年4月22日向温州浙鲁盐业进出口有限公司购买工业用盐25吨用于印染加工，违反了《浙江省盐业管理条例》第二十二条第二款的规定。对此，被上诉人浙江省×××管理局根据《浙江省盐业管理条例》第三十二条的规定作出行政处罚并无不当。
上诉人湖州××印染有限公司诉被上诉人浙江省××××管理局盐业行政处罚案	〔2013〕浙湖行终字第31号	2013年12月11日	浙江省湖州市中级人民法院	购买工业盐是否经盐业主管部门批准、备案	上诉人湖州××印染有限公司未经上诉人浙江省×××管理局批准，分别于2012年7月4日和同月28日向温州××盐业进出口有限公司购买工业用盐70吨用于印染加工，违反了《浙江省盐业管理条例》第二十二条第二款的规定。由此，被上诉人浙江省×××管理局根据《浙江省盐业管理条例》第三十二条的规定作出行政处罚并无不当。
安阳豫龙氯钠化工有限责任公司诉汤阴县盐业管理局盐业行政处罚案	〔2013〕安中行终字第59号	2014年2月21日	河南省安阳市中级人民法院	购买工业盐是否经盐业主管部门批准、备案	豫龙公司未经批准，在未报盐业局备案的情况下，私自购进6吨工业盐产品违反了《河南省盐业管理条例》第十九条、第二十条、第二十二条的规定，同时，根据国家发改委"发改盐业函（2006）01号"文中明确规定："两碱工业用盐完全放开，由产销直接见面，自行衔接供应和价格。其他工业用盐即小工业用盐实行各省盐业公司统一经营，政府指导定价。"盐业行政主管部门对于其他工业用盐仍具有相应的管理职责。豫龙公司认为盐业局无权作出本案被诉行政处罚决定及处罚决定适用法律错误的理由不能成立，该公司要求撤销该处罚决定的诉讼请求，本院不予支持。

表4-3(续)

案例名称 \ 案例要点	编号	生效判决日期	生效判决法院	主要法律争议点	判决意见
安阳市盐业管理局与安阳豫龙氯钠化工有限责任公司盐业行政处罚及行政赔偿案	〔2014〕安中行终字第16号	2014年3月27日	河南省安阳市中级人民法院	工业盐销售是否需经盐业主管部门批准、备案	查获豫龙公司未经批准，在未报盐业局备案的情况下，私自购进盐产品156.75吨工业盐产品，违反了《河南省盐业管理条例》第十九条、第二十条、第二十二条的规定，同时，根据国家发改委"发改盐业函〔2006〕01号"文中明确规定："两碱工业用盐完全放开，由产销直接见面，自行衔接供应和价格。其他工业用盐即小工业用盐实行各省盐业公司统一经营，政府指导定价。"盐业行政主管部门对于其他工业用盐仍具有相应的管理职责。豫龙公司认为盐业局无权作出本案被诉行政处罚决定及处罚决定适用法律错误的理由不能成立，该公司要求撤销该处罚决定的诉讼请求，本院不予支持。
息县顺发商贸中心诉辉县市盐业管理局行政处罚案	〔2014〕新中行终字第51号	2014年6月4日	河南省新乡市中级人民法院	工业盐销售企业运输盐用是否违法	息县顺发商贸中心未取得食用盐经营许可，其运输的盐产品外包装为高级精制盐，经鉴定，其中11.55吨含碘，符合食用盐标准，但未载明"工业盐不得食用"字样，违反我国盐业管理的相关规定，辉县市盐业管理局将该批盐予以查扣，并进行处罚，符合法律、法规相关规定。
诸城市亿华针织有限公司诉诸城市盐务局行政处罚案	〔2014〕潍行终字第31号	2014年7月4日	山东省潍坊市中级人民法院	工业盐用户从未经盐业行政主管部门批准设立的盐产品批发经营企业购进工业盐产品的行为是否违法	被上诉人系根据《山东省盐业管理条例》第四十四条的规定作出没收盐产品和罚款的处罚。而从《山东省盐业管理条例》第四十四条内容来看，本条适用对象为盐业经营者，而本案上诉人同源公司是工业盐用户而非工业盐经营者，故被上诉人适用本条规定对上诉人购进工业用盐5 000千克作出处罚属适用法律错误，依法应予撤销。
诸城市亿华针织有限公司诉诸城市盐务局行政处罚案	〔2014〕潍行终字第32号	2014年7月4日	山东省潍坊市中级人民法院	工业盐用户从未经盐业行政主管部门批准设立的盐产品批发经营企业购进工业盐产品的行为是否违法	被上诉人系根据《山东省盐业管理条例》第四十四条的规定作出没收盐产品和罚款的处罚。而从《山东省盐业管理条例》第四十四条内容来看，本条适用对象为盐业经营者，而本案上诉人同源公司是工业盐用户而非工业盐经营者，故被上诉人适用本条规定对上诉人购进工业用盐5 000千克作出处罚属适用法律错误，依法应予撤销。
南通金大洋海水晶有限公司诉如皋市盐务管理局行政处罚案	〔2014〕通中行终字第0146号）	2014年7月23日	江苏省南通市中级人民法院	肠衣加工是否可以采用工业用盐	参照1996年10月9日中国轻工总会盐业管理办公室《关于加强肠衣盐管理的通知》第二条、江苏省盐务管理局1997年10月20日《关于肠衣加工用盐管理的复函》，上诉人向肠衣用户销售工业盐，适用《食盐专营办法》第二十三条之规定，应予处罚。

二、问题分析

（一）概述

从时间分布看，从1993—2014年的68件盐业司法案例中，2009年、2010年均超过两位数，有28件，案例总数占比近半，这在很大程度上源于最高人民法院2008年11月给江苏省高级人民法院的关于经营工业盐的行为不构成非法经营罪的批复（〔2008〕刑他字第86号文）点燃的工业盐业者的法律维权希望。而1994—1999年的6年间只有3件，这固然有部分法院不愿意在网络公布案例的因素，也与包括法院在内的社会各界还不习惯盐业法律的司法实施有关。从涉盐案件管辖法院的地域分布看，重庆、福建、江西、河北各1件，云南2件，湖南、上海、山东各3件，四川4件，江苏、浙江、广东分别为6、7、8件，河南28件。其中，河南省郑州市金水区人民法院8件、河南省郑州市二七区人民法院4件，这两个基层法院公开了近一半河南盐业案件。河南省引人注目的盐业诉讼案件数量与河南省法院系统近年来大力开展的裁判文书上网活动密不可分。另外，河南盐业实行产销一体、政企合一的管理体制，河南省盐务管理局与河南省盐业总公司为一套班子、两块牌子、职能分设、合署办公，且地址位于郑州市金水区，这可以说是河南省郑州市金水区人民法院盐业案件裁判文书数量居多的重要成因。同样的情况也见诸二七区人民法院的受案数量——郑州市盐业管理局、郑州市盐业公司位于郑州市二七区。从案件类型看，行政诉讼44件，刑事诉讼22件，民事案件2件。需要特别指出的是，金水区人民法院8件诉讼和二七区人民法院的4件诉讼都是刑事诉讼，除1件被判销售伪劣产品罪外，其余11件均以非法经营罪论处。从审级看，高级人民法院、中级人民法院和基层人民法院审理案件的数量分别为4、37、27。另外，有1件再审案件，1件铁路法院管辖案件，2件工商行政管理部门成为诉讼当事人（盐业行政处罚主体）案件。

（二）主要法律争议

第一，法律依据。这方面争议最多最大的是工业盐管理的法律依据问题。这不仅是大多数盐业行政诉讼的合法性争议所在，更是大部分非法经营罪案件的焦点问题。以河南省为例，往往被作为主要适用依据的《河南省盐业管理条例》的相关条文之间就存在严重冲突，涉及工业盐的行政诉讼和非法经营案的主要条款包括：第三条"本条例所称盐或盐产品，是指固体氯化钠、液体氯化钠以及以氯化钠含量为主要成分的盐制品，包括食盐和工业用盐。凡居民直接食用以及饮食加工、渔业和畜牧养殖业所用的盐产品为食盐，其他盐产品为工业用盐（简称工业盐）。"第六条"对食盐实行专营管理，其生产、批发、零售实行许可证制度，运输实行准运证制度。工业盐依照国家盐业法规和有关规定实行管理。省人民政府应当采取措施，确保食盐专营的顺利实施。"第十九条"国家分配调入本省的食盐和省内制盐企业生产的食盐，统一由省盐业行政主管部门分配调拨。各级盐业公司应严格执行分配计划，不得擅自变更。未经批准，任何单位及个人不得进行盐的营销活动。"第二十条"烧碱、纯碱工业用盐按照国家有关规定实行合同订货。用盐企业应当将订立的合同及其执行情况，报送当地盐业行政主管部门备案。其他工业用盐由省盐业行政主管部门统一管理，由当地盐业公司按实际需要组织供应，保证用盐单位的需要。各种用盐必须按照批准的用途使用，任何单位和个人不得将其挪作他用。"第二十二条"盐的批发业务由各级盐业公司统一经营。各级盐业批发机构由省盐业行政主管部门审批，并领取食盐批发许可证。同城一地不得重叠设置盐业批发机构。盐业批发机构应当按照国家计划购进盐产品，并在规定的供应区域内按照盐种用途经营盐的批发业务。"按照第六条"工业盐依照国家盐业法规和有关规定实行管理"之规定，工业盐不应该是该条例的主要调整对象。而第十九条与第二十条基本上是针锋相对的两个规定——既然第十九条要求"未经批准，任何单位及个人不得进行盐的营销活动。"那么第二十条关于烧碱、纯碱工业"合同订货"如何进行，即使"将订立的合同及其执行情况，报送当地盐业行政主管部门备案"，也不能自圆其说——众所周知，"批准"与"备案"是两个不同的概念。第二十二条问题依然突出：既然"不得重叠设置"，何来"许可"——实践中往往为径行指定。这么一个漏洞百出的地方盐业条例大行其道，长期作为当地司法适用的准绳，在一定程度上反映了我国盐业司法的乱象。由此，我们才不难理解河南省焦作市中级人民法院在"南化盐业（福州）有限公司焦作分公司诉武陟县盐业管理局行政处罚案"中提出的一个与众不同的说法：限制买卖的物品和经许可经营的物品是两个概念，限制买卖的物品应当是指法律、行政法规规定不允许在市场上自由买卖的物品，但经许可经营的物品并非都是法律行政法规规定的限制买卖物品，如实行工商登记前置卫生许可的食品。该院理解最高人民法院《关于被告人缪绿伟非法经营一案的批复》为：只是表明工业盐已不再属于国家限制买卖的物品，而工商行政管理部门在对原告经营范围进行核准时，明确要求法律、法规规定应经审批方许可经营的，未获批准前不得经营。因此，该院主张，尽管国家工商总局的前置许可目录里没有工业盐这一项，但是根据《河南省盐业管理条例》前述规定，原告称其已经过工商行政管理部门核准了经营范围和工业盐不再属于国家限制买卖的物品而可以自由经营的诉讼理由不予采信，因为其未获盐业主管部门许可授权。在南化盐业（福州）有限公司焦作分公司与 B 单位工商行政登记变更纠纷案中，焦作市中级人民法院更进一步论证："1995 年国家计委、国家经贸委下发的《关于改进工业盐供销和价格管理办法的通知》主要精神是降低两碱产品成本，促进盐碱两个行业良性循环，对两碱工业企业用盐，供销和价格管理提出了部分改革意见。且国务院并未直接发文公布，该文件仅仅是以通知的形式出现，因而不属于行政法规范畴。该通知对两碱工业用盐以外的其他工业用盐明确规定由盐业公司经营，与国务院《盐业管理条例》规定内容一致。《河南省盐业管理条例》第二十条、二十二条规定可以看出其完全吸收了国家两委文件的规定，与《通知》规定相一致，且无论是《通知》还是《条例》均未放弃对工业盐的监管工作。国务院法制办 2002 年11 月 26 日关于对国家经贸委《关于审理行政复议案件中有关法律适用问题的请示》的复函不能约束《河南省盐业管理条例》，该复函称地方政府规章与该通知规定不一致的，应当按照该通知的规定执行，但《河南省盐业管理条例》与《关于改进工业盐供销如价格管理办法的通知》规定不冲突，是一致的，并且不属于地方政府规章，效力高于地方政府规章，所以，该复函不能约束《河南省盐业管理条例》）。

这里虽然以河南为例，但其他地方也大抵如此。在"华润贸易行诉广东省佛山食盐专卖局行政处罚案"中，上诉人和上诉法院认为，根据国务院《盐业管理条例》第二十条，"盐的批发业务，由各级盐业公司统一经营。未设盐业公司的地方，由县级以上人民政府授权的单位统一组织经营。"《广东省盐业管理条例》属于地方性法规，其内容与国务院《盐业管理条例》并不抵触，依法可以作为被上诉人的执法依据，而国家经贸委、国家计委、国家发改委等部门发布的规范性文件，其效力低于《广东省盐业管理条例》。因此，对工业盐实行专营、计划管理、准运制度是合法的。而收货人"佛山市伟顺通运输有限公司"并非各级盐业公司，也未提供证据证明该批盐产品属于省盐业行政主管部门根据国家下达的计划进行统一调运的盐产品。因此认定该批盐产品为涉嫌违法调运的盐产品。

而在"上海丰祥贸易有限公司诉上海市盐务管理局行政强制措施案"中，虽然被上诉人上海市盐务局根据国家轻工业局盐业管理办公室《关于湖南省对上海市盐务管理局〈关于请求解释"盐的批发业务由各级盐业公司统一经营"的请示〉函复函》的答复内容和 2001 年《上海市盐业管理若干规定》第十四条"食盐和纯碱、烧碱工业用盐以外的其他用盐由市盐业公司统一经营"

认为，上海市盐业公司统一经营包括工业盐在内的盐业产品，其他单位和个人不得擅自从事盐产品的采购和经销，从而得出结论：《上海市盐业管理若干规定》中规定了市盐务局是市政府授权的盐业主管机构，市盐务局对食盐、工业盐的专营工作均有权管理。但是，上诉人和上海市第二中级人民法院坚持认为，《盐业管理条例》第十九条规定："食用盐，国家储备盐和国家指令性计划的纯碱、烧碱用盐，由国家统一分配调拨。"本案涉及的是工业盐，不属上述条文规定的由国家实行统一分配调拨的盐类范畴。同时，依据《盐业管理条例》第三十一条规定"本条例由轻工业部负责解释"，被上诉人市盐务局提供的《关于对上海市盐务管理局〈关于请求解释"盐的批发业务由各级盐业公司统一经营"的请示〉函复函》系国家轻工业局内设机构盐业管理办公室的文件，国家轻工业局盐业管理办公室无权对《盐业管理条例》作出解释，且该复函亦未对外公示，故不具有对外法律效力。根据丰祥公司营业执照的经营范围，丰祥公司有权经营工业盐。上海市第二中级人民法院据此撤销第一审判决；撤销盐务局于 2001 年 5 月 21 日作出的盐业违法物品扣押强制措施。值得注意的是，该裁判文书刊载于《最高人民法院公报》2003 年第 1 期，可以认为这代表了最高人民法院的观点。

还如"刘世文诉沧州市盐政管理处行政处罚决定请求行政赔偿案"。该案同样提出了一个工业盐的法律适用依据问题——依据 1992 年《河北省盐业管理实施办法》第三十条规定，"非铁道、水路运盐实行准运证制度，运盐专用票据必须随车同行，无专用票据运输部门不得承运，购盐单位不得入库。"而1995 年《国家计委、国家经贸委关于改进工业盐供销和价格管理办法的通知》规定："同时取消现行的工业盐准运证和准运章制度，盐碱双方根据签订的合同向运输部门申请运输计划。"对于部门规章和地方规章对同一事项不一致的规定，人民法院依据现有法律规范有三种处理方式：一是根据 2002 年国务院法制办公室《关于对国家经贸委〈关于审理行政复议案件中有关法律适用问题的请示〉的复函》规定的"经国务院同意，1995 年 11 月 8 日国家计委、国家经贸委发布的《关于改进工业盐供销和价格管理办法的通知》，适应社会主义市场经济的要求，对工业用盐供销体制作了重大改革。地方政府规章与该通知规定不一致的，应当按照该通知的规定执行"，直接适用部门规章。这在实践中凤毛麟角。二是根据《立法法》第九十一条规定："部门规章之间、部门规章与地方政府规章之间具有同等效力，在各自的权限范围内施行。"第九十五条第一款第三项规定："部门规章之间、部门规章与地方政府规章之间对同一事项的规定不一致时，由国务院裁决。"按照《最高人民法院关于执行〈中华人民共和国行政诉讼法〉若干问题的解释》第五十一条之规定，中止诉讼，提请国务院裁决。到目前为止，这两种规定在盐业司法中都还是纸上谈兵。三是按照 2008 年最高人民法院《关于江苏宜兴缪禄伟非法经营一案的批复》关于"《盐业管理条例》第二十条虽然规定盐的批发业务由各级盐业公司统一经营，但并无相应法律责任的规定，1995 年国家计委、国家经贸委下发的《关于改进工业盐供销和价格管理办法的通知》明确取消了工业盐准运证和准运章制度，工业盐已不再属于国家限制买卖的物品。因此，被告人缪禄伟经营工业盐的行为不构成非法经营罪"。不过，对该审判解释，也有不同意见，如"王明林等非法经营案"中的公诉机关就认为，最高人民法院的批复只是针对个案，不具有普遍适用性。甚至还有盐业公司将其曲解为仅限于工业盐，而"其他工业用盐"另当别论。

需要特别指出的是，在最高人民法院审判委员会讨论通过 2012 年 4 月 9 日发布的指导案例 5 号即鲁潍（福建）盐业进出口有限公司苏州分公司诉江苏省苏州市盐务管理局盐业行政处罚案中明确指出：①盐业管理的法律、行政法规没有设定工业盐准运证的行政许可，地方性法规或者地方政府规章不能设定工业盐准运证这一新的行政许可；②盐业管理的法律、行政法规对盐业公司之外的其他企业经营盐的批发业务没有设定行政处罚，地方政府规章不能对该行为设定行政处罚；③地方政府规章违反法律规定设定许可、处罚的，人民法院在行政审判中不予适用。并据此认为：苏州盐务局在依职权对鲁潍公司作出行政处罚时，虽然适用了《江苏盐业实施办法》，但是未遵循《立法法》第八十八条关于法律效力等级的规定，未依照《行政许可法》和《行政处罚法》的相关规定，属于适用法律错误，依法应予撤销。

尽管如此，在目前条块分割的行政和司法体制下，尽管国家盐务行政部门和最高司法机关都对工业盐准运证和准运章制度持否定态度，但从 2008 年最高人民法院批复后全国各地的相关案例看，问题仍然未能解决：其后在郑州市盐业管理局与邹某盐业行政处罚纠纷上诉案、衡丰公司诉盐务局行政处罚纠纷案、上诉人重庆×××盐化有限公司与被上诉人广东省汕头市盐务局行政处罚案、上诉人湖州××印染有限公司与被上诉人浙江省××××管理局盐业行政处罚案、上诉人某甲公司诉某乙盐务管理局盐业行政处罚案、鲁维盐业（福州）进出口有限公司新乡分公司诉台前县盐业管理局行政处罚案等判决中，相关法院都对盐业行政部门的工业盐审批管理权力给予了确认和支持——尽管都不再明确肯定工业盐准运证和准运章制度，但通过对事前审批、报备等程序的法律保障使工业盐还是跳不出盐业主管部门即盐业公司的"手心"。

同样，安阳市中级人民法院在两起安阳豫龙氯钠化工有限责任公司作为当事人案件中，虽然并不否认国家发改委"发改盐业函（2006）01号"文关于"两碱工业用盐完全放开"的要求，但却以"盐业行政主管部门对于其他工业用盐仍具有相应的管理职责"为由，支持盐业管理局按照《河南省盐业管理条例》的相关规定①对该公司未经审批的工业盐经营行为进行行政处罚，浙江省湖州市中级人民法院在两例上诉人湖州××印染有限公司诉被上诉人浙江省××××管理局盐业行政处罚案中，都以《浙江省盐业管理条例》第二十二条第二款（"用盐单位使用的盐产品，应当按规定用途使用，不得挪作他用或转卖"）为由，支持盐业主管部门的工业盐执法。

而在判定此类盐业行政处罚败诉的案件中，温州市中级人民法院在上诉人温州某盐业进出口有限公司诉某市盐务管理局盐业行政强制案明确指出："根据《中华人民共和国立法法》第七十九条的规定，法律、行政法规的效力高于地方性法规。法律及《盐业管理条例》没有设定工业盐准运证制度。被上诉人某市盐务管理局以上诉人温州某盐业进出口有限公司无准运证运输其他用盐为由，扣押涉案盐产品，违反了《盐业管理条例》的规定。"而其他司法部门也往往"顾左右而言他"，未能表述和支持工业盐放开经营：在上诉人上海富仓贸易有限公司与被上诉人广东省盐务局盐业行政处罚纠纷案中，广东省高级人民法院给出的理由是工业盐不属于盐业公司专营范围；在安阳豫龙氯钠化工有限责任公司与济南市盐务局盐务行政处罚案中，济南市中级人民法院以济南市盐务局没有跨行政区域执法权判其败诉；在诸城市同源针织有限公司诉诸城市盐务局行政处罚的3起案件中，都以《山东省盐业管理条例》第四十四条的适用对象为盐业经营者而非工业盐用户判定诸城市盐务局的行政处罚属适用法律错误。总之，这些判决都不能从法律上明确工业盐的行政管理不同于食盐专营的方式、程序和责任。

第二，盐政主体。这方面的主要争议点有3个：

①地市级盐业行政主管机构的权力来源问题。"华润贸易行诉广东省佛山食盐专卖局行政处罚案"的一个主要争议点就是广东省佛山食盐专卖局是否为合法的盐业行政主管部门。上诉人华润贸易行认为，根据《盐业管理条例》

---

① 《河南省盐业管理条例》第十九条第二款："未经批准，任何单位及个人不得进行盐的营销活动。"第二十条第二款："各种用盐必须按照批准的用途使用，任何单位和个人不得将其挪作他用。"第二十二条第一款："盐的批发业务由各级盐业公司统一经营。"其对盐产品不加区别的行政审批——这种审批实际上就是变相专营，其他盐产品经营者要从盐业公司取得工业盐经营的行政许可——姑且不论这已经被列为国务院取消之列——无异于与虎谋皮。

第四条之规定，佛山市的盐业主管部门只能是广东省食盐专卖局，除非广东省人民政府明确授权，佛山食盐专卖局不能成为佛山市的盐业主管部门。被上诉人和法院则认为，根据《盐业管理条例》第四条、广东省人民政府《关于省盐业总公司增挂广东省食盐专卖局牌子的批复》、广东省盐业总公司（食盐专卖局）《关于设立广东省佛山盐业总公司（食盐专卖局）的决定》和佛山市人民政府《关于成立广东省佛山盐业总公司（食盐专卖局）的复函》的规定，广东省食盐专卖局作为广东省盐业行政主管部门，根据其行政职能和行政辖区内盐业管理需要成立的广东省佛山食盐专卖局，是依法成立的盐业行政主管部门。可以看出，双方主张之间没有交集，法院作出的不是一个严谨的法律推理基础上的判决——广东省佛山食盐专卖局成立的直接依据是佛山市人民政府的一个"复函"，这与《盐业管理条例》第四条"省及省级以下人民政府盐业行政主管部门，由省、自治区、直辖市人民政府确定，主管本行政区域内的盐业工作"显然不符，即"省级以下"盐业行政主管部门也必须"由省、自治区、直辖市人民政府确定"。广东省佛山市中级人民法院在"佛山市城区工联贸易部诉广东省佛山食盐专卖局行政强制措施及行政赔偿案"中也持同样主张。诸如此类规范迁就事实的案件还见诸广东省云浮市盐务局被诉不具行政执法主体资格案。该案关于地方盐业主管部门资格的质疑主要从组织法角度出发，认为根据《地方各级人民代表大会和地方各级人民政府组织法》，省、自治区、直辖市的人民政府的厅、局、委员会等工作部门的设立、增加、减少或者合并，由本级人民政府报请国务院批准，并报本级人民代表大会常务委员会备案，同时 2007 年 3 月 15 日下发的《关于进一步加强和完善机构编制管理严格控制机构编制的通知》也明确要求：除法律法规和党中央、国务院有关文件规定外，各地区各部门不得将行政职能转由事业单位承担，不再批准设立承担行政职能的事业单位。因此，原告主张云浮市盐务局不具行政执法主体资格。被告的理由与前案广东省佛山食盐专卖局的观点相同，并表示广东省盐务局拥有省内组织机构代码，其工作人员拥有广东省政府颁发的盐政执法资格证。因此其合法性毋庸置疑。同时被告声称，"一套班子、两个牌子"是全国各地盐业管理的惯例。因此经上级政府批准、报本级人大常委会备案只是"理论"做法。这里云浮市盐务局无意中表达了其对法律实施的一种理解，这也是盐业法制的现实和常态——名正言顺的法律规范实际上被视为一种"理论"做法，行政组织内部的事实认可较诸组织法的授权和编制要求更理直气壮。

②地方盐业行政主管机构的权限问题。在"上海丰祥贸易有限公司诉上海市盐务管理局行政强制措施案"中，上诉人丰祥公司认为，2001 年《上海

市盐业管理若干规定》第四条规定："上海市商业委员会是本市盐业行政主管部门。上海市盐务局是市人民政府依据《食盐专营办法》授权的盐业主管机构，负责管理本市行政区域内的食盐专营工作，组织本规定的实施，并接受市商委的领导。"因此，上海市盐务局对工业盐经营没有执法主体资格。上海市第二中级人民法院也持同样观点：上海市盐务局只能负责管理食盐专营工作，对本市工业盐的经营、运输并无查处职权。

③盐政执法中职能部门的分工问题。在"临澧县盐业公司诉临澧县工商行政管理局封存财物及工商行政处罚决定案"中，两级法院均认为，《盐业管理条例》《食盐专营办法》《湖南省盐业管理实施办法》强调的是盐业行政主管部门、工商行政管理机关和食品卫生监督机构各自的职责分工，并未授权工商行政管理机关单独行使盐业行政处罚权；《食盐加碘消除碘缺乏危害管理条例》明确规定在缺碘地区的食用盐市场销售不合格碘盐或者擅自销售非碘盐的，由县级以上人民政府盐业主管机构进行处罚；《产品质量法》第四十五条规定："法律、行政法规对行使行政处罚权的机关另有规定的，依照有关法律、行政法规的规定执行。"据此，有关盐业行政违法案件的行政处罚权，只能由盐业行政管理法规、规章规定的机关行使。关于国务院办公厅《对国家工商行政管理局关于贯彻〈食盐加碘消除碘缺乏危害管理条例〉有关问题请示的复函》，法院认为，该文件系工商机关内部上下级之间的请示与答复，明确的是工商行政管理部门对碘盐市场中的无照经营、牟取暴利、投机倒把等违反工商行政管理法律、法规的行为依法进行查处的权限，且仍未对工商机关在碘盐违法行为中的处罚权作出具体规定，故该复函不能成为被告对原告经营盐产品行为进行处罚的依据。

第三，盐产品质量定性。在这方面的案例中，法院呈现典型的倾向性：一方面，对盐业公司在盐产品质量上的"特别关照"，如在"临澧县盐业公司诉临澧县工商行政管理局封存财物及工商行政处罚决定案"中，湖南省常德市中级人民法院依据《食盐加碘消除碘缺乏危害管理条例》第十六条第三款关于"对缺碘地区季节性家庭工业、农业、副业、建筑业所需的非碘盐和非食用盐，由县级以上人民政府盐业主管机构组织供应"和《湖南省盐业管理实施办法》第十九条关于"禁止工业盐、非碘盐和不合格碘盐进入食盐市场。对季节性家庭工业、农业、副业和建筑业所需的非碘盐，由县级以上盐业主管机构统一组织供应"之规定认为，临澧盐业公司既是盐产品销售企业，也是县级盐业主管机构，向本县区域内的食品加工、工业加工等企业供应非碘盐为其合法经营范围。因此不存在碘盐不合格问题。又如在"四川彭州市恒达实业有限公司诉四川省盐业总公司彭州支公司食盐质量案"中，四川省彭州市人民法院认为，根据《四川省盐业管理条例》第十九条及彭州市的相关政策文件的规定，原告要使用普盐加工泡菜，必须经所在地地方病防治机构出具同意使用的许可证明。因此即使被告将自认为碘已挥发的部分碘盐按普盐卖给原告违约，也因原告未取得使用普盐的许可证明而无过错。甚至"刘和平诉娄底地区盐务管理局行政处罚行政诉讼监督抗诉案"历经湖南省冷水江市人民法院、娄底地区中级人民法院两审终审和湖南省人民检察院向湖南省高级人民法院提出抗诉再审，最终撤销了关于冷水江市盐务局在该案中"明知湖北孝感地区不产海湖工业粗盐而为制碱厂开具证明交给刘和平"的过错及其责任分担。这也是所有盐业行政诉讼中唯一一宗省级人民检察院提起抗诉的案件。

另一方面，对许多未经盐业公司或者盐业主管机构经营的饲料用盐、食品加工用盐以及小工业用盐，则以非食用盐充当食用盐进行销售论处甚至定罪量刑。在"黄随山、梁兵非法经营案"中，河南省郑州市中级人民法院认为，国家对食盐实行专营，凡居民直接食用以及用于饮食加工、渔业和畜牧养殖业的盐产品均为食盐，并据此对被告人判处非法经营罪。在"王明林等非法经营案"中，尽管公诉机关未指控被告人陈应祥销售给被告人王明林的37吨盐是"食盐"，但河南省虞城县人民法院认为：被告人明知购买者购买该批工业盐的用途，事实上购买者也将其作为食盐销售。因此，被告人对该批工业盐主观上具有销售食盐的间接故意，构成非法经营罪。除了河南省郑州市金水区人民法院判处张亚东、翟方峰以非食用盐充当食用盐进行销售的行为为销售伪劣产品罪和河南省宁陵县人民法院以销售有毒、有害食品罪论处李真学以工业盐充当食用盐的销售行为外，"张爱井非法经营案""翟方峰非法经营案""李国战非法经营案""张新国非法经营案""马合芹非法经营案""生利军、刘天群非法经营案""罗建华等非法经营案""刘天芳非法经营案""朱学华非法经营案""孟胜、黄传彬非法经营案""付某、张某、凤某非法经营案""李a非法经营案""许继功非法经营案"中的法院都将被告人销售非食用盐的行为认定为非法经营罪。

第四，食盐准运证。准运证管理主要包括食盐准运证和工业盐准运证两种。前者见"杨顺元诉昆明市盐务管理局行政处罚案"。在该案中，昆明市盐务管理局没收杨顺元12吨食盐的理由在于认为这批食盐运输的路线与实际路线不符，有倒卖食盐的嫌疑。杨顺元主张其未按准运证指定的线路运输，是为了加运其他货物，并非改变"目的地"。经过两级法院审理，昆明市中级人民法院最终判决杨顺元食盐运输路线与准运证不符属于无证运输，维持昆明市盐务管理局的行政处罚。从昆明两级法院都采纳了昆明市盐务管理局关于无证运输的判断标准看，其间存在较为突出的机械办案问题，院方对盐政执法过程中显失公正和滥用职权的客观归责缺乏应有的合理性审查。

在"刘世文诉沧州市盐政管理处行政处罚决定请求行政赔偿案"中，一个主要的争议即在于地方政府规章在准运证问题上设定行政处罚的权限问题。根据《行政处罚法》关于行政处罚设定权限之规定，地方政府规章"可以在法律、法规规定的给予行政处罚的行为、种类和幅度的范围内作出具体规定"（第十三条）——该条应该理解为如果法律、法规将某一行为规定为违法行为并设置了处罚幅度、种类，地方政府规章只能在该处罚幅度、种类范围内作出具体规定；如果法律、法规虽然规范了某一行为，但未设定相应的行政处罚，则地方政府规章不得对该行为设定处罚。1992年《河北省盐业管理实施办法》第一条规定："根据《盐业管理条例》，结合本省实际，制定本办法"，鉴于《盐业管理条例》第四章"运销管理"和第五章"法律责任"并未对无证运输行为进行行政处罚的规定。因此，《河北省盐业管理实施办法》有关对该行为的行政处罚条款属于越权立法，应为无效。另外，该案中盐政机构如何实施准运证管理也成为一个焦点问题。依据《国务院关于禁止在公路上乱设站卡乱罚款乱收费的通知》（国发〔1994〕41号），盐业主管机构无权在公路上设立站卡，更无权拦截车辆，除非接到举报针对特定车辆进行堵截，否则应视为以违反法律禁止性规定或者侵犯他人合法权益的方法取得的证据，不能作为认定案件事实的依据。虽然该案在沧州市盐政管理处撤销行政处罚决定并赔偿刘世文损失后以撤诉告终，但其中反映的司法积弊与"杨顺元诉昆明市盐务管理局行政处罚案"类似，相关法院都没有表现出制约与规范行政权力职能方面的积极性、主动性，以致在行政的强势和越位面前司法独立和权威无以自立——"刘世文诉沧州市盐政管理处行政处罚决定请求行政赔偿案"之所以出现完全不同的结果只不过因为沧州市盐政管理处在处罚过程中发生的诸多事实和程序瑕疵使然。

第五，盐业经营。该行为的认定上，存在严重的同案不同判的司法不统一问题。这里仍以河南法院判决文书为例。在"河南省西峡县丹水镇农民养殖城诉西峡县盐业管理局盐业行政强制案"中，法院则因被告无证据证实原告存在销售经营的行为或目的判定被告实施的行政强制措施证据不足，适用法律错误。该案将"购""销"作为认定"不执行国家盐业计划"的并列要件。与此相反，在"罗建华等非法经营案"中，河南省郑州市管城回族自治区人民法院判定，罗建华等人多次非法购进非食用盐在罗建华开的飞天瓜子加工厂内炒制瓜子的行为构成非法经营罪。也就是说，该案中，"销"并非河南省郑州市管城回族自治区人民法院判定该案的必要条件。之所以如此，与相关法院任意曲解法律不无关系——在"姚洪武诉孟州市盐业管理局行政强制措施案"中，河南省孟州市人民法院将《河南省盐业管理条例》第十九条中的"营销活动"界定为：以营利为目的的从事盐的销售、购进、储存、运输等活动，其中也包括为上述活动提供场地、设备、仓储保管和运输服务等行为。这主要是各地参差不齐的司法水平问题，但也与盐业垄断在各地具有各不相同的影响力不无关系。

综上所述，我国盐业司法问题主要体现在如下 3 个方面：

一是绝大部分人民法院在盐业行政诉讼中或者不敢、不愿受理和裁判，或者倾向于甚至直接依据行政规章解释和审理案件。在盐业法律规范分析中已经论及，我国盐业领域的依法行政在很大程度上是依"规"行政。因此，司法机关在实践中较为普遍的以政策代替法律、以下位法代替上位法和以地方性立法代替全国性立法的法律适用实际上是一种对盐政地方保护主义和部门保护主义的纵容和偏袒，是一种利益导向下的选择性司法甚至是枉法裁判。

二是盐业违法的刑事化解决。正如在前面有关食盐销售刑事责任的分析表明的那样，2002 年 7 月 8 日《最高人民检察院关于办理非法经营食盐刑事案件具体应用法律若干问题的解释》以纯粹的经营数量而非质量更非后果作为定罪标准，存在严重的合理性问题，在经济纠纷非刑事化和经济犯罪轻刑化的趋势下，我国盐业管制刑事化可以说是一种落后。同样值得注意的是该司法解释对特殊违法行为的罪行化处理颇有越位之嫌。更为严重的是司法实践中往往对本不属于专营范围的工业盐、饲料盐也作为非法经营罪的犯罪对象——上述 22 件刑事案件中超过一半是当事人因为经营饲料盐、工业盐而以非法经营罪论处。工业盐、饲料盐的自由经营行为，前面已从多角度阐明其合法性，即使按照现行有效的地方盐业立法，也应为一般质量违法行为；对于数额较大者最多以生产、销售伪劣产品罪定罪量刑，而不能枉法裁判为非法经营罪。

三是盐业法律的司法统一实施问题。以司法解释的适用现状为例，除了《最高人民法院对人民法院在审理盐业行政案件中如何适用国务院〈食盐专营办法〉第二十五条规定与〈河南省盐业管理条例〉第三十条第一款规定问题的答复》因其明确性和针对性没有异议以外——不过时至今日《河南省盐业管理条例》对该款内容未作任何修订——其他司法解释在各地效力及效果各有千秋。对盐业检察解释，一方面，在"云台盐业公司、黄贵凌、盛建华、孙千海、魏加富、蒋中礼、刘全道非法经营案"中，江苏省连云港市新浦区人民法院、连云港市中级人民法院均主张"最高人民检察院和公安部所发文件"即 2001 年 4 月 18 日《最高人民检察院、公安部关于经济犯罪案件追诉标准的规定》"不能作为人民法院的裁判依据";另一方面,所有涉盐非法经营罪却无一例外以《最高人民检察院关于办理非法经营食盐刑事案件具体应用法律若干问题的解释》规定的起诉标准为定罪标准。甚至对本系统的审判解释也各取所需,《最高人民法院关于江苏宜兴缪禄伟非法经营一案的批复》在前述河南省大多数判决中即为《河南省盐业管理条例》中有关刑事责任的规定所取代,而在其他一些地方公诉机关甚至审判机关则以个案不具普遍性为由拒绝援引。

总之,盐业立法缺陷是司法不公的重要成因,而司法的地方和部门保护主义又使立法问题扩大化。同时,盐业司法的渎职与盐业行政执法的诸多积弊也不无关系,它们共同成为当前盐业行政体制乱象和盐业行政垄断困境的法律成因。

第四节　盐业法律监督问题

广义的法律监督包括国家机关、社会组织和普遍民众对法律运行全过程的监督,这里针对我国盐业法律在立法、执法和司法中的体制性矛盾和积弊,根据我国权力结构特点,采用狭义的法律监督概念,即指《各级人民代表大会常务委员会监督法》规定的各级人民代表大会常务委员会依据宪法和有关法律的规定,对本级人民政府、人民法院和人民检察院的工作,行使监督职权,促进依法行政、公正司法。很明显,这与《宪法》规定的"国家的法律监督机关"即检察机关进行的法律监督根本不是一回事。根据《各级人民代表大会常务委员会监督法》,各级人大常委会行使监督权主要有两种方式:一是法律监督,即监督宪法和法律的实施;二是工作监督,即监督本级人民政府、人民法院和人民检察院的工作。法律监督的基本形式有两种:一是检查监督法律、法规的实施情况(通称执法检查);二是规范性法律文件的备案审查。工作监督的基本形式包括:①听取和审议人民政府、人民法院和人民检察院的工作报告和专项工作报告;②监督计划、预算的执行和审计查出问题的整改;③询问、质询和特定问题调查。

对于盐业法制的不规范、不统一,虽然相关政府部门和司法机关责无旁贷,但鉴于各级人大及其常委会相对于"一府两院"的法定监督权力和职责,特别是由于上述"法律监督"的专属性。因此，各级人大及其常委会对目前盐业混乱而落后的法律运行现状更是难辞其咎。一个典型的例证是早在 2002 年 11 月 19 日下发的《国家经贸委关于征求对〈盐业管理条例〉处理意见的通知》（国经贸厅运行〔2002〕161 号）中就明确提出："请各地经贸委与地方有关部门沟通，建议在国家盐业法规重新修订完毕前，暂不出台或者修订新的地方盐业法规。"但前述 25 件地方盐业立法中就有 23 件出台于该通知之后，特别是其中 17 件为地方性法规。更为严重的是，虽然早在 1994 年和 1996 年，国务院两度将《盐业管理条例》列入年度立法工作计划①，但一直停留在计划阶段，《盐业管理条例》从未进行任何修改。在盐业执法检查和工作监督方面，问题同样不可否认。总之，如果各级各地人大及其常委会恪尽职守，那么盐业立法乱象不至于如此严重，盐政执法不至于如此成为众矢之的，盐业诉讼不至于如此使民众望而却步。

小结

盐业法制不统一、实施不规范是我国盐业行政垄断的重要成因，其背后是较为严重的立法、执法、司法中的行业、部门和地方保护主义。这集中体现在：对以 3 部行政法规为核心的专门盐业法律的选择性实施和利益化执行；与在位者利益相冲突的相关涉盐法律在运行中则普遍存在有法不依、执法不严、违法不究现象。

如果说盐业垄断的行政性是现行盐业立法、守法、执法、司法及法律监督问题的焦点所在，那么，盐业法制缺陷和积弊则致使盐业垄断成为我国行政垄断最难和最后的堡垒、成为我国垄断行业痼疾之集大成者的重要成因。因此，我国盐业垄断改革的法律问题，其核心是一个盐业管理中的依法行政问题，是一个政府与市场关系的科学界定与规范问题，也是一个盐业法制的统一与建设问题。这决定了我国盐业垄断改革应与盐政法制建设同步进行，改革的关键在于政府职能转变基础上的盐业行政法治化。

---

① 见《国务院 1994 年度立法工作计划》《国务院办公厅转发国务院法制局关于 1996 年立法工作安排的通知》。

第五章 盐业垄断改革法律规制建议

如果说 1990 年《盐业管理条例》是当时整个国民经济计划经济体制在盐业立法上的要求和体现，那么《食盐专营办法》出台本身即表明《盐业管理条例》所承载的盐业管理体制的重大变革：将食盐以外的其他盐产品排除在专营之外。这在很大程度上可以看作是 1992 年社会主义市场经济体制改革在盐业领域的阶段性反映。但众所周知，《食盐专营办法》无论规范本身还是现实表现远未符合社会主义市场经济体制的要求，加上我国食盐加碘的新情况、新问题和新要求，也由于新时期盐业转型与发展的需要，当下我国盐业体制又到了改革的十字路口，其方向不言而喻，是"形成适应社会主义市场经济体制要求的新型盐业管理体制"①。就其法律层面而言，目前的主要任务在于如何从制度建设上推动和规范盐业体制改革，如何针对盐业行政垄断本身反映出的法律规制失灵问题进行法律规制重构，使改革后的盐业体制可以实现国家、集体、个人利益之间和政府公共职能与市场经济效益之间的良性互动和共赢发展。

第一节 盐业法律规制与法治政府建设

相对于西方法治国家，我国正处于经济社会转型期，法律运行过程及其配套制度特别是实施环境的特殊性决定了必须对法律规制予以针对性的解读和应用。就盐业法律规制重构而言，在立场和理论上至少应该明晰如下两点：

第一，盐业市场及其管理中法律功能与作用的区别。或者说这是法律应然作用与实然作用的区别。众所周知，法律最重要的特点即为规范性和强制力，这决定了法律在调整相应社会关系、规范相关主体行为方面特有的确定性、预测性和有效性。因此，法律应该和能够确保盐行业中国家意志的贯彻、市场秩序的维

---

① 见 2009 年 3 月 11 日《国家发展改革委员会办公厅关于开展盐业体制改革调研的通知》（发改办经体〔2009〕534 号）。

护、经营行为的规范。从前述盐业垄断法律问题的相关分析可以看出，我国盐业法律在确定和实施盐产品的计划管理方面卓有成效的同时在市场经济条件下的弊端也有目共睹。其成因固然复杂，法律作用认识方面的偏差即是不可忽视的因素。法律规范"应该和能够"达致的效果自然是一种作用的应然性、可能性，其必然和实现则需要诸多主客观条件。我国盐业法律之所以在计划管理方面成效显著，就在于包括千年盐业的制度惯性、政府从国策高度的政治决心、行政职能与体制对计划的长期偏好、政企不分的组织保障、主要经营者的国有性质等各方面因素合力的结果。而市场经济体制下备受质疑在很大程度上则源于整体上社会主义市场经济大环境与盐业管理体制计划性的不兼容，在于成本和技术方面不具明显区分度的工业盐与食用盐实行"双轨制"导致的无序和不公，在于政策制定者、执行者、监督者与受益者之间责权利的不明确、不均衡。因此，有必要对盐业法律作用予以科学界定，以此作为研究法律规制重构问题的基础。

第二，盐业行政管理体制改革中法律作用的定位。众所周知，法律不是万能的，没有法律则是万万不能的。在盐业体制改革的配套工程中，法律只是社会控制方式之一，甚至还不是主要的社会控制方式。因此，法律要发挥其应然功能，首先要对自身进行合理定位，而合理与否在很大程度上取决于这种定位的针对性。我国目前正在经历经济社会创新，食盐专营政策所依存的政府职能与行政体制正面临前所未有的变革与创新，盐业生产经营现状及市场趋势更构成了对现行体制沉重的压力与严峻的挑战，这些基础环境条件即是我国盐业法律合理定位的主要针对对象。

就此而言，盐业法律在我国盐业垄断改革及其体制转变中规制作用的定位必须坚持如下3个基本原则：一是有所为有所不为原则。不仅法律作为强制性规范的属性特征决定了其作用的局限性，更因为经济政治相对于法律的决定性地位注定了法律只能是改革的配角而不能主导改革本身。因此，在目前的盐业体制改革中，法律的作用有限。这种有限但应有效的作用应该主要体现在：一方面，对规范性法律文件的规范化清理，为改革清除法律障碍——如前所述，盐业立法的不民主、不科学、不规范是我国盐业垄断困境的一个重要成因；另一方面，根据盐业垄断改革的趋势和盐业体制改革的方向，通过法律的"立改废"，贯彻党和国家的改革意图，确认改革成果，为改革保驾护航。在盐业体制改革完成后，盐业法律的规制作用则应着眼于我国法治建设的方略性需要和社会主义市场经济本身的规律性要求，在市场经济缺陷的纠补、社会公共政策的实施保障、行政管理的法制化等方面，发挥其在制度建构中的指引、调整和规范功能。二是立法的规范性原则。我国盐业市场的不规范在很大程度上源于相关法律本身的不规范。这种不规范在许多盐业法律中都普遍存在，主要表现为：行政权力主体往往有权力无责任；行政相对人往往有责任而无权利；权力缺乏制约机制；权利缺乏救济渠道。毋庸置疑，法律区别于其他社会控制手段就在于其规范性，所以，法律功能应基于法律的规范性展开，否则，在我国目前行政管理水平特别是部门利益驱使下选择性执法的环境中，不规范的立法难免沦为相关主体权力寻租的护身符和遮羞布。三是执法的多元化原则。法律调整方式以强制性为基本特征，是指法律以国家强制力为其实施保障并非法律总是通过强制的方式实施。恰恰相反，法律主要通过非强制性的引导、教育、激励等方式将他律性的外在规范转化为自律性的自觉要求。在相当程度上我们甚至可以说，法律实施的非强制性与法律的科学性、正当性、权威性之间是一种强正相关关系。目前我国盐业法律的实施方式主要表现为一种强调计划手段、事前审批、事后监督的事无巨细的行政强制，而多元化原则下的盐业法律规制则应该转向以财税激励等市场手段为主辅之以总量控制、最高限价等方式的宏观调控，转向指导性的事前规制与强制性的事后责任追究的有机结合，转向以认证、内部控制等第三方规制、自我规制为主而以标准制定、申诉处理等行政规制为辅的多元化规制系统。

众所周知，在我国目前的行业规制环境和规制水平特别是以食盐专营为核心的盐业行政管理体制下，这些原则能否有效实施、盐业法律规制系统能否建构，关键取决于法治政府建设的进程和效果。就此而言，我国盐业法律规制与我国法治政府建设相辅相成、缺一不可。按照《中共中央关于全面推进依法治国若干重大问题的决定》关于法治政府建设的要求，盐业行政领域的法治建设的主要内容包括：

在转变政府职能方面，首要的是推进盐业行政管理部门的机构、职能、权限、程序、责任法定化，现存的盐务局与盐业公司"一套人马，两块牌子"及其类似的政企不分的局面无论如何都必须予以摒弃。同时，不管现存的盐务局"自立门户"还是并入其他行政职能部门，都必须"坚持法定职责必须为、法无授权不可为，勇于负责、敢于担当，坚决纠正不作为、乱作为，坚决克服懒政、怠政，坚决惩处失职、渎职。行政机关不得法外设定权力，没有法律法规依据不得作出减损公民、法人和其他组织合法权益或者增加其义务的决定。推行政府权力清单制度，坚决消除权力设租寻租空间。"一方面，切实履行食盐市场的质量监督和价格监管职责，防止盐业体制改革过程中可能出现的假冒伪劣盐产品充斥食盐市场和食盐价格的不合理波动，切实保障针对特定人群的碘盐普遍服务。另一方面，禁绝食盐专营诸如此类的利益执法"卷土重来"或者"借尸还魂"。

在盐业体制改革方案的决策方面，"把公众参与、专家论证、风险评估、合法性审查、集体讨论决定确定为重大行政决策法定程序，确保决策制度科学、程序正当、过程公开、责任明确。建立行政机关内部重大决策合法性审查机制，未经合法性审查或经审查不合法的，不得提交讨论。"我国目前的食盐专营及其相关的盐业行政管理体制和运行机制问题，特别是各地政出多门和各自为政的盐业行政管理与执法格局，与相应的决策缺乏利益相关者的有效参与、未经或者不尊重专家学者的科学论证、合法性审查程序不规范、集体讨论决定程序不健全、不充分等决策不科学、不民主及不依法决策不无关系。2001年以来盐业体制改革的前6个方案的"胎死腹中"也在一定程度上反映出盐业行政决策的诸多程序和实体瑕疵。因此，在新一轮盐业体制改革方案的正式出台问题上，决策主体必须按照法治政府建设的原则、精神和相关法律规范的规定，严格遵循重大行政决策的科学、民主和法治要求，依法决策。

在行政执法体制改革方面，根据"推进综合执法，大幅减少市县两级政府执法队伍种类，重点在食品药品安全、工商质检、公共卫生、安全生产、文化旅游、资源环境、农林水利、交通运输、城乡建设、海洋渔业等领域内推行综合执法，有条件的领域可以推行跨部门综合执法"之要求，食盐无疑是亟待综合执法的领域之一，如何建构确保食盐质量、价格、安全和反垄断等方面的综合监管体制和执法机制也是本轮盐业体制改革成败的重要决定因素。

总之，盐业法律规制重构问题，本质上是如何推进盐业领域的法治政府建设问题，盐业体制改革的核心就在于盐业行政管理职能的转变、盐业行政管理体制改革、执法机制改革与创新的科学、规范和效率问题。

第二节　盐业法律规制重构条件

如前所述，我国盐业垄断本质上是一种行政垄断。而"行政垄断出现在改革过程中，从一定程度上看，属于改革不彻底的产物"[1]。因此，盐业法律规制重构的前提在于盐业体制改革的发生和推进，盐业法律规制重构的基础在于与盐业体制改革相应的政治意志、经济环境、法律系统等一系列配套制度的建设及相应的社会共识。

---

① 薛克鹏. 行政垄断的非垄断性及其规制 [J]. 天津师范大学学报：社会科学版，2007 (3)：13.

一、盐业法律规制重构前提

下面主要通过对与盐业体制改革具有直接利害关系的有一定话语权和影响力的 4 大利益共同体的盐业体制改革方案考察我国新一轮盐业体制改革的共性问题及其发展趋势。

第一，制盐企业。这里主要指具有话语权的国家食盐定点生产企业。据2009 年 12 月 9 日"部分制盐企业应对企业体制改革座谈会"上签署的《全国部分大中型制盐企业对盐业体制改革的建议》①，国内 28 家主要制盐企业（均为食盐定点生产企业）对拟议中的食盐专营体制改革表态为："年初温家宝总理在《政府工作报告》中提出对盐业管理体制进行改革，我们十省二十八家大中型制盐企业，深受鼓舞，完全支持拥护改革。这不仅符合社会主义市场经济的发展目标，也有利于我们制盐企业走向市场，成为真正市场竞争的主体。在改革过程中，我们也想反映一点建议：建议对现有食盐专营体制进行改革，实行定点生产、特许经营。食盐是关系到国计民生的重要食品，直接关系到人民的身体健康，从源头上控制食盐产品的质量，意义重大。所以，在食盐体制的改革过程中，应该继续坚持食盐定点生产许可证制度，并参考先进国家的技术标准和质量要求，提高食盐生产准入门槛。这样有利于保证食盐质量安全和维护消费者权益；有利于食盐市场的稳定供应，优化市场资源配置；有利于产业结构调整，产品升级换代。同时建议由国家投入专项资金，在大型制盐企业建立起国家食盐储备，保障食盐供应安全、稳定。"

可以看出，这些食盐定点生产企业关于盐业体制改革的核心主张颇具针对性：坚持并提高行业准入门槛，针对的是非定点制盐企业，这是在位者从自身利益出发的方案要求；特许经营则针对盐业公司，提出"从源头上控制食盐产品的质量"目的就在于使自身能够成为特许经营主体，打破盐业公司在食盐销售上一统天下的局面；希望利用国家专项资金在生产环节进行食盐储备，更是对目前以盐业公司为主体的食盐储备体系的直接挑战。

第二，中国盐业总公司和中国盐业协会。之所以将二者相提并论是因为中国盐业协会自 1988 年成立到 2003 年长达 15 年的时间里，"协会与中国盐业总公司一直合署办公，密切合作，一起争取食盐实行专营的相关政策，认真组织落实食盐专营的各项工作；组织召开全国盐业会议，参与制定《盐行业'九五'计划和 2010 年规划》；组织起草《制盐工业产业政策》《盐业科技发展规

---

① 此为制盐企业之间达成的"签名稿"内容，而非事前准备的"讨论稿"或事后的"上报稿"。见罗晟. 建议书内容和原稿应该一样的，只是几个参会企业修改了个别词句 [N]. 东方早报，2010-01-06（A33）.

划》；参与《盐业管理条例》《食盐专营办法》等法律法规的制定工作；创办《中国盐业》杂志，编写《中国盐业史》；组织会员单位参加'第二届北京国际博览会'和'第二届全国轻工博览会'，获得三项金牌和四项银牌；为会员提供技术咨询服务；1993年被评为中国轻工总会'先进单位'，1994年被中国工业经济协会评为'全国先进工业行业协会'。十多年来，协会与中盐总公司共同发文88个，独立发文113个，发挥了政府与企业无法替代的作用。"① 虽然2004年中国盐业协会按要求与中国盐业总公司正式分开，但在上述合作或协作内容没有根本变化的情况下，二者仍然存在千丝万缕的利益联系。因此，无论从二者过去的渊源——典型如现任中国盐业协会理事长董志华从1995年到2004年间兼任中国盐业总公司总经理一职长达9年——还是就二者关系的现状特别是对于盐业体制改革的立场看，他们都属于同一阵营。最新的例证是二者于2015年5月21日联合发文《关于食盐计划审批有关事项的函》。

"2009年7月27日，中盐协提交了一份24页的《关于盐业体制改革的意见和建议》，核心观点是：盐业不是垄断行业；食盐专营对防治碘缺乏病取得了巨大成就，接下来要继续坚持食盐专营政策。"这与中国盐业总公司提出"加强专营，把盐业的模式改成类似于烟草专营的模式，将各省的各自为政改成一条线管理"的盐业体制改革方案如出一辙②。与此同时，面对大势所趋的市场化改革，中国盐业协会与中国盐业总公司都采取了"缓兵之计"——他们通过对改革时间表提出异议，以"稳定、稳妥"为理由要求"循序渐进，分步实施"。中国盐业协会的《关于盐业体制改革的意见和建议》希望，"盐业改革要循序渐进，不能操之过急。保证20多万盐业职工队伍的稳定，保证职工的正常生活。"原国家经贸委经济运行局副局长、现国资委企业监事会监事陈国卫也认为"中盐公司、中盐协以'分步走'之名，行拖延改革之实。"因此，在这个意义上讲，"最大分歧可能在于改革时间安排。"③

不过，需要指出的是，事情正在起变化：中国盐业协会官方对盐改方案的最新认识是"以积极的态度看待盐业市场化"，"现在，到了我们不再单纯地依赖专营，勇敢地迎接市场化的时候了"④。在2014年6月11日中国盐业协会召开的盐业生产企业关于盐业体制改革座谈会上，一位与会的盐业生产企业人

---

① 2009年版中国盐业年鉴。

② 贾华杰. 盐业专营：不确定时间的改革 [N/OL]. 时代周报，2010-01-27.（2010-01-27）[2011-03-21]. http://www.time-weekly.com/story/2010-01-27/105531.html.

③ 慈冰，李纬娜，胡雯. 盐业垄断缘何难破 [J/OL]. 财经，2010 (5). [2011-03-21]. http://magazine.caijing.com.cn/2010-02-28/110386557.html.

④ 董志华. 在全国盐业多种经营交流会上的讲话 [EB/OL]. (2013-11-17) [2014-10-08]. http://www.cnsalt.org/d.asp? id=17968.

士也感受到中国盐业协会态度的转变：此前都是"反对改革"，现在开始支持改革，立场上也与中盐总公司"分了家"，从整个行业的角度考虑问题，这自然"是一个积极的信号"①。

第三，国家盐业主管部门。据悉，2009 年 11 月，国家发改委和工信部组成的盐业体制改革工作小组在进行半年多调研之后出台的《关于推进盐业体制改革的若干意见（征求意见稿）》提出安排 2010—2011 年作为新旧体制过渡期，分步实施各项改革措施，并要求各部门、各级政府积极配合，在全国推行盐业体制改革②。其中包括的五项主要改革措施为：一是取消食盐专营管理体制，即取消食盐生产、运输和批发许可证制度，取消食盐生产和分配调拨指令性计划，取消调拨批发价和出厂价管理，取消非食用盐运销管制；二是推进政企分开，理顺盐业管理体制；三是健全法律法规，实施以法治盐；四是健全供应保障机制，保证食盐安全；五是盐业结构调整，提升产业竞争力③。

在《关于推进盐业体制改革的若干意见（征求意见稿）》中"政企分开、市场放开、科学补碘、加强监管"的改革原则与相关政府部门提出的 7 套盐业体制改革方案揭示的现行盐政积弊及其主张的改革方向（见表 5-1）④ 大同小异，均以"打破行业垄断，对盐业进行市场化改革"为目标。国家经贸委于 2001 年、国家发改委于 2005 年、工业和信息化部与国家发改委于 2009 年先后进行了规模较大、引人注目的调查研究，其结论都表明了盐业体制改革的必然性并提出了类似方案建议。可见，国家职能部门在关于盐业管理体制改革的认识上不存在太大障碍。现在的问题是，此次改革能否走出前几次改革的宿命⑤。回答这个问题，必须要清醒地认识到，盐业体制改革方案的提出与决策是两回事，决策与实施之间也充满不确定

① 李腾飞. 盐业体制改革能否实现？［EB/OL］. （2014-08-06）［2014-10-08］. http://www.ce02.net/main/wywy/d_42_285274.html.

② 当时的方案称："自《意见》下发之日起，有关部门研究制定食盐准入条件、食盐储备、财政补贴、市场监管等政策措施，完善修改有关法规；2011 年废止盐业专营有关规定，取消食盐生产调拨计划管理，允许现有食盐定点企业进入流通市场，允许食盐生产经营企业跨区域经营等；从2012 年开始，盐业全面按照新的生产流通体制运行。"盐业体制改革第七版方案正在制定 有望 2014年出台［EB/OL］. （2014-06-24）［2014-10-10］. http://kuaixun.stcn.com/2014/0624/11513454.shtmlhttp://kuaixun.stcn.com/2014/0624/11513454.shtm.

③ 周婷，王锦. 盐业改革或让上市公司走上前台［N/OL］. 中国证券报，2010-03-18. （2010-03-18）［2011-03-21］. http://www.cs.com.cn/ssgs/04/201003/t20100318_2370742.htm.

④ 材料来源：董志华. 在全国盐业多种经营交流会上的讲话［EB/OL］. （2013-11-17）［2014-10-08］. http://www.cnsalt.org/d.asp? id=17968. 贾华杰. 盐业专营：不确定时间的改革［N/OL］. 时代周报，2010-01-27. （2010-01-27）［2011-03-21］. http://www.time-weekly.com/story/2010-01-27/105531.html.

⑤ 慈冰，李纬娜，胡雯. 盐业垄断缘何难破［J/OL］. 财经，2010（5）.［2011-03-21］. http://magazine.caijing.com.cn/2010-02-28/110386557.html.

性。甚至盐业行政主管部门内部也未必"志同道合"：目前盐业体制改革方案的直接草拟者（亦即上述历次调研的组织者）为体改司；产业司和经贸司也与盐业关系密切——产业司负责盐行业的重大项目核准和结构调整，经贸司的涉盐职能主要是制订盐业调拨计划。"但在实践中，该项职能已委托给中盐公司。另外，中盐公司也有工作人员借调在主管部门，消息沟通比较便捷。"由此我们不难理解盐改方案的命运多舛："2005 年 12 月发改委工业司（现改为产业司）制订了第二份盐改方案，当时一位副司级负责人强调加强盐业专营的重要性和成就，其后这一改革方案尚未实行即被搁置。"①

表 5-1

方案制定者（时间）	方案依据（改革要点）	方案结果（进展）
国家经济贸易委员会盐业管理办公室（2002）	1. 在政企合一体制下，盐政管理和盐业公司的行政和经营行为不规范，利用"政"为"企"谋利，垄断经营。在对有关政策、条例的解释和执行上，为其所用。食盐价格被国家列为指令性价格，但食盐销区的盐业公司名义上执行，实际上以"运费补贴""回款奖励"等名目少付款，甚至索要回扣，并要求供货按国家定价开票，食盐生产企业或食盐调出省公司还要负担这部分"补贴"、"奖励"的增值税。 2. 食盐生产企业不能进入市场，不是真正的商品生产者。在改革开放的今天，食盐生产企业居然没有食盐产品的商标、品牌，其产品不能直接进入市场，不能与消费者和市场直接见面，只能按计划调拨给盐业公司经销。 3. 计划安排排斥市场竞争，不能实现优胜劣汰。国家对食盐产销实行严格、必要的计划管理，但保证产需平衡的计划工作方式排斥竞争，全国 105 个食盐定点生产企业全部要安排到，甚至有些非定点企业也在地方政府或盐业主管部门的关照下，从定点企业的计划指标中分一部分。现在食盐定点企业过多，企业不分大小，技术装备好坏，都在吃 700 万吨计划的"大锅饭"。生产企业为了生存，把主要精力放在跑计划指标上，也使计划分配表现出行政审批的诸多弊端。食盐计划安排表现是吃"大锅饭"，实质是保护落后。	由于当时的国家经贸委盐业办公室撤销，改革搁浅。
国家发展和改革委员会盐业办公室（2006）	1. 政企合一体制存在一定弊端。 2. 制盐企业普遍规模小，产业集中度低。 3. 目前食盐管理体制流通环节多，效率低，同时需承担政府执法费用，导致流通成本偏高。 4. 盐业法规未适时修改，无法满足社会主义市场经济下盐政执法的需求。 5. 部分地方盐业公司对小工业盐实施专营，造成食盐专营扩大化。	大部制改革后，发改委工业职能划出，盐改工作再度搁浅。

① 慈冰，李纬娜，胡雯. 盐业垄断缘何难破 [J/OL]. 财经，2010 (5). [2011-03-21]. http://magazine.caijing.com.cn/2010-02-28/110386557.html.

表5-1（续）

方案制定者（时间）	方案依据（改革要点）	方案结果（进展）
国家审计署（2006）	1. 食盐计划编制和执行存在不公平性和随意性，盐业公司牟取不正当利益。 2. 盐业生产企业规模小，产业集中度低。 3. 地区封锁，商业流通不畅，流通链条长，费用高，流通环节层层加价，食盐流通环节利润偏高。 4. 资本结构单一，限制了融资渠道。	未获政府相关部门采纳
国家发展和改革委员会经济体制与管理研究所（2008）	1. 食盐计划管理体制不健全，造成"优不胜、劣不汰"；计划分配没有充分引入竞争机制，"跑关系、跑计划"，代替了产品本身的竞争；计划留有余地的空间较大，影响了计划的严肃性。在目前的计划管理体制下，各级盐业公司从自身利益出发，往往上报计划时留有较大的余地；计划统得过死，不利于调动企业积极性。 2. 食盐专营形成垄断经营格局，损害了生产效率和分配效率；运销体制庞大，经营效率低；垄断诱发设租寻租，滋生各种腐败现象；食盐专营扩大化，导致各种不正当竞争。 3. 政企合一的弊端明显，各级盐业公司既当裁判员又当运动员，容易导致企业借助行政权力牟取自身利益，无法保证公平、公开、公正的交易市场秩序。 4. 食盐专营体制侵占了制盐企业的合理利润、剥夺了制盐企业面向市场的权利，导致制盐企业无能力开发新产品、提高产品技术含量，使整个行业不能获得应有的发展。 5. 专营所滋生的腐败触目惊心，专营机构利用特权牟取特殊利益；专营体制付出的政治代价是影响建立完善的社会主义市场经济体制。 6. 改革专营体制的动力首先来自制盐企业。在专营体制下，食盐的利润被盐业公司侵占；即便是食盐定点生产企业对专营体制也多有不满。 7. 改革的动力还来自建立社会主义和谐社会的客观要求。目前，制盐企业和盐业公司的矛盾相当突出，制盐企业处于一种高度压抑的状态。 8. 这些年来，我国盐行业发展已远远滞后于人们潜在需求的变化，僵化的体制成为盐业发展和碘盐普及率进一步提高的桎梏。目前，食盐专营管理面临着各种问题，这恰恰说明随着我国市场经济的建立和发展，遵循计划思维的食盐专营体制并没有适应环境变化，作出必要调整。盐业发展和碘盐普及率进一步提升的体制束缚日益明显，带来严重的效率损失，推进盐业体制改革的必要性日益突出。 9. 食盐加碘不等于食盐专营，从世界范围看，食盐加碘有三种方式：一是以美国为代表的消费者自我选择方式；二是大多数国家采取的立法强制方式，生产企业只生产碘盐，碘盐生产销售仍以市场机制为基础；三是专卖、专营，但要承受其固有的弊端。 10. 我国在专营体制下，碘盐覆盖率达到了90%以上，但并不是只有专营体制才能使碘盐覆盖率达到这一水平，目前世界上碘盐覆盖率达到90%以上的国家大约有30多个，都不是食盐专营。	未获政府相关部门采纳。
国家发改委经贸流通司（2008）	1. 个别地区计划执行不到位，计划外购销食盐。 2. 定点企业争要计划，难以体现公平效益，存在寻租现象。 3. 个别食盐销售企业存在压低食盐出厂价、拖欠盐款的问题，加剧食盐产销矛盾。	未能形成最后方案。

表5-1(续)

方案制定者（时间）	方案依据（改革要点）	方案结果（进展）
发改委和工信部联合组成的盐业体制改革小组（2009）	方案依据： 1. 食盐专营扭曲价格关系，制约碘盐进一步普及。 2. 食盐专营割裂产销链条，损害生产者和消费者利益。 3. 食盐批发企业对食盐垄断经营，食盐生产企业必须按计划数量和价格调拨给食盐批发企业，使用批发企业的品牌和包装，由盐业批发企业投入销售市场。这种体制下，生产企业没有积极性提升产品质量，消费者无法选择到优质多样的产品和更好的服务，需要非碘盐的群众也难以通过方便的渠道得到满足。 4. 食盐专营排斥优胜劣汰，束缚盐行业健康发展。食盐生产和调拨计划直接决定了企业产量，生产企业关注的不是产品质量、技术创新和加强管理，而是如何争取计划指标。并且，食盐专营实行区域封锁，其他地区进入本辖区的食盐均被视为"私盐"（很多情况下是合格碘盐）予以查没。在这种体制下，企业缺乏活力，难以通过市场竞争实现优胜劣汰，影响了盐行业结构调整和发展。 5. 食盐专营实行政企合一，排斥市场竞争。盐业管理部门和盐业批发企业"两块牌子、一套人马"，既制定盐业管理政策，编制实行食盐调拨计划，负责盐政执法，又从事盐产品经营，盐业批发企业往往借助行政力量插手市场运行，维护企业自身利益，扩大专营范围，排斥市场竞争。 方案要点： 1. 改革的总体目标是，建立和完善市场竞争规则，发挥企业市场主体作用，消除阻碍盐业科学发展和碘盐科学供给的体制性因素，实现盐业市场充分竞争、碘盐供给科学合理、盐业产品丰富多样、市场监管严格高效，以更低成本普及合格碘盐供应，以更高效率满足经济社会发展的各类用盐需求。 2. 碘盐普及不会因取消食盐专营而降低；盐业市场监管不会因为政企分开而削弱；食盐应急保障能力不会因改革而下降；盐行业不会因改革而造成不稳定。	得到中央编办、财政部、商务部、卫生部、工商总局、质检总局、法制办、食品药品监管局、国资委的赞同，但未能实施。

表5-1(续)

方案制定者（时间）	方案依据（改革要点）	方案结果（进展）
国务院国有资产监督管理委员会国有重点大型企业监事会第十办事处（2013）	方案依据： 　　1. 盐业管理体制机制不适应发展需要，盐行业实行以计划为主的管理模式，受制于计划经济体制的局限和不足，盐行业的市场化程度不高，市场应变能力和核心竞争力不强，尚不能完全适应市场经济发展的需要。 　　2. 盐业企业尚未建立现代企业制度，法人治理结构不够完善，企业管理体制和运行机制亟待变革和调整。 　　3. 制盐方式粗放，创新能力不足。以单一的制盐为主，资源利用率低，盐碱联合、卤水化工、水产养殖、盐田生物等产业发展的深度和广度不够，伴生矿资源浪费严重，没有建立循环经济，尚未形成强大的产业群。 　　4. 盐业发展需从体制上寻求突破。由于食盐专营体制的存在，以计划为主的管理模式，客观造成产销主体分离，难以形成上下游一体化的管理模式。条块分割、各自为政，宏观调控乏力，导致产能过大、产销失衡和生产过剩。企业过度依靠食盐专营政策，缺少市场竞争压力，在自身素质、市场意识和发展方式等方面存在着较多不适应市场经济发展需要的情况。因此，必须要从体制改革出发，同时参考借鉴国际盐业发展经验，探寻我国盐业改革发展的关键路径。 　　5. 食盐专营体制主要不足：政企不分各自为政；市场化低竞争力不强；产销分割未实现一体化经营；由于盐行业总体上长期产大于销。一方面是盐厂压价冲销食盐市场，另一方面部分盐业公司执行专营政策有偏，特别是跨省调拨食盐普遍存在计划执行不好、拖欠盐款和结算不及时等问题，这进一步加重了产销之间的矛盾，同市场经济发展要求显著背离。 改革要点： 　　盐业体制改革的最终目的就是要促进盐行业更好更快发展，要促进市场机制的形成，提升竞争能力。循着盐业体制改革的方向和思路，盐行业必将逐步摒弃原有粗放式的、过度依赖政策保护的、以外延扩张为主的发展理念，生产运营、管理体制、技术创新和流通服务必将不断取得新的突破，坚持集约化、市场化、专业化、信息化和国际化，对发展状况、主要问题和面临风险有更为全面深刻的认识。	正在制定

　　最新进展是，2014年10月29日，在中国盐业协会第七届会员代表大会上，中国盐业协会披露，国家发改委主任办公会议已通过第七套盐业体制改革方案，并在各部委完成意见征求。方案的核心为2016年起废止盐业专营，放开所有盐产品价格。另据工信部确认，我国将取消食盐专营，涉盐企业将实现自主经营公平竞争。这次盐业体制改革方案的内容包括六部分：一是盐业体制改革的指导思想和目标原则；二是取消食盐专营、许可经营制度后实行最严格的食品监管制度；三是健全食盐储备体系，确保食盐安全供应；四是加快盐业体制调整提升产业竞争力；五是健全法律法规，实施依法治盐；六是强化领导落实各项任务。其中，废止食盐专营和健全食盐储备体系两项内容最受资本市场关注。按照方案规定，从2016年起废止食盐专营，允许现有的食盐定点企业进入市场，允许食盐流通企业跨区经营，放开所有盐产品价格，放开小工业

盐等其他用盐的经营。对于健全食盐储备体系，中盐协会人士表示，协会提交给发改委的意见为建立中央、地方两级储备，国家储备由中盐总公司负责，地方储备由地方盐业公司负责。此外中盐协会建议中央给予政策，在老少边穷地区，中央和地方给予财政补贴，减轻盐业企业承担的责任，同时强调地方政府的作用，提高地方政府对盐业的重视，提高盐业地位①。

第四，社会公众。这方面具有代表性和重要影响的主要包括全国人大代表、政协委员提出的两会议案和北京市东方公益法律援助律师事务所提交的法律审查建议：前者如陈慧等 31 名代表《关于制定〈盐业法〉的议案》（2001年）、翁维权等 36 名代表《关于制定〈食盐专营法〉的议案》（2001 年）、滕卫平等 32 名代表《关于改进我国碘缺乏病防治工作的议案》（2001年）、滕卫平等 35 名代表《关于修改我国全民食盐加碘法规的议案》（2002 年）、卢亦愚代表《必须重视碘过量问题，尽快修订〈食盐加碘消除碘缺乏危害管理条例〉的议案》（2009 年）、卢亦愚代表《关于再次要求修订〈食盐加碘消除碘缺乏危害管理条例〉的建议》（2010 年）、王永庆委员《加快我国盐业体制改革的建议》（2013）。北京市东方公益法律援助律师事务所先后向全国人大常委会递交《关于请求对〈食盐专营办法〉进行合法性审查的建议书》（2008 年）、向全国人大常委会递交《关于请求对〈盐业管理条例〉进行合法性审查的建议书》（2009 年）、向国务院递交《对〈国家计委、国家经贸委关于改进工业盐供销和价格管理办法的通知〉进行合法性审查的建议书》（2009 年）、向国务院、江西省人大常委会递交《对〈江西省盐业管理实施办法〉进行合法性审查的建议书》（2009 年）。另外还有一些专家学者在相关论著及新闻报道中也提出了与盐业体制改革相关的政策建议②。

这些议案、建议大部分站在普通消费者、用盐企业、制盐企业的立场，主张改变"一刀切"的加碘模式，取消食盐专营，放开食盐和小工业盐市场，实行市场竞争。不过，这些主张在我国现行立法体制下影响有限，很难进入决策者的视野。尽管如此，却可以形成足够强大的社会压力，使相关部门不得不有所作为，进行相应的调整和改进。典型如卫生部尽管对 2009 年公众关于

① 盐业专营即将废止 加快体制调整提升产业竞争力 [EB/OL]. (2014-11-20) [2014-11-21]. htwww. Cnfood. cn/n/2014/1120/38358. htmlwww. cnfood. cn/n/2014/1120/38358. html.
② 参见中国社会科学院法学研究所，东方公益法律援助律师事务所，洪范法律与经济研究所. 国企垄断、公共利益与法治建设 [C]. 北京：[出版者不详]，2009.

"全民食盐加碘"的质疑不以为意①，还是组织制订了食品安全国家标准《食用盐碘含量》和《食品添加剂碘酸钾》。

总之，我国即将进行的盐业体制改革的方向是市场化。这一点从专家学者、政府主管部门到制盐企业甚至盐业公司均无公开和有影响的反对意见。据悉，工信部近日通过书面函件明确表示，盐业体制改革后，将按照市场经济的要求进行运作，涉盐企业将实现真正的自主经营、公平经营。这也是政府主管部门首次对取消食盐专营的传闻加以确认②。正如《中共中央关于全面推进依法治国若干重大问题的决定》所阐明的法律与改革之间关系的那样——"实现立法和改革决策相衔接，做到重大改革于法有据、立法主动适应改革和经济社会发展需要。实践证明行之有效的，要及时上升为法律。实践条件还不成熟、需要先行先试的，要按照法定程序作出授权。对不适应改革要求的法律法规，要及时修改和废止。"——此即我国盐业法律规制的着力点所在。

二、盐业法律规制重构基础

第一，市场基础。按照 2002 年国家发改委宏观经济研究院"食盐专营课题组"调研结论——也是众多盐业公司、中国盐业协会的主流意见——"为了保证全民合格碘盐供应，取消食盐专营必须以完善的社会主义市场经济体制为前提。就全国总体情况来看，应具备 3 个基本条件：一是成熟的经营主体。由一个或几个大公司支配全国的工业盐和食盐的生产、经营，如美国、法国和英国等发达国家那样。有了合理的产业组织，才能杜绝非碘盐冲击食盐市场，出了问题也便于追查。二是成熟的消费者群体。消费者有较强的健康意识和自我保护意识，能够自觉选择食用碘盐。三是有效的市场管理。政府的市场监管部门能有效地保证合格碘盐供应。"③

如果换一种角度考察这 3 个条件，我们将会发现，这恰恰不是取消食盐专营的条件，而应该是打破垄断和市场竞争的产物。无论理论还是实践都不言而喻，经营主体的成熟、消费者群体的成熟与市场管理的有效不可能通过计划经济体制实现，而正是社会主义市场经济体制建设的应有之义。可见，坐等这些

---

① 白剑峰. 我国人群碘营养水平总体适宜 卫生部相关负责人回应"补碘过量"质疑［EB/OL］.（2009-08-13）［2011-03-21］. http://www.moh.gov.cn/publicfiles/business/htmlfiles/mohbgt/s3582/200908/42363.html.

② 工信部确认取消食盐专营 盐业放开 2016 年启动［EB/OL］.（2014-10-20）［2014-10-21］. politics. people. Com. cn/n/2014/1121/c70731-26064577.html.

③ 国家发展和改革委员会宏观经济研究院课题组. 食盐专营 利国利民［N］. 人民日报，2003-06-25（12）.

条件成熟才取消食盐专营是一种颠倒因果和混淆是非的说法。

即使就这 3 个条件本身而言，正如吕福玉教授认为的那样，"这三个条件在一定程度上已经初步具备，或者稍加引导和调整，就能完全具备取消食盐专营制度的现实条件。"① 实际上，如前所述，我国盐行业产能明显过剩，食盐供应总量早已不是问题，恰恰是供大于求产生了"私盐"（相当部分是合格碘盐）泛滥问题。因此，第一个市场条件诉诸的"非碘盐冲击食盐市场"及其"追查"与第三个市场条件即"有效的市场管理"其实是一回事。就市场监管看，虽然近年来食品安全事故频发，但我们应该看到：一方面，从 2009 年《食品安全法》的实施及 2014 年修订到由 3 位副总理、15 位部会首长组成的国家食品安全委员会的成立，国家对食品安全高度重视；另一方面，较诸婴幼儿奶粉那样复杂和严格的质量及监管要求，食盐的监管基本上没有多大技术含量，只需要严格执法即可——这与专营没有必然联系。即便是婴幼儿奶粉，尽管问题层出不穷，政府为此付出了巨大代价，仅普查受三鹿奶粉影响的 3 000 万儿童就花了 20 个亿②，其成因既有监管失灵的问题，也有竞争过度的因素，但罕见专营或者诸如此类的计划经济管理方式的主张。毕竟 30 余年改革开放已经雄辩地证明了市场相对于计划的体制效率和福利。不计其数的经验教训表明，商品质量的提升及监管体制的完善离不开"魔高一尺，道高一丈"的考验和斗争。与此相应，消费者也是在选择、比较甚至挫折中逐渐成熟的。总之，社会主义市场经济正是在问题的解决中、共识的推动下与时俱进的。就此而言，婴幼儿奶粉的管理体制不失为食盐专营改革的一个颇具说服力的参照物。由此我们不难发现，这里"经营主体"的"成熟"其实是在国家宏观调控角度针对行业产业结构、企业组织结构而非针对保障碘盐质量而言的条件。或者说，这 3 个本应属于碘盐质量和普遍服务方面的公共政策条件在实质上和事实上转化成了产业政策条件。

就产业发展——毋宁说是作为在位者的盐业公司的发展——的条件而言，关于"如美国、法国和英国等发达国家那样"的"一个或几个大公司支配全国的工业盐和食盐的生产、经营"的条件要求，姑且不论这正是《反垄断法》规制的"经营者集中"问题，同时也是盐业垄断改革正应该防范的势必出现的经济垄断问题；也不论这种格局形成的路径依赖，前述分析已经表明，政企

---

① 吕福玉. 试论盐业管理体制改革的可能性 [J]. 四川理工学院学报：社会科学版，2007（1）：7.

② 温家宝. 如果出现假冒伪劣产品我们一定严惩不贷 [EB/OL]. （2010-02-27）[2011-03-21]. http://www.gov.cn/zlft2010/content_1543593.html.

不分条件下的产业结构调整往往是政府主导、行政强制的结果，而非市场通过优胜劣汰进行资源配置的产物。这里只是表明这个条件事实上已然达致，不成其为延宕改革的理由。据统计，2008 年生产量超过 60 万吨的国内制盐企业有 34 家①，各盐业公司全资或控股企业占了大多数。在 2008 年全国原盐 6 167 万吨、加碘盐 879 万吨的总产量中，中国盐业总公司分别为 1 160 万吨和 223 万吨，各占 18.81% 和 25.37%②，与此相应的是 2010—2012 年度核准的 100 家食盐定点生产企业和 15 家多品种盐生产企业中，中国盐业总公司分别有 18 家和 3 家，各占 18% 和 20%。截至 2011 年年底，中国盐业总公司的总资产规模发展到 436 亿元，盐的产量 1 462 万吨，居世界第二，主要化工产品产能 1 449 万吨，涉及盐化、农用化肥及农药产品、精细化工等领域，部分产品进入世界和全国前列，食盐供应和配送覆盖国土面积 37.85%。拥有全资、控股子公司 47 家，职工 5.5 万余人③。如前所述，作为云南省唯一具有食盐生产、批发许可证的产销一体化的云南盐化股份有限公司，2008 年产盐总量和食盐产量分别为 91 万吨和 58 万吨，其在云南食盐和工业盐市场处于独占垄断地位。还如湖南省轻工盐业集团有限责任公司，实行"产、运、销、人、财、物"一体化管理的同时履行湖南省食盐专营职能，两个全资子公司湘澧盐矿和湘衡盐矿 2008 年"生产精制盐 150.6 万吨，调出 163.7 万吨，产销率达到 108.7%"④——这两矿和湖南轻盐集团控股的湖南省轻盐科技有限公司同时也是湖南省仅有的两家食盐定点生产企业和唯一的多品种盐生产企业。再如江苏省盐业集团有限责任公司有 3 家食盐定点生产企业，占全省的一半，该公司 2008 年食盐产量约 50 万吨，市场占有率几近 100%；产销工业盐 199.92 万吨，占江苏市场份额约为 90%⑤。最后以原盐生产能力、营业收入及利润总额均处全国前列的山东省盐业总公司为例，虽然该公司只拥有山东 8 个食盐定点生产企业的一半，但 2007 年 12 月 28 日山东省发改委、山东省盐务局《关于印发山东省推进食盐流通现代化实施方案的通知》却明确要求"2008 年上半年要

---

① 朱国梁. 2008 全球金融危机下的中国盐业市场 ［K］//中国盐业协会. 中国盐业年鉴，2009：439.

② 中国盐业总公司 2008 年工作总结和 2009 年工作计划 ［K］//中国盐业协会. 中国盐业年鉴，2009：39.

③ 盐业 2 600 年垄断将结束迎变革 ［EB/OL］. (2014-11-30) ［2014-12-01］. money. ycwb. com/2014-11/30/content_ 8226286_ 3. htm.

④ 2009 年版中国盐业年鉴.

⑤ 江苏省盐业集团有限责任公司. 江苏省盐业集团有限责任公司 2009 年度第一期短期融资券募集说明书 ［EB/OL］. (2009-09-28) ［2011-03-21］. http://bond. stockstar. com/IG2010100930 000379. shtml.

将全省各类包装食盐统一注册为'鲁晶'品牌"——很明显，这种地位绝非"美国、法国和英国等发达国家"的垄断企业所能比拟，更与社会主义市场经济体制背道而驰。

总之，各盐业公司除了在批发环节独占垄断外，近年来通过"跑马圈地"在盐业上下游产业链市场已经不同程度实现经营者集中，而且正在积极进行资本运作，以期形成更高程度的市场支配地位。

第二，政治基础。如前所述，一方面，2009 年作为公众话题的"全民加碘"问题直接引发了食盐专营体制改革大讨论，基本上形成了盐业垄断改革的社会共识；另一方面，2008 年金融危机条件下，下游相关行业市场环境的恶化使盐业体制改革重新提上国家议事日程，以打破垄断、公平准入为取向的盐业体制改革几成定论。特别是针对盐业垄断症结的政企不分问题，不仅社会公众、学界和其他盐业市场主体而且国家相关职能部门都主张政企分开①，颇具共识。无论是 2009 年国务院政府工作报告还是《关于 2010 年深化经济体制改革重点工作的意见》都明确将盐业体制改革作为年度重点改革任务。"推进盐业体制改革，实现政企分开、政资分开"被列入《中华人民共和国国民经济和社会发展第十二个五年规划纲要》，2014 年 5 月 16~17 日全国经济体制改革工作会议再次作出"加快推进电力、油气、盐业等重点行业改革"的明确要求②。以取消食盐专营为核心的第七版盐业体制改革方案经国家发改委通过，各部委完成意见征集工作并获工信部公开确认。2015 年 5 月 8 日《国务院批转发展改革委关于 2015 年深化经济体制改革重点工作意见的通知》再次宣布"推进盐业体制改革"。据此，我们可以断定，国家层面已经做出盐业垄断改革的政治决断，现在的问题是如何将其转化为科学决策和行动方案，如何做到依法改革。

第三，法律基础。狭义的法律基础一般包括立法、守法、执法、司法、法律监督 5 个方面，广义的法律基础还应涉及公民法律意识、政府法制理念、社

---

① 2006 年，国家发展和改革委员会经济体制与管理研究所在《我国盐业体制改革研究报告》中建议"为了防止盐业公司利用计划编制权，不合理扩张形成市场垄断格局，应尽早调整计划编制单位。同时，应逐步剥离仍由中盐总公司履行的各项行政职能，使其成为真正意义上的企业，促进市场的公平竞争。"国家审计署在 2006 年 11 月《关于我国食盐专营体制的审计调查报告》中第一条改革建议便提到"实行政企分开、盐业生产和商业分开，强化盐行业监管力度。具体是盐业公司不再行使盐行业行政管理职能。"见罗晟. 垄断者中盐总公司的沉重扩张：千亿元资产目标依赖食盐专营 [N]. 东方早报，2010-12-22（A32）.

② 准确把握形势 狠抓贯彻落实确保完成 2014 年经济体制改革重点任务——2014 年全国经济体制改革工作会议在北京召开 [EB/OL]. （2014-05-17）[2014-10-08]. http://www.ndrc.gov.cn/xwzx/xwfb/201405/t20140517_611896.html.

会法治文化等层面。

就盐业垄断改革的法律基础而言，不仅《立法法》《行政许可法》《行政处罚法》《行政复议法》《行政诉讼法》《反不公平竞争法》《消费者权益保护法》《反垄断法》《产品质量法》《食品安全法》《价格法》等法律构成的相对完整的盐业行政管理上位法体系已然成型，而且相关职能部门通过《国家计委、国家经贸委关于改进工业盐供销和价格管理办法的通知》《财政部关于公布取消部分政府性基金项目的通知》《国务院法制办公室关于对国家经贸委〈关于审理行政复议案件中有关法律适用问题的请示〉的复函》《国家发展计划委员会食盐价格管理办法》《国家发展和改革委办公厅关于印发食盐计价公式表的通知》《国家发展改革委关于印发促进食盐流通现代化的若干意见的通知》《国家发展改革委关于印发全国制盐工业结构调整指导意见的通知》《工业和信息化部关于做好无碘食盐市场供应工作的通知》《工业和信息化部办公厅关于做好下放食盐准运许可审批权限工作的通知》《工业和信息化部关于做好下放食盐定点生产企业审批工作的通告》《国家发展和改革委员会关于废止〈食盐专营许可证管理办法〉的决定》等部门规章或者部门规范性文件对主要盐业行政法规存在的诸多立法缺陷进行了相应替代和纠补，这为盐业法律规制重构提供了重要的基础性条件。

同时，近年来依法行政、法治政府、责任政府已经成为主流话语，转变政府职能、改革行政体制工作正在全国各地蓬勃开展。在此背景下，盐业行政主管部门及利益相关者也概莫能外，如表5-2所示①，一直在探索、实践和推动盐业体制改革，尽管过程和结果并不尽如人意。

表5-2

时间	政策变动
1996 年	国务院颁布了《食盐专营办法》这一行政法规，实行严格专营。
2002 年	经贸委被撤销，盐政管理职能转移到国家发改委。
2002 年	原经贸委下发《关于盐业管理职能有关问题的通知》，旨在政企分开，建立现代企业制度，但遭遇波折搁浅。
2004 年	广东省撤销了食盐专卖局，两年后又恢复。
2005 年	在《深化经济体制改革意见》中首次写入盐业改革。

---

① 产业信息网整理 [EB/OL]. (2014-04-25) [2014-10-08]. http://www.chyxx.com/industry/201404/240242.html.

表5-2（续）

时间	政策变动
2006 年	"十一五"规划中将盐业体制改革放在重要位置。
2009 年	发改委体改司制定《关于推进盐业体制改革的若干意见（征求意见稿）》，但却陷入僵局。
2010 年	28 家制盐企业签署《全国部分大中型制盐企业对盐业体制改革的建议》，由中盐协会向国家发改委、工信部等相关部委转交，但无实质进展。
2010 年	发改委牵头制订的盐业体制改革方案大体框架完成，但受既得利益者多方阻挠，再次搁浅。
2011 年	日本地震引起抢盐风潮，工信部随即表示食盐生产和供应有充分保障，盐业总公司启动应急机制，专营改革再次被推向风口浪尖。
2011 年	十二五改革将盐业制度改革放在重要位置。
2013 年	工信部停止签发食盐准运证，运输许可审批权下放给省、市、自治区地方政府。
2013 年	对国务院第 197 号令《食盐专营办法》修正，将食盐定点生产企业审批权从国务院下放到各省、市、自治区。
2013 年	十八届三中全会再次提到粮盐等国企改革。
2014 年	废止《食盐专营许可证管理办法》（2006 年 4 月 28 日国家发展和改革委员会令第 45 号发布）。

最新的进展是，2014 年 9 月 4 日国务院印发《关于在中国（上海）自由贸易试验区内暂时调整实施有关行政法规和经国务院批准的部门规章规定的准入特别管理措施的决定》（国发〔2014〕38 号），其中引人注目地要求"暂时停止实施相关内容"——即《盐业管理条例》第二十条："盐的批发业务，由各级盐业公司统一经营。未设盐业公司的地方，由县级以上人民政府授权的单位统一组织经营。"——"允许外商以独资形式从事盐的批发，服务范围限于试验区内"，要求"国务院有关部门、上海市人民政府要根据上述调整，及时对本部门、本市制定的规章和规范性文件作相应调整，建立与进一步扩大开放相适应的管理制度。"更为重要的是，该《决定》明确表示"国务院将根据试验区改革开放措施的实施情况，适时对本决定的内容进行调整。"这不能不说是盐业体制改革的一个积极信号。

令人乐观的消息还有：在 2014 年 10 月 15 日，中国盐业总公司上海市盐业公司在沪召开发布会，宣布与美国盐业巨头莫顿盐业签署战略合作协议，全力发展双方在华的合资企业，并通过后者批量引进美方各类盐产品，扩建包装生产线，应对全面扩大的产品市场投放。业界认为中盐上海此举显示盐业改革进程或将提速①。更为明确的利好新闻来自国家发展改革委体改司副司长王强，他带领的国家盐业体制改革联合调研组到安徽省金寨县调研时指出："随着我国市场经济体制的逐步建立和完善，食盐专营体制在继续发挥作用的同时，弊端也逐渐凸显，对盐业体制进行改革势在必行。要统筹考虑改革的各项配套条件，积极稳妥推进。"被认为是官方在本轮盐业体制改革社会舆论中的首次明确表态②。"敢为天下先"的广东这次可能又成为盐业体制改革的"急先锋"③——2014 年 9 月 23 日该省人大常委会会议上，第一批共 34 项地方性法规将被提请废止和修改，其中提请修改的《广东省盐业管理条例》，删除了食盐零售需许可的规定④。

特别需要指出的是，作为改革的原动力的普通消费者已经越来越习惯于拿起法律武器——主要是上位法——质疑现行盐业管理体制，挑战盐业公司的滥用市场支配地位损害消费者利益的行为，抗争盐业主管部门排除、限制竞争和侵犯消费者合法权益的滥用行政权力行为。总之，规制盐业行政垄断的法律基础基本具备。

第三节 盐业法律规制重构建议

正如我国其他垄断行业改革的经验教训所昭示的那样，盐业垄断改革也应该是一个系统工程。相应地，盐业法律规制重构也必须是相关法律规范有机结合、协调运行的过程和结果，这无疑是即将进行的新一轮盐业体制改革顺利推进和有效实施的前提和保障。如前所述，我国盐业法制不统一、实施不规范在

---

① 许婧. 美国盐产品加速进入中国市场 或将推动中国盐业体制改革 ［EB/OL］.（2014-10-15）［2014-10-16］. http://finance.chinanews.com/cj/2014/10-15/6683046. shtml.

② 国家盐业体制改革联合调研组来安徽省金寨县调研 ［EB/OL］.（2014-09-21）［2014-10-16］. http://www.Cnsalt.cn/d.asp? id=21841.

③ 在 2004 年开始的盐业体制改革中，原来由省盐业总公司承担的盐业行政管理职能划入省经贸委，设立盐业管理办公室，撤销原来省食盐专卖的牌子；市、县盐业公司也将改为经济实体，不再挂政府行政机构的牌子。有知情人士表示，现在广东省的盐业行政执法职能已经从省盐业公司转到了省经贸委。一举结束了广东盐业过去"政企不分"的历史，通过食盐专卖模式降低打查私假盐的成本。见宗文. 广东盐业新政：专卖模式三年内销开 ［N］. 21 世纪经济报道，2005-08-18（008）. 其后，各种主客观原因致使这二次广东盐业新政不得不虎头蛇尾收场。

④ 薛冰妮. 广东率先清理不符合改革要求的法规 粤取消盐业零售许可 ［N］南方都市报，2014-09-23（AA07）.

很大程度上已经使得盐业专营甚至整个盐业行政成为一个"独立王国",不仅普通消费者、生产者无法获得应有的法律救济,而且其他职能部门也难以染指,甚至司法机构也未能有效制约。因此,要破解盐业垄断困境,要确保食盐加碘政策的科学和效率,要推进盐行业科学发展,正如"盐业公司要跳出专营谈发展"① 一样,盐业法律规制的重构也必须破除就盐法谈盐法的误区,而应在国家与社会、政府与市场的层面探讨盐业行政的职能转变和体制改革、机制创新问题。在盐业法律层面,这必然要求盐业法律规制重构具有系统性,即需要在不同位阶、不同针对性的法律规范构成的法律系统中整体推进。

我国法律体系,根据法律位阶,自上而下主要由宪法、法律(此处为狭义)、行政法规、地方性法规、自治条例、单行条例、部门规章和地方政府规章组成。根据《立法法》的相关规定,不同位阶法律规范的立法权限、立法程序、立法效果各不相同,这些具有不同针对性和效力的各位阶法律规范构成了有机统一的法律规范系统。针对盐业垄断的行政性质,根据前述盐业法律规范在立法、守法、执法、法律监督等法律规范运行各环节中存在的主要问题,笔者认为,在目前盐业法律制定及其实施条块分割特别是存在突出的部门、地方保护主义的情况下,行政法规以下位阶的法律措施及相应的对策建议都缺乏解决该问题所必需的针对性和可行性——即使需要部门、地方立法方面的对策建议,也必须在作为其上位法的修订或制定以后才具有针对性和可行性。更为重要的是,唯有如此的部门和地方立法才符合盐业法制统一的要求,才能确保其稳定性和适应性。因此,笔者主要在宪法、反垄断法和行政法规三个维度探讨盐业法律规制体系的重构问题。其中,宪法作为根本大法无疑在盐业法律规制体系中具有至高无上的法律效力,这集中体现在保障盐业法制的协调统一和决定盐业法律的规范运行两个方面。该体系中的反垄断法规制,一方面起承上启下作用,既是宪法规制的体现和应用,又是行政法规规制的前提和基础;另一方面,《反垄断法》的有效实施不仅是破解盐业行政垄断的关键,而且《反垄断法》本身也是盐业规制重构立法(行政法规)的主要法律根据。行政法规规制,不仅是宪法规制和反垄断法规制的具体化,而且是指引、确认和保障盐业垄断改革及其成果的制度化手段。

---

① 见中国盐业总公司党委副书记程文杰 2009 年 7 月 9 日在全国食盐流通现代化经验交流会上的讲话,见程文杰. 认清形势 统一认识 将食盐流通现代化工作推向深入 [EB/OL]. (2009-07-18) [2011-03-21]. http://www.yanzheng.com/shownews.asp? newsid = 11095.

一、宪法规制

西方发达国家的自由主义经济传统体现在宪法上，特别是经济权利方面，一般恪守公法与私法的界限，将"法无禁止即自由"与"法无授权即禁止"分别作为私权与公权的公理性原则，使得公权力长期作为"市场守夜人"存在。即使 20 世纪 30 年代凯恩斯主义流行以来也大抵如此，至少在私权领域，自由主义仍然处于基础和主导地位。反观我国，数十年的计划经济体制使得宪法关于经济权利的调整基本采取了截然相反的态度和方式——公权力特别是行政权力往往以无所不在的广泛登记、严格审批、高度管制等手段严重限制公民的经济自由空间，与此相应的是宪法和法律对我国行政权力普遍性的约束不力。这体现在盐业法律实施上即是相关职能部门在行政过程中习以为常的越位与缺位。我国盐业最引人注目和为人诟病的执法利益化积弊的关键成因即在于：无论是有法可依还是无法可据，行政行为往往权责不符，甚至有权无责。众所周知，权力的正当性在于权利主体对权力主体权威的自觉服从而非强制的结果。这种权威的形成是建立在其保障权利实现方面的合格表现基础之上的，并且是一个自然的过程。就盐业行政而言，政府责任的缺失比比皆是。有学者统计，现行与食盐专营管理相关的 3 部行政法规所设定的 11 种法律责任，都是行政相对人（包括食盐专营企业）违反守法义务而应承担的责任，对于相关行政职能部门的执法责任，即因其违法、不当执法行为及行政不作为而损害行政相对人合法权益或贻误盐业行政管理工作，造成不良影响或后果而应承担的责任，却没有规定①，导致执法实践中普遍存在行政不作为和乱作为问题，严重影响了依法行政的推进，制约着盐业市场监管效果。其他地方性盐业规范性文件和部门规章包括专门规范盐政执法行为的《盐业行政执法办法》也基本如此。在《行政处罚法》《行政复议法》《行政许可法》颁布后，这些文件仍未能适时修订而严重滞后，基本上丧失了作为规范和制约盐业行政执法权力运行依据之功能。

有鉴于此，盐业宪法规制主要着眼点在于：

第一，转变政府职能。食盐虽然在法定"专营"上是个特例，但其本身的公众性和商品性与其他关系国计民生的重要产品的政府管制并无本质区别，都因国家强力干预产生诸多经济、社会和法律问题，都不同程度存在争议，公众都要求进行相应的体制变革。因此，其他领域类似困境的破解方略无疑对盐

---

① 武二顺. 论我国食盐专营管理立法及其完善 [D]. 北京：中国政法大学，2007：18-19.

业垄断改革颇资借鉴。吴思先生于此有一个切身经历和感悟，他遇到的也是当时一个社会热点——倒卖化肥问题。他以《中国农民报》——现在的《农民日报》记者的身份调查读者反映的领导批条倒买倒卖化肥问题并予以曝光，商业部和中纪委还专门行文禁止，但在他跟踪此事达数年之后发现，对事件进行新闻报道、调查、通报乃至撤当事人的职都于事无补，最后"真正解决这个问题的，是化肥供应增加，政府退出，市场放开"。并由此激发了他对"潜规则"的探索与发现。① "政府退出，市场放开"是破解化肥等"双轨制"问题的法宝，从根本上讲，盐业何尝不是如此。

不过需要强调的是，这里"政府退出，市场放开"是一个简略的说法，政府并非可以一退了之，而是转变政府职能。按照《中华人民共和国国民经济和社会发展第十二个五年规划纲要》的要求：一方面，"坚持政府公共管理职能和国有资产出资人职能分开，完善经营性国有资产管理和国有企业监管体制机制""加快推进政企分开、政资分开、政事分开、政府与市场中介组织分开，调整和规范政府管理的事项，深化行政审批制度改革，减少政府对微观经济活动的干预"；另一方面，"发挥政府的主导作用，强化社会管理和公共服务职能，建设服务型政府，提高服务型管理能力""健全政府职责体系，提高经济调节和市场监管水平，强化社会管理和公共服务职能"以实现推进行政体制改革的目标即"按照转变职能、理顺关系、优化结构、提高效能的要求，加快建立法治政府和服务型政府"。盐业垄断改革的主要任务包括"政企分开、政资分开"和"深化垄断行业改革，进一步放宽市场准入，形成有效竞争的市场格局。"从根本上讲，垄断行业特别是盐业这种行政垄断行业的改革要真正取得实质性突破和科学发展，在很大程度上有赖于"政府职能加快转变，政府公信力和行政效率进一步提高"目标的实现。

从宪法层面看，这也是盐业行政管理部门"维护宪法尊严、保证宪法实施的职责"（《宪法》序言）的体现——《宪法》第二条第一款庄严宣告："中华人民共和国的一切权力属于人民。"很明显，行政权力也属于人民。为了确保行政等一切国家权力属于人民、服务于人民、对人民负责，宪法主要从两个方面予以具体化：一方面，《宪法》第三十七条要求包括行政机关在内的"一切国家机关实行精简的原则，实行工作责任制，实行工作人员的培训和考核制度，不断提高工作质量和工作效率，反对官僚主义。一切国家机关和国家工作人员必须依靠人民的支持，经常保持同人民的密切联系，倾听人民的意见

---

① 吴思. 潜规则——中国历史中的真实游戏 [M]. 昆明：云南人民出版社，2002：自序.

和建议，接受人民的监督，努力为人民服务。"另一方面，《宪法》第四十一条赋予公民监督和获得救济的宪法权利："中华人民共和国公民对于任何国家机关和国家工作人员，有提出批评和建议的权利；对于任何国家机关和国家工作人员的违法失职行为，有向有关国家机关提出申诉、控告或者检举的权利，但是不得捏造或者歪曲事实进行诬告陷害。对于公民的申诉、控告或者检举，有关国家机关必须查清事实，负责处理。任何人不得压制和打击报复。由于国家机关和国家工作人员侵犯公民权利而受到损失的人，有依照法律规定取得赔偿的权利。"正如《中共中央关于全面深化改革若干重大问题的决定》指出的那样，"宪法是保证党和国家兴旺发达、长治久安的根本法，具有最高权威。要进一步健全宪法实施监督机制和程序，把全面贯彻实施宪法提高到一个新水平。建立健全全社会忠于、遵守、维护、运用宪法法律的制度。坚持法律面前人人平等，任何组织或者个人都不得有超越宪法法律的特权，一切违反宪法法律的行为都必须予以追究。"具体到盐业行政，则要求执法目的上立足于为最广大人民服务即执法为公、为民，执法方式上认真履行市场监管职责和食盐普遍服务义务，执法效果上以被服务对象的人民群众"高不高兴、答不答应、满不满意"为标准衡量——这无疑是盐业行政体现宪法精神、履行宪法义务的应有之义。而实践中，一方面，目前盐业行政部门普遍存在行业、部门和地方保护主义立场的选择性执法，特别是与盐业公司形成利益共同体，不仅罔顾市场监管职责，甚至将盐政执法异化为保护垄断、排除和限制竞争的工具；另一方面，以碘盐普遍服务为基础的食盐专营制度及盐业管理体制，无论从实施过程还是结果看，与人民的需要、社会的期待都相去甚远。简言之，无论盐业行政部门的职责要求与履行的反差，还是盐业行政垄断社会成本与收益的对比，都表明我国盐业行政职能亟待转变。在社会主义市场经济体制下——"国家实行社会主义市场经济"（《宪法》第十五条），针对盐业垄断的行政性质，转变的方向无疑是市场化条件下的盐业市场管理与公共服务。鉴于目前盐业行政管理的积弊与缺失，这里需要特别强调市场管理应该是一种"服务型管理"，公共服务的重心为食盐的"普遍服务"。笔者主张，目前我国社会主义市场经济的发育程度、职能部门的行政环境与水平特别是食盐特殊的公共必需品性质决定了我国盐业垄断改革必须坚持放松准入管制与加强市场监管"两手抓，两手都要硬"。总之，我国盐业行政职能必须转变到公共性、服务型和法治化的轨道上来，才无违《宪法》对包括行政权在内的国家权力的相关要求和对公民权利的宪法承诺，才符合宪政的精神和逻辑。

第二，宪法监督。这里的盐业宪法监督是指以宪法规范和原则为根本依据对盐业法律进行合宪性监督，主要方式为修改或者撤销与上位法相抵触的盐业法律规范，主要目的在于实现盐业法制统一。

宪法监督的主要依据包括：①《宪法》第五条第二款"国家维护社会主义法制的统一和尊严"，第三款"一切法律、行政法规和地方性法规都不得同宪法相抵触"，第六十二条第二款第二项和第六十七条第二款第二项分别关于全国人大和全国人大常委会的"监督宪法的实施"之规定，第九十九条关于县级以上的地方各级人民代表大会"有权改变或者撤销本级人民代表大会常务委员会不适当的决定"之规定，第一百零四条关于县级以上的地方各级人民代表大会常务委员会"撤销本级人民政府的不适当的决定和命令；撤销下一级人民代表大会的不适当的决议"之规定，以及第一百六十六条规定的"自治区的自治条例和单行条例，报全国人民代表大会常务委员会批准后生效。自治州、自治县的自治条例和单行条例，报省或者自治区的人民代表大会常务委员会批准后生效，并报全国人民代表大会常务委员会备案。"②《立法法》第五章"适用与备案"中，对宪法最高法律效力的规定（第八十七条），对法律（狭义）、行政法规、地方性法规、自治条例、单行条例、部门规章和各级地方政府规章各自法律效力及其隶属关系的规定（第八十八至九十一条），对法律竞合适用原则的规定（第九十二至九十三条），对法律竞合争议裁决权限、程序的规定（第九十四至九十五条），对不适当的法律、行政法规、地方性法规、自治条例和单行条例、规章规定的改变或者撤销权限、程序（第九十六至九十七条），对行政法规、地方性法规、自治条例和单行条例、规章的备案规定（第九十八条），对行政法规、地方性法规、自治条例和单行条例同宪法或者法律相抵触的审查建议程序的规定（第九十九至一百条）。③《各级人民代表大会常务委员会监督法》第五章"规范性文件的备案审查"中，除强调《立法法》的相关规定外，关于全国人民代表大会常务委员会对审判解释、检察解释的审查监督、县级以上地方各级人民代表大会常务委员会对下一级人民代表大会及其常务委员会作出的决议、决定和本级人民政府发布的决定、命令的审查监督的相关规定（第三十至三十三条）。这些规定从抽象到具体、从批准到备案、从主动提起到因要求、建议进行，构成了一个有机协调和严格规范的宪法监督法律规范体系。

一般认为，广义的立法包括法律制定、修改和解释——《立法法》甚至赋予法律解释以法律本身同等效力（第五十条）。我国法律运行过程中一个较为普遍的现象是，一方面，无节制地再授权立法：经过法律—行政法规—部门规章—层叠式的地方政府规定、办法、方案或者法律—司法解释—层叠式的地方司法机关的细则、意见、通知，适用中的法律经常面目全非，以致事实上"令"大于"法"；另一方面，人们又往往寄希望于通过立法或修法解决法律的适应性问题，而法律本身的抽象性、稳定性和权威性决定了这是一个复杂而漫长的过程，这势必使得针对性、适应性和变动性较强的下位法"越俎代庖"成为常态。这样无疑陷入了一个恶性循环。正因如此，《中共中央关于全面深化改革若干重大问题的决定》将"完善规范性文件、重大决策合法性审查机制"和"健全法规、规章、规范性文件备案审查制度"作为"维护宪法法律权威"的两个重要抓手。《中共中央关于全面推进依法治国若干重大问题的决定》关于宪法监督和实施的宪法规制要求更具针对性："完善全国人大及其常委会宪法监督制度，健全宪法解释程序机制。加强备案审查制度和能力建设，把所有规范性文件纳入备案审查范围，依法撤销和纠正违宪违法的规范性文件，禁止地方制发带有立法性质的文件。"

根据上述关于规范性法律文件审查批准、备案方面的职责和权限要求，有关国家机关应切实履行盐业法律立、改、废和相关解释与审查义务，确保盐业主管机构执行的是合乎宪法原则与规范的法律文件，而非自以为是的违反盐业发展规律与法治原则的"恶法"，亦非从部门利益出发制定的自作主张的内部决定。这一方面需要各级各地的法规审查备案职能机构（主要是人大及其常设机构和政府的法制部门）和法律适用机关（主要是司法机关）各尽其责，另一方面也有赖于上位法本身的针对性和可行性。就盐业特有的行政垄断而言，《反垄断法》的颁行无疑为盐业法律规制的法治化建设提供了一个难能可贵的上位法标准和依据。

二、反垄断法规制

（一）我国行政垄断的《反垄断法》规制

在依法治国、建设社会主义法治国家成为治国方略和宪法义务的当下，反行政垄断的制度建设集中到一点即是依法行政，在《反垄断法》生效实施的条件下，严格执行《反垄断法》即是反行政垄断上依法行政的当然要求。

虽然在《反垄断法》制定过程中，反行政垄断部分争议频仍，数易其稿，但《反垄断法》最终选择了对行政垄断进行反垄断规制的立法方案，这既是20世纪80年代以来《关于开展和保护社会主义竞争的暂行规定》《关于严禁党政机关和党政干部经商、办企业的决定》《反不正当竞争法》《关于禁止在市场经济活动中实行地区封锁的规定》等反行政垄断法制建设进程的自然延续，又是对当前行政垄断引发的社会反响的正面回应。

关于反垄断法在禁止行政垄断方面的作用问题，一方面，我们必须承认，限制政府权力、转变政府职能和行政体制改革等从根本上破解行政垄断的任务远非《反垄断法》所能企及，而必须通过持续不断地深化改革和加强民主法制建设达致；另一方面，虽然行政垄断是行政权力非法干预市场的产物，但其外在表现与经济垄断无异，都集中体现为一种市场支配地位的滥用。因此，从行为主义反垄断理论看，源于行政权力的垄断与基于自由竞争、由于法律授权等其他因素导致的排除、限制竞争的垄断行为并无二致，都是《反垄断法》的适用对象①。

实事求是地讲，无论我国《反垄断法》的规范内容还是执法环境，都难以肩负反行政垄断的重任，实施7年多来的法律效果、社会效果以及政治效果都不尽如人意②。不过，我们也应该看到，《反垄断法》的实施在我国还处于起步阶段，当务之急是从建设性的立场出发为《反垄断法》规制行政垄断探索一条既符合中国国情又不失其法治精神的实施路径。按照《中共中央关于全面深化改革若干重大问题的决定》关于"改革市场监管体系，实行统一的市场监管，清理和废除妨碍全国统一市场和公平竞争的各种规定和做法，严禁和惩处各类违法实行优惠政策行为，反对地方保护，反对垄断和不正当竞争。建立健全社会征信体系，褒扬诚信，惩戒失信。健全优胜劣汰市场化退出机制，完善企业破产制度。"之要求，就其现实性而言，《反垄断法》规制两大类行政垄断行为可能的着力点在于：

一是规制抽象行政垄断行为。抽象的行政垄断行为主要是指以命令、指示、文件甚至部门规章、地方政府规章等规范性文件形式实施的行政垄断行为，鉴于这种行为相对于立法在实施方面的操作性和针对性、相对于具体行政行为的普遍约束力，更具危害性，但却未被《行政诉讼法》纳入调整范围。对此，《反垄断法》实施机构的作为有限，只能根据《立法法》作出合法性判断，最多建议立法机关、行政垄断实施者的上级政府以及法律审查备案部门予以撤销或修改，而不能直接进行相应处理③。而要真正彻底解决抽象行政垄断行为，还有待民主法制建设的深层次推进。

二是规制具体行政垄断行为。就具体行政垄断行为而言，鉴于滥用行政权

<hr>

① 许光耀. 行政垄断的反垄断法规制 [J]. 中国法学，2004 (6)：125-127.

② 魏珍妮. 反垄断法出鞘一年 零垄断有负重望 [N/OL]. 中国产经新闻，2009-08-24. (2009-08-24) [2011-03-16]. http://press.idoican.com.cn/detail/articles/20090824069B17/.

③ 沈敏荣. 法律的不确定性——反垄断法规则分析 [M]. 北京：法律出版社，2001：243-244.

力妨碍竞争较诸一般经济垄断更具隐蔽性、强制性、复杂性和更大社会危害性与政治敏感性。因此，相对于一般性的反垄断措施，反行政垄断更需要执法机构的独立性、权威性、执法手段的多样性、针对性、法律责任的确定性、严肃性和救济途径的充分性、可行性，加上配套的引入竞争、加强监管及其相应的体制改革，可以预见，对具体行政垄断行为的反垄断执法可以大有作为。

（二）我国盐业行政垄断的《反垄断法》规制

关于《反垄断法》对当前盐业垄断进行法律规制的主要争议在于食盐专营的合法性问题。这里的合法性包括两个方面：一是规范角度的合法性，准确地讲，是一种合法律性；二是价值层面的合法性，这其实是一种法治精神意义上的正当性。

就合法律性而言，《反垄断法》第七条关于"依法实行专营专卖的行业"中"依法"的外延如果仅指狭义法律，即全国人大或者全国人大常委会制定的法律，那食盐专营在《反垄断法》层面就无法可依，或者更确切地讲，3 部盐业行政法规与《反垄断法》直接抵触。这就不是一个修改的问题，而应全文废止。如果包括行政法规，那么《食盐专营办法》当然成为《反垄断法》认可的食盐专营法律依据，也就是说，食盐专营形成的垄断是一种合法垄断。其问题正如有学者指出的那样，这样不仅在法制统一方面可能导致"行政法规的效力优于属于法律层次的《反垄断法》，明显与《立法法》规定不符"[①]，更为严重的是可能被在位者利用以至于滥用，将可竞争但"事实上的垄断不加分析地合法化"[②]。

就实质意义上的合法性而言，即使将食盐专营本身列入《反垄断法》第七条关于"依法实行专营专卖的行业"范畴，但其结果却事与愿违：如前所述，因我国食盐加碘政策而确立的食盐专营制度在实施中异化为政企不分的行政垄断，并由于专营扩大化和盐业特有的价格"双轨制"导致盐业整体上的市场与政府双重失灵。一方面，盐业行政主管部门或者滥用权力直接干预市场或者怠于履职致使盐业公司成为事实上的执法主体，并往往以专营之名行部门和地方保护主义之实；另一方面，各级盐业公司通过既当裁判员又当运动员使法律或者名义上的食盐专营事实上成为盐业公司滥用行政权力和滥用市场支配地位的垄断行为。由此，这里的实质合法性问题就转化为：这种情况下的食盐

---

① 张杰斌. 特定行业的《反垄断法》适用研究——《中华人民共和国反垄断法》第七条评析 [J]. 北京化工大学学报：社会科学版，2007（4）：23.

② 方小敏. 论反垄断法对国有经济的适用性——兼论我国《反垄断法》第 7 条的理解和适用 [J]. 南京大学法律评论，2009（春季卷）：132.

专营是否符合《反垄断法》的立法精神，盐业公司的垄断地位是否还受《反垄断法》第七条特别豁免？作为食盐专营主要依据的3部行政法规基本上都是计划经济的产物，不仅与盐业经营现状、盐务管理实际脱节，而且在明显滞后于行业发展并抵触上位法的情况下未作根本修订——依这种"法"（甚至可以认为这是不合理或者缺乏正当性意义上的"恶法"）实行的食盐专营是否为《反垄断法》认可？

退而言之，即使食盐专营是《反垄断法》上的合法垄断，也需要符合《反垄断法》第七条第二款"但书"的要求，即"前款规定行业的经营者应当依法经营，诚实守信，严格自律，接受社会公众的监督，不得利用其控制地位或者专营专卖地位损害消费者利益"。从前面关于盐业法律实施问题的分析可知，食盐专营成为众矢之的正是因为盐业公司"利用其控制地位或者专营专卖地位损害消费者利益"。这具体表现在：

第一，专营扩大化。按照现行盐业法律规范，只有食盐才是专营对象，两碱工业用盐、其他工业用盐的变相专营均非《反垄断法》保护经营的范围。因此，《盐业管理条例》第二十条关于"盐的批发业务，由各级盐业公司统一经营。未设盐业公司的地方，由县级以上人民政府授权的单位统一组织经营"应受《反垄断法》规制。

如前所述，《盐业管理条例》第十九条规定的"其他用盐，制盐企业在完成国家分配调拨计划和按规定确保合理库存的基础上，可在盐业行政主管部门的指导下进行自销"，《国家计委、国家经贸委关于改进工业盐供销和价格管理办法的通知》关于"取消现行的工业盐准运证和准运章制度"之规定在大部分地方立法中通过规定由盐业公司垄断小工业盐经营或者将小工业用盐变相纳入专营管理范围。因此，众多地方盐业法律同样面临违反《反垄断法》而应予无效的境地。

第二，各级盐业公司滥用市场支配地位。《反垄断法》将滥用市场支配地位界定为："经营者在相关市场内具有能够控制商品价格、数量或者其他交易条件，或者能够阻碍、影响其他经营者进入相关市场能力的市场地位。"事实上，各级、各地盐业公司或者因为政企不分直接行使盐业行政管理职能，或者通过配合、建议和商请其他有关部门，或者以其独占垄断地位和国有企业身份甚至利用在位者的各种资源和能力等方式滥用市场支配地位已经习以为常。这集中表现在：盐业公司利用其价格建议的话语权影响国家定价、利用其执法权力强制小工业盐用户只能通过盐业公司购销小工业盐、利用在食盐生产计划、分配调拨方面的控制权强制制盐企业接受不公平交易条件、利用独占垄断地位和执法权进行食盐的排他性交易等诸如此类的滥用市场支配地位行为。由此，我们不难看出，盐业公司之所以能够滥用其市场支配地位，关键不在于其独占垄断地位，而在于其兼有（借助）盐业行政执法权力，所以，其本质上是一种行政垄断，是一种非法垄断。

第三，滥用行政权力排除、限制竞争。《反垄断法》第五章规定了滥用行政权力排除、限制竞争在地区封锁、部门分割、限定交易、强制联合、准入歧视、抽象行政行为垄断6种表现。结合前面的分析，《食盐专营办法》确定的生产、分配和调拨方面的"指令性计划管理"在条块分割的盐业行政体制中直接导致了"地域性市场垄断"，盐业行政主管机构和盐业公司滥用行政权力特别是缉私权力限定食盐和小工业盐生产者与下游用户的交易途径，通过影响所在地政府以产业结构调整的名义进行强制联合促成制盐行业的垄断，通过实行歧视性的食盐计划管理等行为，均为行政权力主体滥用行政权力制定和实施含有排除、限制竞争内容的规定的明证。

第四，经营者集中。虽然食盐专营可以被认为是《反垄断法》允许的合法垄断，但是，很明显这只限于食盐，而且限于食盐的批发领域。因此，这里的经营者集中是指许多盐业公司利用食盐专营方面的垄断优势在制盐、零售领域特别是在工业盐市场进行"跑马圈地"式的扩张经营导致的经营者集中——这种集中在目前盐业体制下和盐业市场中对竞争排除、限制的可能性不言而喻。这个问题在前面关于盐业体制改革市场条件分析中已有论及，此不再赘述。

现行盐业管理体制下的上述4方面的垄断行为与《反垄断法》明显抵触，这既有以《盐业管理条例》为代表的立法原因，也有《食盐专营办法》实施过程中显而易见的曲解法律依据和选择性执法的问题。因此，《反垄断法》层面盐业规制的针对性应该主要在如下3个方面进行：

首先是打破食盐专营制度。根据前面的宪法规制分析，以食盐加碘的科学与效率为核心，充分发挥市场在盐业资源配置中的基础性作用为原则，在目前食盐生产、销售和消费条件较为成熟的情况下，有必要重新审视食盐是否应该继续专营的问题，或者说，食盐专营是否还应该纳入《反垄断法》保护范畴。市场能够解决的问题，计划（专营）不得插手，这个原则应该成为《反垄断法》规制的前提，这也最符合《反垄断法》的立法精神。因此，应该对现行盐业法律进行以《反垄断法》为标准的合法律性审查，进行相应的"立、改、废"。

其次是盐业监管体制和运行机制的重构。核心是按照《反垄断法》关于反行政垄断的要求，盐业主管机构与盐业公司必须彻底脱钩，盐业主管机构必须依法行政维护盐业市场的全国统一，并与其他职能部门共同致力于食盐加碘的有效实施和整个盐业的科学发展。目前最重要的是通过立法明确其职责与权限，通过体制改革与机制创新消除其利益化执法的土壤和机会，使其成为《反垄断法》的实施主体而非规制对象。

最后是食盐的行业准入。这是整个盐业体制改革和盐业立法的焦点和突破口。根据《反垄断法》第一条关于公平、效率两大基本原则的要求，食盐定点生产和批发经营的行政许可在标准制定上，应该以食盐市场的有效供给和食盐质量的有效监管为出发点；在实施中应该强调对不同产权、不同地域、不同性质的企业一视同仁，公平竞争。这是破解当前盐业垄断的关键，也是《反垄断法》规制的精髓所在。

三、行政法规规制

鉴于前述盐业法律整体上普遍而严重的正当性、规范性、操作性问题，盐业立法、执法、司法中普遍而严重的行业、部门和地方保护主义问题，以3部盐业行政法规为核心的盐业法律事实上已经成为盐业行政垄断的护身符和障眼法。因此，当务之急，一方面是立法先行，通过盐业法律的完善和统一，使改革科学、规范进行，使改革后的盐业管理体制和运行机制符合法治政府、法治经济与法治社会的要求。

（一）立法模式选择

依法改革，立法先行。由全国人大常委会制定单行法固然理想，但不切实际，所以现实的立法形式选择是行政法规。鉴于上述盐业法律规范本身及其实施中的诸多问题，也鉴于我国行政立法体制及其运行现状的不尽如人意，所以特别需要与盐业垄断改革相应的立法模式选择的针对性：

第一，在法律清理、法律汇编和法典编纂3种规范性法律文件系统化模式中，针对即将进行的新一轮盐业体制改革的系统性、革命性特点，无论清理还是汇编都无济于事，所以应采取法典编纂模式制定《盐业监督管理条例》。

第二，在政府立法与社会立法模式中，针对我国较为普遍的关门立法和部门立法积弊，同时考虑可行性，应采取政府立法与社会立法相结合的立法模式，严格遵循《立法法》《行政法规制定程序条例》的要求，确保公众、团体、专家等社会力量特别是盐业生产者、消费者等利益相关者在立项、起草、论证、听证、审查、修改、审议及监督等环节实质性的立法参与。

（二）立法指导思想与基本原则

按照2010年国务院政府工作报告关于"加快推进垄断性行业改革，推进公用事业改革，切实放宽市场准入，积极引入竞争机制""打破行业垄断和地区封锁，推动优势企业兼并困难企业，加快淘汰落后产能""完善对垄断行业工资总额和工资水平的双重调控政策"等垄断行业改革任务及其在健全公共财政、转变政府职能、合理调节社会利益关系为着眼点的财税、行政管理、社会管理等方面相应的体制改革要求，特别是《中共中央关于全面推进依法治国若干重大问题的决定》关于"加强和改进政府立法制度建设，完善行政法规、规章制定程序，完善公众参与政府立法机制。重要行政管理法律法规由政府法制机构组织起草。明确立法权力边界，从体制机制和工作程序上有效防止部门利益和地方保护主义法律化。对部门间争议较大的重要立法事项，由决策机关引入第三方评估，充分听取各方意见，协调决定，不能久拖不决。加强法律解释工作，及时明确法律规定含义和适用法律依据。明确地方立法权限和范围，依法赋予设区的市地方立法权"的立法程序要求和关于"社会主义市场经济本质上是法治经济。使市场在资源配置中起决定性作用和更好发挥政府作用，必须以保护产权、维护契约、统一市场、平等交换、公平竞争、有效监管为基本导向，完善社会主义市场经济法律制度。健全以公平为核心原则的产权保护制度，加强对各种所有制经济组织和自然人财产权的保护，清理有违公平的法律法规条款。创新适应公有制多种实现形式的产权保护制度，加强对国有、集体资产所有权、经营权和各类企业法人财产权的保护。国家保护企业以法人财产权依法自主经营、自负盈亏，企业有权拒绝任何组织和个人无法律依据的要求。加强企业社会责任立法。完善激励创新的产权制度、知识产权保护制度和促进科技成果转化的体制机制。加强市场法律制度建设，编纂民法典，制定和完善发展规划、投资管理、土地管理、能源和矿产资源、农业、财政税收、金融等方面法律法规，促进商品和要素自由流动、公平交易、平等使用。依法加强和改善宏观调控、市场监管，反对垄断，促进合理竞争，维护公平竞争的市场秩序。加强军民融合深度发展法治保障"的立法内容要求，结合我国盐业垄断特征和盐业发展趋势，汲取以往盐业体制改革教训，借鉴国内外其他垄断行业改革经验，我国盐业垄断改革立法的指导思想应为：以盐政主管部门职能转变为前提，以盐业体制改革为基础，以盐业规范性法律文件的规范化、系统化为条件，依法改革，通过盐政法治化实现盐行业在公平、规范、效率基础上的科学发展。

我国盐业管理体制改革目标的关键在于构建服务政府、责任政府、法治政府取向的盐业监管体制，这决定了我国盐业立法基本原则的针对性：一是按照政企分开、政资分开、政事分开和政社分开的原则，合理界定盐业主管部门的社会管理和公共服务职责范围；二是放开专营，公平竞争，充分发挥市场在盐业资源配置方面的基础作用；三是减少行政审批，加强价格、质量和普遍服务监管，相关职能部门之间建立规范、协调、高效的盐业市场综合监管体制和科学、刚性、可行的盐政绩效评价与问责机制；四是规范盐业生产者、消费者、管理者各自的权利义务关系，建立权威、便捷和充分的法律救济途径。

（三）立法要点

（1）规定包括小工业盐在内的工业盐与其他普通商品一样完全市场化，取消税收以外的行政性收费和不合理限制。鉴于工业盐高度市场化和产能严重过剩，行业主管部门应该实现从管理到服务的转变，在创造公平竞争的市场环境的同时通过产业政策引导和鼓励盐业企业培育核心竞争力、优化产业链和积极参与国际市场，实现整个行业的可持续发展。

（2）规定凡是依法许可的食盐定点生产企业均自主决定食盐的生产数量并以连锁的经营方式直达零售终端，所售食盐必须有食盐定点生产企业特定的商标和完善的产运销体系；鼓励不同碘含量的食盐产品（包括无碘食盐）系列化和品种盐的多样化。这是整个盐业体制改革的关键环节。强调食盐定点生产企业产运销一体化的经营资质新标准，主要目的在于方便食盐质量监管和责任追究。目前工业信息化部组织核发的2013—2015年度98家食盐定点生产企业，无论自身实力、发展趋势还是盈利动机，均可短期内达到相应要求，足以实现食盐市场的稳定和效率。

（3）规定国务院价格主管部门只负责制定和调整零售食盐的全国统一的最高限价，各地物价局依法制定和调整本地食盐零售价格，其他出厂（场）、批发等环节的价格由食盐定点生产企业根据市场自主确定。零售食盐定价应严格按照《价格法》关于政府定价的规定实施，特别是应履行公开、公平、公正的价格听证义务，无论定价过程还是结果都应兼顾食盐生产者、消费者的利益，实现社会福利最大化。

（4）规定国家财政部门安排财政专项资金对边、穷、老、少等偏远地区和贫困人口的食盐消费进行直补。具体方式可参照目前较为成熟的粮食、农资综合、家电下乡等直补模式及其动态调整机制，补贴主要针对运距成本及自然损耗，通过食盐定点生产企业竞标实施。这样能够保证食盐定点生产企业在公平、合理的政策刺激下进行偏远地区的市场扩张和目标人群的全覆盖。

（5）规定卫生部门将人体碘营养水平的身体健康检查纳入基本公共卫生服务以实现补碘的科学性和个体化；质检部门参照当前乳制品管理制度对食盐实施以准入、追溯、召回、退出制度为核心的质量安全监管机制；各级商务部门、工商行政管理部门对食盐定点生产企业的连锁经营进行有效监管以保障食盐市场秩序和维护消费者权益。

(6) 规定剥离盐业公司的行政性职能，取消其批发环节的垄断特权，使其在公平准入的基础上作为产运销一体化的食盐定点生产企业参与市场竞争，负责国有资产保值增值。或者根据需要完全转变为盐业行政主管机构，履行公共服务职能。

(7) 规定盐业行政主管机构（盐务局或盐业管理办公室）的职责范围：宣传普及科学补碘知识及补碘政策，管理和运用战略储备食盐确保食盐市场稳定供给，根据上述各相关职能部门的执法意见对食盐定点生产企业进行许可证的初检，草拟食盐财政直补方案并处理相关投诉，使其成为名副其实的盐业行政执法机构。

（四）盐业法律规制重构的步骤建议

根据上述立法建议，我国盐业垄断改革法律规制可采取如下实施步骤：

阶段1：试点、准备（1~2年）。

盐政部门与盐业公司完全脱钩；明确各相关行政职能部门的涉盐执法权限与责任；规范、完善工业盐现行的市场化管理体制；小工业盐在加强监管的基础上完全放开；进行食盐改革试点，在此基础上，制定食盐定点生产企业产运销一体化的新标准和直补实施方案；为相关企业提供行政指导；制定应急预案，加大国家食盐战略储备制度的执行力度；开展碘盐知识和改革方案的宣传。

阶段2：实施、调整（1~2年）。

获得新行政许可的食盐定点生产企业完全进入食盐运输、批发和零售领域；盐政部门组织、实施并适时调整食盐市场保障措施和执法手段；盐业公司分流和改制；在物价、工商、税务、财政、质检、疾控、食品安全等职能部门之间建立健全食盐市场综合监管体制和运行机制；切实保障食盐普遍服务财政专项资金的拨付，并根据实施效果对有关政策和措施进行调整、改进；整合和规范投诉及受理机制，通过行政执法与法律救济发现问题、完善方案；充分发挥盐业协会的非政府公共行政功能，逐步实现盐业管理从政府主导到行业自律的转变。

阶段3：规范、完善（1年）。

巩固改革成果，将第二阶段成熟的改革措施规范化、制度化和法治化，实现依法行政；放松管制和加强监管并举，形成符合我国国情、盐业行业特征和社会主义市场经济要求的盐业管理体制和运行机制。

另外，"徒法不足以自行"，改革盐业行政管理体制特别是深化盐业执法体制改革，对盐业体制改革法治化同样至关重要。就此而言，《中共中央关于全面深化改革若干重大问题的决定》关于"整合执法主体，相对集中执法权，推进综合执法，着力解决权责交叉、多头执法问题，建立权责统一、权威高效的行政执法体制"的要求无疑是规范盐业执法队伍、提高盐业执法和服务水平的不二法门。

小结

我国盐业行政垄断的控制力之所以能够从食盐延伸到整个盐行业以及上下游产业，之所以能够10多年历经多次体制改革而存续，在很大程度上得益于相关法律的遮蔽和强化。

鉴于盐业法律整体上普遍而严重的正当性、规范性、操作性问题，特别是2001年以来6个盐业体制改革方案均半途而废的深刻教训，我国新一轮盐业垄断改革必须立法先行，依法改革，通过宪法、反垄断法、行政规范的优化配置和协同实施，将盐业行政职能转变和盐业体制改革成果法制化，将盐业法律规制的重构一开始就纳入法治的轨道。

结束语

　　与其他涉及利益格局调整的改革一样，盐业垄断改革的具体措施及其实施充满不确定性，无法定论。同时也由于本书的主旨在于盐业垄断改革的法律问题分析与建议。因此，笔者不可能拿出一个理想的改革方案，而只能立足于法律对经济、社会特别是对行政体制改革的指引、评价、预测、规范功能，针对新一轮盐业垄断改革中亟待解决的主要问题及其可能的解决思路，为盐业法律规制的重构进行建设性的路径探索。探索内容及结论主要包括：

　　（1）盐业垄断改革的目的。无论是实行食盐专营制度本身的目的还是人们关注的焦点，盐业垄断改革的出发点都应该以碘盐供应的安全、科学和效率为核心。三者关系具体为：安全为前提，这里的安全是指食盐质量的有效监控和保障；科学为主题，这里的科学应该而且可以具体到个体差异基础上的补碘科学性；效率为标准，这里的效率指以碘盐普遍服务为核心的国家财政支出与社会福利效果之间的效率、市场在盐业产运销各环节中的资源配置效率和消费者福利最大化。

　　（2）盐业垄断改革的对象。我国盐业垄断问题的症结在于：因我国食盐加碘政策而确立的食盐专营制度在实施中异化为政企不分的行政垄断，并由于专营扩大化和盐价特有的"双轨制"导致盐业整体上的市场与政府双重失灵。因此，改革的针对性在于目前盐业行政垄断的祛除和将来盐业经济垄断的预防。

　　目前盐业行政垄断的祛除关键在于政府职能转变基础上的盐业行政法治化：围绕碘盐供应的科学、安全、效率为核心进行方案设计，充分发挥市场在盐业资源配置中的基础作用，在规范和平衡盐业生产者、消费者和管理者之间权利义务关系的基础上推进盐业立法的科学性和运行的规范化。

　　将来盐业经济垄断的预防则主要体现为政策的前瞻性。针对目前盐业行政垄断的在位者可能成为将来竞争市场中的经济垄断者做出恰当的制度安排，使改革后的盐业市场具有竞争性。这在目前还不是改革的重点，在中国进行真正的"非对称规制"①也不现实，但至少在方案制订环节就应明确保障各相关主体能够自由进入、公平竞争这样一个最低限度的公平要求。否则，改革必将误入歧途。

（3）盐业垄断改革的对策。一方面，盐业垄断及其赖以凭借的盐业体制改革既是一个经济体制改革问题，也是一个依法行政问题，更是一个历史与现状、国内与国际、经济与政治、文化等各种因素共同作用、博弈的过程与结果。因此，基于行政垄断市场化改革本身特有的复杂性，法律手段的运用及效果取决于多方面的制度、环境要求，不仅有赖于相关政府部门的职能转变和管理体制改革，也需要足够强烈的社会压力以及较为成熟的社会主义市场经济体系。

另一方面，盐业市场与政府双重失灵，在盐业法律运行的角度看也是一种盐业法律规制失灵，三者呈现出一种相辅相成的因果关系。其中，法律因其在话语权和执行力方面的重要地位和特殊功能，更成为问题的焦点。但从另一个角度看，这也是盐业行政垄断改革的一个重要突破口——通过盐业法律规制的重构，推进以开放市场为核心的盐业垄断改革，加强以碘盐质量与普遍服务为核心的政府监管责任。

盐业法律规制重构主要包括：①根据盐业垄断改革的成熟程度和社会共识，在对现有盐业法律进行系统清理的基础上制定《盐业监督管理条例》，这不仅是盐业法律规制的前提，而且是即将进行的新一轮盐业垄断改革顺利推进和有效实施的重要保障。

②充分发挥宪法在政府与市场关系界定、行政权力控制和法制统一方面的功能。同时，以反垄断法为核心，有针对性地预防和制止盐业主管机构滥用行政权力排除、限制竞争的行为和在位者滥用市场支配地位的行为。在此基础上，建立起盐政、质检、工商、卫生等职能部门有机协调、齐头并进的盐业综合监管机制，形成盐业市场规范、有序和健康发展的制度基础。

---

① 肖兴志教授定义"非对称规制"为政府增进现有企业间有效竞争的一种必要手段，即在放开准入、引入竞争后的最初一段时间，原支配市场的在位企业在竞争方面具有压倒性的先动优势，能够采用价格手段或非价格手段排挤新进入企业，实施所谓策略性行为，使得有效竞争无法实现。此时单纯从反垄断角度对原有企业的排他性行为进行监督限制是不够的，还应对其实行严格的规制，而对新进入企业实行简化规制（肖兴志. 自然垄断产业规制体制改革的战略思考 [J]. 改革，2002（6）：39)，虽然学界多强调对在位的国有企业与新进的民营资本之间进行非对称规制（曲延珍，张晖. 非对称规制与产业绩效 [J]. 首都经济贸易大学学报，2007（3）：50-54.）。但是，准备进入食盐销售领域的制盐企业大部分都是国有企业，少数非国有主体也源自国有企业的改制。所以，企业身份目前还不是一个太大的问题。

③建立健全权威、便捷、充分的法律救济途径，特别是保障盐业行政相对人的申诉、控告、检举权利和消费者合法权益救济机制。针对我国普遍存在的条块分割的行政执法格局，司法救济的公正与效率更应该成为盐业法律规制至关重要的组成部分。

主要参考文献

[1][德]柯武刚,史漫飞.制度经济学:社会秩序与公共政策[M].韩朝华,译.北京:商务印书馆,2000.

[2][法]孟德斯鸠.论法的精神[M].张雁深,译.北京:商务印书馆,1987.

[3][美]丹尼尔·F.史普博.管制与市场[M].余晖,何帆,钱家骏,等,译.上海:上海三联书店,1999.

[4][美]道格拉斯·C.诺斯.制度、制度变迁与经济绩效[M].杭行,译.上海:上海三联书店,1994.

[5][美]哈罗德·德姆塞茨.竞争的经济、法律和政治纬度[M].陈郁,译.上海:上海三联书店,1992.

[6][美]杰夫雷·萨克斯,[美]胡永泰,[澳]杨小凯.经济改革与宪政转型[J].开放论坛,2000(7).

[7][美]理查德·A.波斯纳.法律的经济分析[M].蒋兆康,译.北京:中国大百科全书出版社,1997.

[8][美]米尔顿·弗里德曼,罗斯·弗里德曼.自由选择[M].胡骑,席学媛,安强,译.北京:商务印书馆,1982.

[9][日]杉原泰雄.宪法的历史[M].吕昶,渠涛.译.北京:社会科学文献出版社,2000.

[10][英]J.卡布尔.产业经济学前沿问题[M].于立,张曼,王小兰,译.北京:中国税务出版社,2000.

[11][英]戴维·M.沃克.牛津法律大辞典[M].李双元,等,译.北京:法律出版社,2003.

[12][英]约翰·伊特韦尔,默里·米尔盖特,彼得·纽曼.新帕尔格雷夫法经济学大辞典[M].北京:经济科学出版社,1996.

[13]白贵秀.行政垄断的本质及其救济[J].政法论坛,2008(6).

[14] 曹士兵. 反垄断法研究 [M]. 北京：法律出版社, 1996.

[15] 曾仰丰. 中国盐政史 [M]. 北京：商务印书馆, 1936.

[16] 柴进, 杨妮. 试论中国盐业垄断经营的法律规范问题 [J]. 学术探索, 2004 (7).

[17] 陈建芬. 盐改的最后博弈 [J]. 中国企业家, 2010 (Z1).

[18] 陈涛. 明代食盐专卖制度演进研究 [D]. 沈阳：辽宁大学, 2007.

[19] 陈秀山. 现代竞争理论与竞争政策 [M]. 北京：商务印书馆, 1997.

[20] 陈逸根. 食盐加碘专营关系民族团结国家稳定——对四川甘孜州食盐经营的调研报告 [J]. 上海商业, 2006 (6).

[21] 陈永升. 清代河东的盐政改革 [D]. 北京：北京大学, 2004.

[22] 程龙刚. 2001 年以来的中国盐业体制 [J]. 改革与战略, 2011 (3).

[23] 程龙刚. 新中国盐业管理体制 50 年回眸 [J]. 盐业史研究, 2000 (1).

[24] 单鑫. 食盐专营：企业身份、行政管理与体制改革 [J]. 行政论坛, 2009 (1).

[25] 丁启军. 论政府规制与中国的行业性行政垄断 [J]. 湖北经济学院学报, 2010 (4).

[26] 丁长清, 唐仁粤. 中国盐业史（近代、当代编）[M]. 北京：人民出版社, 1997.

[27] 董振平. 抗战时期国民政府盐务政策研究 [M]. 济南：齐鲁书社, 2004.

[28] 董志凯. 当代中国盐业产销的变迁 [J]. 中国经济史研究, 2006 (3).

[29] 杜仲霞. 盐业反垄断问题研究 [M]. 武汉：武汉大学出版社, 2012.

[30] 方小敏. 论反垄断法对国有经济的适用性——兼论我国《反垄断法》第七条的理解和适用 [J]. 南京大学法律评论, 2009 (春季卷).

[31] 傅刚义. 论中国盐业管理体制 [D]. 北京：清华大学, 2005.

[32] 过勇, 胡鞍钢. 行政垄断、寻租与腐败——转型经济的腐败机理分析 [J]. 经济社会体制比较, 2003 (2).

[33] 韩雪. 行政法治, 刚刚开端 [J]. 中国改革, 2008 (9).

[34] 何亚莉. 二十世纪中国古代盐业史研究综述 [J]. 盐业史研究,

2004（2）.

[35] 贺运生. 我国专卖制度改革研究 [D]. 长沙：中南大学，2007.

[36] 胡鞍钢，过勇. 我国反垄断改革的方向 [J]. 经济研究参考，2002（63）.

[37] 胡鞍钢. 影响国情的决策报告 [M]. 北京：清华大学出版社，2002.

[38] 胡旭晟. "守法"现代化是中国法制现代化的一个关键 [J]. 南京社会科学，1994（4）.

[39] 胡玉鸿. "权力制约"概念辨析 [M] // 宪政论丛. 北京：法律出版社，2003.

[40] 姜彦君. 中外行政性垄断与反垄断立法比较研究 [J]. 政法论坛，2002（3）.

[41] 鞠立新. 垄断改革的困局与破解 [J]. 探索与争鸣，2007（9）.

[42] 孔样俊. 反不正当竞争法律的适用和完善 [M]. 北京：法律出版社，2000.

[43] 李芳媛. 国家机器与台湾盐业发展关系之研究 [D]. 高雄：台湾中山大学，2006.

[44] 李莉. CD 盐业公司的营销渠道研究 [D]. 成都：电子科技大学，2009.

[45] 李明明，吴慧. 中国盐法史 [M]. 台北：文津出版有限公司，1997.

[46] 林振翰. 中国盐政纪要 [M]. 北京：商务印书馆，1930.

[47] 刘芳. 中国西部三省消除碘缺乏病需求评估及障碍分析 [D]. 北京：中国疾病预防控制中心传染病预防控制所，2009.

[48] 刘卫国. 私盐问题与盐价双轨制 [J]. 四川理工学院学报：社会科学版，2009（4）.

[49] 龙超. 论我国食盐专营体制及其未来变革 [J]. 经济问题探索，2005（12）.

[50] 卢希. 如何处理政府部门企业之间的利益关系——工业盐管理体制改革步履维艰 [J]. 中国经贸导刊，1999（7，8）.

[51] 吕福玉，曾凡英. 垄断转型——当代盐产业组织优化进路 [M]. 成都：巴蜀书社，2009.

[52] 吕福玉. 试论盐业管理体制改革的可能性 [J]. 四川理工学院学报：

社会科学版, 2007 (1).

[53] 毛晓飞. 食盐加碘 不必专营——根除盐铁思维下的"榷盐"制度 [J]. 中国发展观察, 2009 (7).

[54] 莫纪宏. 现代宪法的逻辑基础 [M]. 北京：法律出版社, 2001.

[55] 倪玉平. 清代两淮盐政改革研究 [R]. 中国社会科学院, 2005.

[56] 聂鑫. 盐（铁）问题的困境 [J]. 法律科学（西北政法学院学报）, 2007 (1).

[57] 戚聿东, 柳学信. 深化垄断行业改革的模式与路径：整体渐进改革观 [J]. 中国工业经济, 2008 (6).

[58] 漆多俊. 中国反垄断立法问题研究 [J]. 法学评论, 1997 (4).

[59] 秦晖. 权力、责任与宪政——关于政府"大小"问题的理论与历史考查 [J]. 社会科学论坛, 2005 (2).

[60] 曲延芬, 张晖. 非对称规制与产业绩效 [J]. 首都经济贸易大学学报, 2007 (3).

[61] 沈菊生. 反行政垄断没必要区分"地区垄断与部门垄断" [J]. 行政与法（吉林省行政学院学报）, 2004 (11).

[62] 沈岿. 指导案例助推垄断改革——以指导案例5号为分析对象 [J]. 行政法学研究, 2014 (2).

[63] 沈敏荣. 法律的不确定性——反垄断法规则分析 [M]. 北京：法律出版社, 2001.

[64] 史际春, 肖竹. 公用事业民营化及其相关法律问题研究 [J]. 北京大学学报：哲学社会科学版, 2004 (4).

[65] 史际春. 公用事业引入竞争机制与"反垄断法" [J] 法学家, 2002 (6).

[66] 宋良曦, 林建宇, 黄健, 等. 中国盐业史辞典 [M]. 上海：上海辞书出版社, 2010.

[67] 孙晋, 范舟. 中国食盐业专营垄断之变异、危害及其纠补 [J]. 中南大学学报：社会科学版, 2008 (4).

[68] 滕卫平. 防治碘缺乏病与碘过量 [J]. 中华内分泌代谢杂志, 2002 (3).

[69] 王保树. 论反垄断法对行政垄断的规制 [J]. 中国社会科学院研究生院学报, 1998 (5).

[70] 王俊豪. 中国垄断性产业普遍服务政策探讨 [J]. 财贸经济, 2009

(10).

[71] 王晓晔. 关于我国反垄断执法机构的几个问题 [J]. 东岳论丛, 2007 (1).

[72] 王晓晔. 行政垄断问题的再思考 [J]. 中国社会科学院研究生院学报, 2009 (4).

[73] 王晓晔. 竞争执法能力建设 [M]. 北京: 社会科学文献出版社, 2012.

[74] 王晓晔. 社会主义市场经济条件下的反垄断法 [J]. 中国社会科学, 1996 (1).

[75] 威廉·韦德. 行政法 [M]. 徐炳, 等. 译. 北京: 大百科全书出版社, 1997.

[76] 吴斌, 曾凡英, 支果. 中国盐业契约论——以四川近现代盐业契约为中心 [M]. 成都: 西南交通大学出版社, 2007.

[77] 吴慧. 中国食盐专卖的历史考察 [J]. 盐业史研究, 1990 (4).

[78] 吴家清. 论宪法价值发生的人性基础 [J]. 广东商学院学报, 2001 (1).

[79] 吴立本. 专卖通论 [M]. 重庆: 正中书局, 1943.

[80] 吴思. 潜规则——中国历史中的真实游戏 [M]. 昆明: 云南人民出版社, 2002.

[81] 吴越. 经济宪法学导论: 转型中国经济权利与权力之博弈 [M]. 北京: 法律出版社, 2007 .

[82] 武二顺. 论我国食盐专营管理立法及其完善 [D]. 北京: 中国政法大学, 2007.

[83] 武晓芬. 唐代盐政研究 [D]. 昆明: 云南大学, 2004.

[84] 肖北庚. 控权与保权的统一: 现代宪政发展新趋势 [J]. 现代法学, 2001.

[85] 徐春. 对20世纪80年代初期异化问题争论的反思 [J]. 北京行政学院学报, 2010 (2).

[86] 徐兰飞. 我国的盐业法律管理体系: 内容、问题及建议 [J]. 改革与战略, 2007 (10).

[87] 徐士英. 竞争政策与反垄断法实施 [J]. 华东政法大学学报, 2011 (2).

[88] 许安拓. 盐业专卖 百弊丛生 [J]. 中国改革, 2006 (5).

[89] 许光耀. 行政垄断的反垄断法规制 [J]. 中国法学, 2004 (6).

[90] 薛克鹏. 行政垄断的非垄断性及其规制 [J]. 天津师范大学学报：社会科学版, 2007 (3).

[91] 杨双钊. 规制视角下的盐业发展研究 [D]. 大连：东北财经大学, 2011.

[92] 叶世治. 关于我国立法制度中"根据"与"不抵触"的比较 [J]. 行政与法, 2002 (8).

[93] 余晖. 受管制市场里的政企同盟——以中国电信产业为例 [J]. 中国工业经济, 2000 (1).

[94] 张国平. 基于科学发展观的垄断行业体制、制度、机制改革 [J]. 财经论丛, 2009 (3).

[95] 张国旺. 元代盐政与盐业 [D]. 天津：南开大学, 2006.

[96] 张杰斌. 特定行业的《反垄断法》适用研究——《中华人民共和国反垄断法》第七条评析 [J]. 北京化工大学学报：社会科学版, 2007 (4).

[97] 张立杰. 南京国民政府盐政改革研究 [D]. 南京：南京大学, 2005.

[98] 张维迎, 盛洪. 从电信业看中国的反垄断问题 [J]. 经济研究参考, 2001 (48).

[99] 赵东辉, 黄玫. "体制暴利"下的盐业鸿沟 [J]. 瞭望新闻周刊, 2007 (33).

[100] 赵杰. 论垄断 [D]. 北京：中共中央党校, 2006.

[101] 赵卓. 利益集团、行政性垄断与规制改革 [J]. 理论探讨, 2009 (3).

[102] 郑鹏程. 对政府规制的规制：市场统一法律制度研究 [M]. 北京：法律出版社, 2012.

[103] 郑鹏程. 行政垄断的法律控制研究 [M]. 北京：北京大学出版社, 2002.

[104] 钟长永. 中国盐业历史 [M]. 成都：四川人民出版社, 2001.

[105] 周海春, 陈伟, 许纲, 等. 我国盐业体制改革研究报告 [R]. 国家发展和改革委员会经济体制与管理研究所, 2008.

[106] 周民良. 在体制创新中推动垄断行业的改革进程 [J]. 经济研究, 2007 (2).

[107] 朱维究, 闫晶. 改革开放 30 年中国行政法治发展历程回顾 [J]. 中国行政管理, 2009 (2).

[108] 朱志明. 深化改革是解决当前垄断问题的关键——垄断价格问题看垄断治理 [J]. 改革, 2002 (3).

[109] 自贡市档案馆, 北京经济学院, 四川大学. 自贡盐业契约档案选辑 [G]. 北京: 中国社会科学出版社, 1985.

[110] 邹阳. 我国多品种盐的发展对策研究 [D]. 重庆: 重庆大学, 2008.

后 记

　　笔者主持的国家社科基金项目"盐业垄断改革的法律问题研究"终于画上句号了！"学术者，天下之公器也"，将该项目结题成果的研究报告修订、完善并公之于众，既是笔者盐业法律研究的一个阶段性总结，也是对受益于学界同行研究成果的一种"礼尚往来"。

　　我国盐业法律研究，一方面，无论研究数量还是质量都与事关国计民生的盐业问题的重要性不相适应；另一方面，对于盐业体制改革这个被认为"最没有风险、改革设计方案技术含量最低"① 的研究对象，相关研究的学术价值难以彰显，实务界特别是改革决策部门对相关研究成果更是视若无睹。这自然与该领域的总体研究质量不无关系，但在很大程度上更应归因于盐业垄断改革背后复杂的利益格局特别是既得利益者对改革话语权的垄断。本书也不例外。笔者以本书研究内容为基础撰写的"专家建议"《我国盐业体制改革法律建议》被教育部社科司评选为"2010 年度高校哲学社会科学研究优秀咨询报告"，但其影响长期限于圈内的学术交流和学术"GDP"。不过，差强人意的是，"千呼万唤始出来"的第七版盐业体制改革方案与笔者提交的国家社科基金结题报告和"专家建议"似曾相识在一定程度上证明了笔者对该问题的研究价值，也在一定程度上使笔者对我国盐业体制改革的前景仍然有所期待。就此而言，即便"为学术而学术"，本书对我国盐业法律的梳理、对盐业体制改革法治化路径的探索亦可敝帚自珍，这也是笔者不敢懈怠该问题研究的动力所在。

　　掩卷而思，"法律的生命不在于逻辑，而在于经验"，也许，盐业体制改革与其他体制改革路径殊途同归："可能更多的不是一种预先设计的结果，而是一种经验性事实，因此，其存在的合理性并不在于逻辑而在于事实，在于它

---

　　① 罗晟. 盐业反垄断 8 年抗战即将收官，中盐总公司等利益集团成"靶心"［N］. 东方早报，2009-12-18（A32）.

在事实上是否切实有效"①。由是观之，四川人深得"盐法"之精髓："吃得咸，看得淡。"为学为人如是之者，不惑其庶几乎？

最后，需要指出的是，虽然作为本书主体内容的国家社科基金项目研究报告及其修订、完善工作主要由本人负责完成，但在项目研究过程中，吴斌教授、陈于后教授、曾绍伦教授、曾凡英教授、程龙刚研究员等课题组成员群策群力、集思广益，使该项目得以善始善终；课题结题还得益于吴越教授、张步文教授、宋良曦研究员和匿名评审专家的宝贵意见和建议。同时，贵州财经大学贵安新区研究院将本书纳入其学术著作支持计划，西南财经大学出版社高小田编辑为本书的出版付出了大量心血，在此一并致谢！

王 伟

2014 年 12 月 1 日定稿

2015 年 9 月 10 日再修

贵阳·花溪·斗篷山

---

① 张志铭. 中国法律解释体制［M］//法律解释问题. 北京：法律出版社，1998：180.